A Library of Academics by PHD Supervisors

博士生导师学术文库

# 大都市城乡结合部流动人口居住问题研究

谢宝富 著

中国书籍出版社
China Book Press

图书在版编目（CIP）数据

大都市城乡结合部流动人口居住问题研究/谢宝富著.
—北京：中国书籍出版社，2018.11
ISBN 978－7－5068－7080－1

Ⅰ.①大… Ⅱ.①谢… Ⅲ.①大城市—流动人口—
居住环境—研究—中国 Ⅳ.①D669.3

中国版本图书馆 CIP 数据核字（2018）第 249794 号

## 大都市城乡结合部流动人口居住问题研究

谢宝富 著

| 责任编辑 | 吴化强 |
|---|---|
| 责任印制 | 孙马飞　马　芝 |
| 封面设计 | 中联华文 |
| 出版发行 | 中国书籍出版社 |
| 地　　址 | 北京市丰台区三路居路 97 号（邮编：100073） |
| 电　　话 | （010）52257143（总编室）　（010）52257140（发行部） |
| 电子邮箱 | eo@chinabp.com.cn |
| 经　　销 | 全国新华书店 |
| 印　　刷 | 三河市华东印刷有限公司 |
| 开　　本 | 710 毫米×1000 毫米　1/16 |
| 字　　数 | 269 千字 |
| 印　　张 | 16.5 |
| 版　　次 | 2019 年 1 月第 1 版　2019 年 1 月第 1 次印刷 |
| 书　　号 | ISBN 978－7－5068－7080－1 |
| 定　　价 | 78.00 元 |

版权所有　翻印必究

# 内容提要

本书是问题研究,所论围绕具体问题展开,而非面面俱到。在详述选题意义、研究现状的基础上,共分城乡结合部①违法建设防治与合法租赁公寓建设、居住设施及环境、居住特征及问题、出租房管理以及居住因素对流动人口定居意愿及市民化的影响五个专题进行探讨。在每个专题研究中,同样重视以问题为中心展开论述,而非穷尽枝叶,以期研究的深入。主要内容、创新和观点如下。

一、城乡结合部违法建设防治与合法租赁公寓建设研究。违法建设既是大都市城乡结合部流动人口的重要寓所,也是该地区久治不愈的头号顽症。现有成果多属问题和对策研究,未能清晰地勾勒违法建设的生成逻辑。本章旨在从建设动机、机会、风险三要素及其互动的角度,揭示城乡结合部违法建设的生成逻辑,进而有针对性地提出防治违法建设、开放合法租赁公寓建设的思路与办法。主要观点:第一,违法建设的发生离不开建设动机、机会、风险三要素,三要素的互动组合决定了违法建设的发生频率和程度。城乡结合部村民、村集体等违法建设动机强、机会多、风险小,所以违法建设发生频率高、程度深。第二,防治违法建设,既要妥善解决违法建设背后失地农民生存发展问题,化解违法建设动机;更要改变"条条配合不力,条块矛盾突出"的监管体制,通过系列制度创新和法治建设,尽可能加大违法建设风险,减少违法建设机会。第三,开放村民、村集体有序建设租赁公寓是高难度的系统工程,既要设定明确的时点,严禁新生违法建设,分类处理既有违法建设;更要制定村庄临时建设规划和标准,合理确定容积率、建筑密度和户型大小等,保证公寓在以中低收入流动人口可接受的价格出租时村民仍能盈利。

---

① 为了行文简洁,本书各章节的标题及内容多将"大都市城乡结合部"简写成"城乡结合部",各章所述城乡结合部问题基本上都是大都市城乡结合部问题。

只有彻底遏制违法建设,做足制度和组织建设功课,有序放开合法公寓建设,才能使城乡结合部不仅是流动人口临时栖息的人生驿站,而且是他们可以安居、可以久留的都市之家。

二、城乡结合部基础设施和居住环境问题研究。基础设施和居住环境是提升城乡结合部流动人口居住品质的关键。学界对该问题虽不乏研究,但对其公共性和外溢性的分析尚欠细致或有待商榷,对其供给缺位的原因尚乏梳理,对其供给改革的探索尚欠深入。本章对这些学界研究的问题与不足进行了专门探讨。主要观点:第一,城乡结合部基础设施和环卫服务兼具"俱乐部公共物品"和"公共池塘公共物品"特征。第二,城乡结合部应分为村庄与村庄周边两部分,村庄周边存在公共物品"外溢",但村庄似不存在。第三,流动人口向村庄聚集是其对社区公共物品理性选择的结果,也与社区过滤、互补有关。第四,城乡结合部基础设施和环卫服务供给不足是供给主体之间相互博弈、推诿的结果,也与村民的依赖心理、流动人口的矛盾心理、不合理的供给机制及村庄的临时性有关。第五,改善城乡结合部基础设施和环卫服务供给应以功利主义的均等化思想为指导,优先提供严重缺乏和能给最大多数人带来幸福的设施和服务;改变供给机制,明确各方供给责任、村庄的存续时间及走向预期等。

三、城乡结合部流动人口的居住特征、问题及对策研究。本章共分四个部分:第一部分:城乡结合部流动人口居住特征及问题。本部分旨在通过可信度较高的大样本,描述城乡结合部流动人口的居住特征及问题。通过问卷调查发现,大都市城乡结合部流动人口人均租房面积偏低,月支付房租较低,租住方式以合租为主,所租房屋多有厨卫设施;流动人口选择骑自行车、步行的方式上班与选择乘坐地铁、公交的方式上班的比例相近,租住城乡结合部的主要原因是交通近便、就地做生意、房租低等。流动人口对租住城乡结合部最不满意的是太吵、太挤、太脏或不安全等,总体满意程度一般。流动人口租房时未必一味追求低房租,相对政府提供的多人间集体宿舍而言,城乡结合部流动人口更倾向于租住城乡结合部村庄小微型单间房。流动人口主要通过自己上门找、熟人介绍的方式租房,租房时常签租房合同的属少数,不签租房合同的主要原因是维权意识弱、嫌麻烦、房东不愿意签等。流动人口经常遭遇房东侵权或租房纠纷的现象并不突出;遭遇租房纠纷时,大多不会找政府及其他组织调解,或者借助法律手段解决。管理人员上门登记流动人口信息时,多数流动人口会配合;多数流动人口办过暂住证或居住证。

流动人口对本地居住服务、医疗服务、子女教育服务、治安管理满意率较低,最需要本地政府提供的是住房、子女教育和就业等服务。流动人口很少参与本地社会管理服务工作,较少与本地人打交道,结交的本地人朋友不多,在本地缺乏"家"的归属感,社会参与明显不足。流动人口就地定居意愿不足,影响其就地定居的最大障碍是无力在本地购房,其就地购房意愿和租房定居意愿均有待加强。

第二部分,境内相关探索及其得失。包含相关政策梳理和实践探索两个方面。在政策梳理上,首次将我国流动人口(农民工)住房政策分为政策空窗期、政策密集期、政策平台期三个时期。指出相关政策文件多为指导性而非规范性文件;政策文件倡导的解决办法既源自各地实践经验,又对各地进一步探索提供了指导;政策着眼点是解决流动人口临时而非长久居住问题;政策重点在解决外来产业工人而非服务业流动人口的居住问题。在实践探索方面,系统地比较了城乡结合部、群租房、流动人口公寓三种模式的得失,分析了中低收入流动人口居住问题难解的原因,认为以上三模式利弊各具,互有优劣,三者之间虽有非法与合法、安全与欠安全之别,但都属临时而非长久地解决流动人口居住问题。导致流动人口住房问题难解的原因是多方面的,有市场失灵方面的原因,也有政府失灵方面的缘由。

第三部分,境外相关经验及其借鉴。包括新加坡、香港两个华人国家和地区住房保障政策及其启示的分析。认为中、新两国虽国情迥异,但这并不意味中国不存在某些类似新加坡保障房建设的关键条件。在做好制度建设、配足人力物力的基础上,统筹规划、循序渐进、因地制宜地为中低收入者分类分级提供保障房是组屋政策对中国最大的启示。香港住房保障与住房市场相互竞合,及其在住房公平与效率之间艰难地寻找平衡等经验,堪为内地大都市政府所镜鉴。

第四部分,解决中低收入流动人口居住问题的思路与建议①。主要观点和建议有五:一是解放思想,实事求是。指出我国社会既存在漠视流动人口居住问题的误区,又存在理想化解决流动人口居住问题的误区,解决大都市中低收入流动人口居住问题要解放思想,实事求是,明确地将中低收入流动人口住房保障暂定为"弱"保障,务实地寻找解决问题的思路与办法。

二是既要坚持"多渠道解决",也不能忽视政府的主导作用。中低收入流动人

---

① 城乡结合部流动人口基本上都是中低收入流动人口,探讨中低收入流动人口居住问题的解决办法即是探索城乡结合部流动人口居住问题的解决办法。

口住房具有一定的保障性，离不开政府的积极主导。房屋出租经营活动相对简单，至少在流动人口密集、合适中低收入流动人口租住需求的房源稀缺的大都市城区及近郊，在政府给予划拨土地、提升容积率、税费减免等特殊政策的支持下，在流程固化、智能化匹配等保障房管理制度保障下，由政府所辖非营利机构投资经营集体宿舍、胶囊公寓、迷你单间等租赁公寓不仅不会有什么经营风险，而且可以适当盈利，并借此进行保障房滚动开发，平抑商品房的租赁价格，防范私人开发商和经营者的不当得利，避免优惠给了他们而中低收入流动人口居住难题又未妥善解决的尴尬。随着经济和社会的发展进步，在中低收入流动人口居住问题上，政府有必要变"以用工企业为主、多渠道解决"为"以政府为主导、多渠道解决"。

三是"补人头"虽广被学者推崇，但该模式目前并不适宜我国大都市。首先，大都市房价高，房租贵，即使给中低收入者发放些许住房补贴，也是杯水车薪；其次，大都市相当程度上不是缺租赁房而是缺中低收入流动人口租得起的小微型租赁房，在小微型房源高度稀缺的背景下，很难保证中介和房东不会通过涨价而将政府对中低收入者的租房补贴抵消；再次，全国公民征信系统尚未建立，流动人口甚至本市户籍人口的财产、收入不易查实，很难公平地发放住房补贴；最后，地区差异悬殊，城市政府因担心"洼地效应"而不敢向流动人口轻易发放住房补贴。

四是细化需求，细分地域，有针对性地解决问题。大都市中低收入流动人口保障房有"弱"保障性特征，租金与市场租金应相去不远，同时又得让中低收入流动人口租得起，如此保障房只能以集体宿舍、胶囊公寓、迷你单间、迷你套间为主。根据流动方式的不同，流动人口大体可分为单身型、夫妻型、家庭型三类，不同类别流动人口的居住需求不同，对户型的偏好有异。在租金高企、收入微薄的背景下，单身型流动人口会倾向于租赁集体宿舍、胶囊公寓和迷你单间，而以前二者为主；夫妻型流动人口会倾向于租赁迷你单间、迷你套间型公寓，而以前者为主；家庭型流动人口会倾向于租赁迷你单间、迷你套间，而以后者为主。在地域方面，大都市城区地价、房租高企，在保障房租金应与市场租金相去不远的"时代"要求下，在该类地区即使建设面积微小的迷你单间及套间，中低收入流动人口怕也承租不起。该地区应以建设集体宿舍、胶囊公寓为主，主要面向城区中低收入服务业流动人口出租，在城区就业的夫妻型、家庭型中低收入流动人口可到城近郊区或远郊承租迷你单间、迷你套间。城近郊区地价、房租一般比城区低一些，但也不菲，且该地区常有产业园区。在该地区既要建设集体宿舍、胶囊公寓，以满足园区单身型流动人口的居住需求,也应建设适量的迷你单间、迷你套间,以解决部分夫妻型、家庭型中低收入流动人口的居住需求。远郊地价相对低廉,保障性租赁房的建设成本及租金最低,在建设适量的集体宿舍、胶囊公寓以满足单身外来产业工人就近居住需求的同时,应以建设迷你套间、迷你单间为主,以满足家庭型、夫妻型中低收入流动人口的居住需求,同时注意以保障房为纽带建设都市卫星城,实现职住平衡,分流中心城区的流动人口。在建设主体及租金方面,城区地价、房租高企,中低收入服务业流动人口众多,对集体宿舍、胶囊公寓的需求量很大且很稳定;在政府给予划拨土地等政策支持下,投资经营该类公寓很易获利,应以保障房建设管理局投资经营为主;远郊迷你套房、迷你单间的单套建房成本(去除土地成本)高于城区集体宿舍、胶囊公寓,且租金较低,企业兴趣不足,该类公寓也应以保障房建设管理局投资经营为主。城郊工业园区周边外来务工青年多,单身型流动人口居住需求量很大且很稳定,在政府给予土地、税收等政策支持下,用工企业、开发商、村集体等投资经营集体宿舍、胶囊公寓,即使以外来务工者能接受的价格出租也较易获利。为了减轻政府负担,应继续支持用工企业、开发商、村集体等在产业园区周边配建该类公寓,向园区外来务工者定向出租。总之,离城市中心越近的流动人口公寓越应采用集体宿舍、胶囊公寓或者单套面积越小的其他住房形式,保障性越弱,租金越高;离城市中心越远的流动人口公寓越应采用套间、独立单间等住房形式,单套面积越大,保障性越强,单位面积租金越低。这既是大都市不同区位地价、房价的分布特征所致,也是大都市人口疏解、调控之需。

五是抓住主要矛盾,集中力量解决突出问题。大都市中低收入流动人口居住问题上存在的矛盾有三:①发展中小城镇与流动人口大城市流向之间存在突出矛盾。②城中村改造、群租房整治忽视中低收入流动人口居住需求,都市城区适合中低收入流动人口租住的住房越来越少。该现象与都市发展离不开中低端流动人口之间存在矛盾。③用工企业、开发商等产业园区周边配建的员工宿舍一般只能解决单身职工的临时居住问题,难以满足夫妻型、家庭型流动人口的居住需求。该现象与流动人口日益增长的家居和市民化需求之间矛盾凸显。针对如上矛盾,建议:①根据中低收入流动人口的数量及分布情况,在城区建设适量的集体宿舍和胶囊公寓,以准市场价面向中低收入流动人口出租。②城中村改造兼顾中低收入流动人口的居住需求,将村民的回迁房一分为二:供村民自住、户型较大的回迁房与供村民出租经营的胶囊公寓、集体宿舍、迷你单间等;或将拆迁所得建设用地一分为三：商品房建设用地、村民新宅建设用地和流动人口公寓建设用地；对暂时不拆迁的城中村、城边村，制定临时性村庄建设规划和村民建房标准，约定权利与义务，开放村民建设面向中低收入流动人口自由租赁的迷你单间、迷你套间、胶囊公寓等。③群租房整治兼顾中低收入流动人口的居住需求。群租房整治时，保障房建设管理部门与业主签订长期租赁合同，约定双方权利与义务，然后将该房改造为安全整洁、设施齐备、单间面积达标的合法群租房。④以保障房开发为纽带建设大都市周边的中小城镇，使其成为都市卫星城，实现职住平衡，以化解发展中小城镇与人口大都市流向之间的矛盾。

六是完善流动人口公寓建设、运营、管理诸细节。应建立统一管理全市户籍人口和流动人口保障房建设、运营工作的非营利机构——保障房建设管理局，配足人力物力。多渠道筹措流动人口保障房建设资金，滚动开发，力求实现流动人口保障房建设运营资金的自我平衡。合理安排流动人口保障房的建设地点、建设体量、建设主体、建设方式及户型结构。合理确定流动人口保障房租金，建立住房保障对象的公共信息平台和征信体系，完善保障房的准入、退出管理制度。

四、城乡结合部出租房和流动人口登记管理机制创新研究。出租房和流动人口登记管理是流动人口居住管理的关键，是社会治安管理的基石。现有成果多非专门针对大都市城乡结合部，且对管理与被管理者之间的利益冲突未予重视。本章旨在从社会心理、社会规制及实践经验等角度展开分析，力求构建吸引、迫使、方便村民和流动人口登记的有效机制。主要观点：1）城乡结合部房屋租赁行为具有负外部性，需要政府规制和合作治理。2）村民和流动人口不主动登记租赁信息是利益冲突的产物，也是路径依赖和从众心理作用的结果。3）应建立以"吸引、迫使、方便"为特色的出租房和流动人口登记管理机制：找准村民和流动人口在租赁信息获得、出租房管理等方面的利益需求，予以满足，以服务促管理，化被动为主动，以吸引其主动登记；广泛推广"门禁卡、视频监视器与居住证相结合"、一人一卡办法，建立多层次网格抽查制度，加大执法力度，迫使其主动登记。采用"条码式"智能化管理等办法，方便其登记管理。

五、居住因素对城乡结合部流动人口定居意愿的影响研究。就地定居意愿是流动人口市民化的关键问题，学界颇多探讨。现有成果均非专门针对一线大都市城乡结合部流动人口，亦未专门论及居住因素对城乡结合部流动人口定居意愿的影响。本章旨在借助广义居住因素与流动人口定居意愿的关联性分析，廓清某些对大都市城乡结合部流动人口定居意愿的认识误区,揭示居住条件改善、居住心理调适等对促进城乡结合部流动人口就地定居、就地市民化的影响和意义。主要结论和建议:1)在房价异常高企和属地化服务严重缺位的背景下,京沪穗等一线大都市城乡结合部流动人口定居意愿并未发生较大的代际更替,其流动方式仍以"乡-城-乡"循环为主,促进流动人口市民化任务仍然艰巨。2)鉴于流动人口在流入地买房和租房定居意愿、出租房大小和设施、对出租房及社区服务满意度与其定居意愿均显著正相关,建议统筹规划、循序渐进、量力而行地为少数经济条件相对较好的流动人口提供产权房,使其在本地产生主人公的感觉,走向定居与市民化;同时,也要尊重现实,向中低收入流动人口广泛宣传租房定居理念,为其准备与其经济承受能力相匹配的出租公寓,助其定居。3)鉴于是否参加或愿意参加本地管理服务活动、与本地人交往和交友多少、在本地有无"家"的感觉均与其定居意愿显著正相关,建议面向中低收入流动人口的保障房在选址上应"大杂居、小聚居",以便使文化素养、生活习惯迥异的流动人口与本地居民之间既不因住得太近而易生矛盾,又不因彼此住得太远而少有往来机会,有碍融入与市民化。4)在房价高企、属地化服务严重缺位的背景下,一线大都市城乡结合部流动人口定居意愿确有特殊性。反映该特殊性的调研结果是流动人口就地定居意愿薄弱而回乡定居意向凸显,因流动人口多无就地定居意愿而致家庭式流动与定居意愿关联不大,因流动人口居住条件普遍较差且彼此相差不大而致一些租房条件因素与定居意愿相关而不显著等。

# 目 录
## CONTENTS

**第一章 绪 论** ·············································································· 1
  1.1 选题背景与研究意义 1
  1.2 基本概念、研究内容及方法 5

**第二章 文献综述** ·········································································· 8
  2.1 境外相关研究述评 8
    2.1.1 关于区域间人口迁移及其驱动力的研究 8
    2.1.2 关于都市边缘区和贫民窟的研究 12
    2.1.3 关于公共住房理论和政策的研究 17
    2.1.4 文献评述 24
  2.2 境内相关研究述评 26
    2.2.1 有关流动人口迁移、融入和定居意愿的研究 26
    2.2.2 有关城乡结合部居住设施、环境及管理的研究 28
    2.2.3 有关我国住房保障问题的研究 33
    2.2.4 有关我国流动人口居住问题的研究 48
    2.2.5 文献评述 63

**第三章 城乡结合部违法建设防治与合法租赁公寓建设研究** ············ 67
  3.1 违法建设的生成逻辑 67
    3.1.1 违法建设动机 67
    3.1.2 违法建设机会 71
    3.1.3 违法建设风险 75

3.1.4 要素互动与违法建设生成 76
  3.2 化解动机,增大风险,减少机会 78
  3.3 有序开放流动人口公寓建设 80
   3.3.1 有序开放村民、村集体建设流动人口公寓 80
   3.3.2 将村民回迁房一分为二 82

## 第四章 城乡结合部基础设施与居住环境问题研究 …………… 85
  4.1 基础设施和环卫服务的公共性与外溢性 85
  4.2 基础设施和环卫服务供给不足的原因 90
  4.3 解决问题的思路与建议 93

## 第五章 城乡结合部流动人口居住特征、问题及对策研究 ………… 96
  5.1 样本的来源及特征 96
  5.2 调查所见的居住特征及问题 99
  5.3 境内相关探索及其得失 129
   5.3.1 相关政策文本及其特征 129
   5.3.2 相关实践探索及其得失 138
   5.3.3 中低收入流动人口住房问题难解的原因 162
  5.4 境外相关经验及其借鉴 166
   5.4.1 新加坡组屋政策的成功之道与题外之意
       ——兼谈对中国保障房建设的启示 166
   5.4.2 在公平与效率之间寻找平衡——香港保障房
       政策及其对内地的启示 177
  5.5 解决中低收入流动人口居住问题的思路与建议 191
   5.5.1 既不漠视也不理想化看待流动人口居住问题 191
   5.5.2 既要坚持"多渠道解决",也要强调政府的主导作用 193
   5.5.3 细化需求,细分地域,总体性、渐进式解决问题 194
   5.5.4 抓住主要矛盾,集中力量解决突出问题 197
   5.5.5 完善流动人口公寓建设、运营、管理诸细节 202

## 第六章 城乡结合部出租房和流动人口登记管理机制创新研究 ………… **207**

### 6.1 机制创新的必要性与合理性 208
### 6.2 机制创新的思路与建议 210
- 6.2.1 做好出租房普查、登记工作 210
- 6.2.2 建立吸引村民和流动人口主动登记的有效机制 211
- 6.2.3 建立迫使村民和流动人口主动登记的有效机制 212
- 6.2.4 建立方便村民、流动人口及其管理员登记管理的有效机制 215

## 第七章 居住因素对城乡结合部流动人口定居意愿的影响研究 ………… **217**

### 7.1 基本概念和研究假设 217
### 7.2 样本来源及特征 219
### 7.3 内部差异分析所见的影响 219
- 7.3.1 住房条件、住房选择意愿对定居意愿的影响 219
- 7.3.2 居住管理、服务对定居意愿的影响 221
- 7.3.3 社区参与、融入对定居意愿的影响 223

### 7.4 回归分析所见的影响 224
### 7.5 讨论和建议 230

## 参考文献 ………………………………………………………………… **232**

## 附录1：大都市城乡结合部流动人口居住问题调查问卷 ……………… **240**

## 后　记 …………………………………………………………………… **244**

# 第一章 绪 论

## 1.1 选题背景与研究意义

没有什么城市生活经验,没有什么城市谋生技能,没有准备什么城市生活费用,甚至连返程的路费都未准备,一代又一代农民工就这样毅然决然地辞别难舍的亲人,离开熟悉的故土,来到城市打拼。在城市——这个陌生的世界里,他们不仅要独自存活下来,而且一定要赚钱回家,供孩子上学,赡养年迈的双亲,尽管他们两手空空,似乎什么都没有,什么也不会,甚至连身体也未必真像城里人想象的那样壮实、硬朗。

这便是中国城市化进程中农民工伟大的勇气和艰辛!而在这种伟大的勇气的背后却也有着某种精明与算计。从经济学的角度来看,无论留守还是流动,都是个体理性决策的结果。只要流动的总体收益大于总体成本,人们便会倾向于流动,哪怕流动的过程中充满了不确定性,充满了出门在外的无奈和心酸。

中国是一个非均衡的发展中大国,正处于快速工业化和城市化转型期,城乡之间、不同城市之间经济发展程度和人民生活水平差异很大。在较大的收入预期差异心理支配下,农民不断地向城市迁徙,欠发达的中小城市人口不断地向发达的大都市聚集。流动人口(或者美其名曰"新居民")越来越成为大都市生产和生活领域的生力军。可是,由于大都市人口高度密集、资源紧张、交通拥堵、空气污染严重、区域发展严重失衡、潜在的"洼地效应"等原因,大都市政府一般都不愿或不敢向流动人口开放户籍限制,甚至不仅不敢开放户籍限制,反而还让户籍附属更多的福利待遇,把户籍作为"调控"人口、"排斥"流动人口的利器。诸如,没有本地户籍,不能在本地买房、买车,不能租赁本地公租房,随迁子女不能像本地户籍的孩子一样就地上学、就地高考等,以致被很多城市美其名曰"新居民"的常住流动人口无论在法律意义上还是在现实意义上都依然不是本地人,而是名副其实的外来暂住人口。据统计,2013年、2014年、2015年、2016年、2017年,我国常住流动人口分别为2.45亿人[1]、2.53亿人[2]、2.47亿人[3]、2.45亿人[4]、2.44亿人[5]。2014年、2015年、2016年、2017年,北京市常住流动人口分别为818.7万人[6]、822.6万人[7]、807.5万人[8]、794.3万人[9]。2015年、2016年、2017年,上海市常住流动人口高达981.65万人[10]、980.20万人[11]、972.68万人[12]。2015年,深圳市常

---

[1] 中华人民共和国国家统计局. 中华人民共和国2013年国民经济和社会发展统计公报[EB/OL]. http://www.stats.gov.cn/tjsj/zxfb/201402/t20140224_514970.html,2014-02-24.

[2] 中华人民共和国国家统计局. 2014年国民经济和社会发展统计公报[EB/OL]. http://www.stats.gov.cn/tjsj/zxfb/201502/t20150226_685799.html,2015-02-26.

[3] 中华人民共和国国家统计局. 2015年国民经济和社会发展统计公报[EB/OL]. http://www.huaxia.com/xw/dlxw/2016/02/4743804_2.html,2016-02-29.

[4] 中华人民共和国国家统计局. 2016年国民经济和社会发展统计公报[EB/OL]. http://www.stats.gov.cn/tjsj/zxfb/201702/t20170228_1467424.html,2017-02-28.

[5] 中华人民共和国国家统计局. 2017年国民经济和社会发展统计公报[EB/OL]. http://www.stats.gov.cn/tjsj/zxfb/201802/t20180228_1585631.html,2018-02-28.

[6] 北京市统计局,国家统计局北京调查总队. 北京市2014年国民经济和社会发展统计公报[EB/OL]. http://zhengwu.beijing.gov.cn/tjxx/tjgb/t1381082.htm,2015-02-12.

[7] 北京市统计局,国家统计局北京调查总队. 北京市2015年暨"十二五"时期国民经济和社会发展统计公报[EB/OL]. http://www.bjstats.gov.cn/tjsj/tjgb/ndgb/201603/t20160329_346055.html,2016-02-15.

[8] 北京市统计局,国家统计局北京调查总队. 北京市2016年国民经济和社会发展统计公报[EB/OL]. http://www.bjstats.gov.cn/tjsj/tjgb/ndgb/201702/t20170227_369467.html,2017-02-25.

[9] 北京市统计局,国家统计局北京调查总队. 北京市2017年国民经济和社会发展统计公报[EB/OL]. http://bj.people.com.cn/n2/2018/0227/c82837-31286123.html,2018-02-27.

[10] 上海市统计局,国家统计局上海调查总队. 2015年上海市国民经济和社会发展统计公报[EB/OL]. http://www.stats-sh.gov.cn/sjfb/201602/287258.html,2016-02-29.

[11] 上海市统计局,国家统计局上海调查总队. 2016年上海市国民经济和社会发展统计公报[EB/OL]. http://www.shanghai.gov.cn/nw2/nw2314/nw2318/nw26434/u21aw1210720.html,2017-03-02.

[12] 上海市统计局,国家统计局上海调查总队. 2017年上海市国民经济和社会发展统计公报[EB/OL]. http://www.stats-sh.gov.cn/html/sjfb/201803/1001690.html,2018-03-08.

住流动人口高达782.90万人,占全市常住人口的68.8%[1];2016年,深圳市常住流动人口高达806.32万人,占全市常住人口的67.7%[2]。如此众多的流动人口常住城市,却因户籍"屏蔽"而难以享受正常的市民待遇。发达的大都市对于来自相对落后地区的流动人口,如同"吃甘蔗"一样,在榨干他们甘甜的"汁水"后,便将干瘪的"蔗渣"无情地扔回落后地区。落后地区既要"伺候"发达的大都市吃"甘蔗"——力争让留守儿童"同在蓝天下",又要帮助他们回收"蔗渣"——勉力做好返乡"蔗渣"的养老善后工作。[3] 流动人口属地化服务管理的严重缺位业已成为我国城市管理尤其是一线大都市管理的最大难题之一,亟待解决。

"安居才能乐业",居住服务堪称流动人口属地化服务之首。世界上没有哪个国家在工业化、城市化过程中没有伴随大批农民进城,没有哪个国家在工业化、城市化进程中没有伴随城市中低收入者住房的紧张和困难。世界上没有哪个业已完成工业化、城市化的发达国家不"把房地产业视为民生产业……把社会目标嵌入经济目标"[4],对住房市场进行强有力的干预,将解决低收入者住房问题视为政府义不容辞的义务。可是,我国城市流动人口住房问题却遭到了市场和政策的双重"排斥":一方面房地产的大宗性、不可移动性、区域垄断性和开发商的价格合谋等导致了住房市场失灵,商品房售价及租金高企,中低收入流动人口很难通过商品房市场解决居住问题;另一方面城市政府高度依赖土地财政,将住房视为经济支柱性产业,忽视住房的社会保障属性,将流动人口住房问题过多地推向住房市场,直接导致了中低收入流动人口居住问题的日益严峻。近年来,中央和地方不断强调要妥善解决农民工居住问题。2007年,国务院《关于解决城市低收入家庭住房困难的若干意见》(国发〔2007〕24号)明确规定,要以用工企业为主,多渠道改善农民工居住条件。上海、广州、深圳、苏州、宁波、重庆等市进行了不少相关实践探索。只是,这些探索的实际效果尚很有限,并未在较大程度上缓解中低收入流动人口的住居难题。就全国而言,尚未形成解决该问题的一整套完备的政策体

---

[1] 深圳市统计局,国家统计局深圳调查总队.2015年深圳国民经济和社会发展统计公报[N].深圳特区报,2016-04-24(A5).
[2] 深圳市统计局,国家统计局深圳调查总队.2016年深圳国民经济和社会发展统计公报[N].深圳商报,2017-04-28(A14).
[3] 许庆明.城乡统筹发展条件下的城市农民工居住问题研究[J].城市,2007(6):13-16.
谢宝富.干部管理要因地制宜、对症下药[J].人民论坛,2016(10):36-37.
[4] 唐豪,马光红,庞俊秀.大都市流动人口居住问题研究[M].上海:上海大学出版社,2012:15.

就城市之间的比较而言,一线大都市流动人口居住问题尤为严峻。相对普通城市,一线大都市一方面区位更优越,土地更稀缺,资本和人才更密集,房价和房租更高昂,对中低收入流动人口产生的"挤出"效应更大;另一方面城市人口基数更大,公共资源更紧张,交通更拥堵,人口调控压力更大,更担心可能的"洼地效应",不仅很难妥善解决中低收入流动人口的居住难题,而且还常借助住房"剥夺"(如城乡结合部村庄改造、严查群租房及禁止地下室住人等)进行人口调控,对中低收入流动人口政策"挤出"效应更大。同时,一线大都市城区中低端服务业流动人口基数庞大,低端自由职业者云集,这些人工资报酬较低,很难凭借个人财力在大都市商品房市场上买房、租房,工作地点又高度分散,政府、企业等很难像对待产业园区的工人那样,为他们集中配建集体宿舍等,进行定向安置。

就一线大都市内部而言,城乡结合部流动人口居住问题尤为严峻。城市化进程中,中低收入流动人口不堪城区高房租的重压而被迫栖身于城乡结合部违法建设。城乡结合部违法建设多系违法抢建、违法偷建而成,不少楼房都是一层的地基承载五层、六层的楼体,建筑安全隐患十分严重,而且建筑设计无规划,"接吻楼""一线天"现象普遍,基础和公益配套设施匮乏,环境脏乱,各类安全案件高发。可是,即使是如此"脏、乱、差、危"的地方,也越来越成为中低收入流动人口的居住奢望。随着城市化浪潮的狂飙突进,一批批城中村、城边村轰然倒下,一波波流动人口不得不卷起铺盖,到更加遥远的郊区寻觅、复制城中村,等待他们的往往不是更低廉的房租,更整洁的环境,而是更颠簸的上班路,更糟糕的境遇,以及更不确定的未来![1]

任何一个城市都是既需要高端流动人口,也离不开中低端流动人口。一味地堵而不疏,一味地从住房的角度排斥中低收入流动人口,只会导致城中村的"野火烧不尽"和违法群租房的"春风吹又生",只会使中低收入流动人口的居住质量越来越低劣,城市社会越来越不和谐、宜居。因此,探索大都市城乡结合部流动人口居住服务管理问题有着重要的时代需求与现实意义。

首先,探索大都市城乡结合部流动人口居住服务管理问题,可提高流动人口生活质量,促进社会和谐。妥善解决好流动人口居住问题,不仅可以大幅提升流

---

[1] 谢宝富. 中国城市化进程永久的痛[N]. 联合早报,2010-12-31(9).

动人口个体的生活质量,而且可以缓解流动人口夫妻两地、骨肉分离等家庭问题,减少社会不稳定现象,促进城市社会和谐、稳定。

其次,探索大都市城乡结合部流动人口居住服务管理问题,有利于促进经济发展。妥善解决流动人口居住问题,可为城市生产和服务业提供相对稳定的劳动力,可为中低收入流动人口缓解因为本地物价上涨而带来的生活压力,提高他们的城市归属感和劳动积极性,促进经济繁荣发展。同时,广泛建设中低收入流动人口公寓,还可以启动内需,为经济发展提供新的增长点。

第三,探索大都市城乡结合部流动人口居住服务管理问题,有利于破解城市出租房管理失控问题。我国绝大多数城市出租房管理都处于失控或半失控状态,商品房违法群租、地下空间违法出租遍地开花,屡治不愈,安全隐患突出,扰民问题严重。探索城乡结合部流动人口居住服务管理机制,可为破解大都市出租房管理难题提供借鉴和参考。

第四,探索大都市城乡结合部流动人口居住服务管理问题,有利于推动我国城市化进程,促进流动人口在大都市安居、定居,就地市民化。

第五,探索大都市城乡结合部流动人口居住服务管理机制,可以丰富有中国特色的公共住房供给、出租房管理以及流动人口服务管理等方面的理论体系。

## 1.2 基本概念、研究内容及方法

本书所及的概念主要有大都市、城乡结合部、流动人口、居住等。所谓大都市,学术界并无明确界定,一般是指城区规模巨大、人口众多、交通发达、经济繁荣的通都大邑,是区域乃至全国的中心城市。本书所论的大都市主要指北京、上海、广州、深圳等一线大都市。

所谓城乡结合部,学界有多种不同认识。[①] 笔者认为,城乡结合部是具有城市和农村结合特征的城乡连接地带。城乡结合部之所以被称为城乡"结合"部,所强调的乃是该地区城乡结合的特征;城乡结合部之所以又被称为城乡"接合"部,所强调的乃是该地区城乡连接地带的特色。不过,目前学术界一般都将该概念称

---

① 参见本书"2.2.2 有关城乡结合部居住设施、环境及管理的研究"。

为"城乡结合部"而非"城乡接合部",说明在"城乡结合部"这个概念里,城乡结合的特征比城乡连接地带的特色更显突出和重要。城乡结合部与城市郊区、城市边缘区等概念含义相近,但又不完全相同。在我看来,城乡结合部不仅包含具有城乡结合特征的城市郊区、城市边缘区,还应包含位于城区(甚至城市中心区)的城中村,因为城区的城中村不仅同样具有城乡结合特征,而且也是另一种城乡连接地带——城中村这个乡村的"点"与周边城区的"面"的连接地带。本书所论的城乡结合部主要指城乡结合部的城中村、城边村。

所谓流动人口,一般是指离开户籍所在地到异地务工经商或生活的人口。本书所论的流动人口主要是离开户籍所在地到外地务工经商的人口。由于居住在城乡结合部村庄的流动人口几乎都是中低收入流动人口,所以城乡结合部流动人口与城市中低收入流动人口的含义基本相同。

所谓居住,一般是指在特定的时段里住在某地某房屋或其他类似房屋的物体内,并随其时间的长短而有定居与暂住之别。就属性而言,居住乃是一种行为,它既包含该行为的载体——住房及其相关基础设施、生活环境等,也包含居住行为及意愿等。本书所论的住房主要有二:一是城乡结合部面向流动人口出租、以违法建设为主的农民自建房,二是未来承接城乡结合部流动人口转移、合法廉价的中低收入流动人口公寓;所论的基础设施、生活环境主要指城乡结合部村庄及其周边的基础设施和生活环境等。所论的居住行为和意愿主要指城乡结合部流动人口的租房[①]行为及其就地定居、就地市民化意愿。

本书是"问题研究",所论多围绕问题展开,而非面面俱到,到处撒"胡椒面"。基于此,本书将研究内容分为大都市城乡结合部违法建设防治与合法租赁公寓建设、居住设施及环境、居住特征及问题、出租房管理以及居住因素对流动人口定居意愿及市民化的影响五个专题。其中,第三个专题又分大都市城乡结合部流动人口居住特征及问题、境内相关探索及其得失、境外相关经验及其借鉴、解决问题的政策建议等四个小专题。在每个专题研究中,同样重视以问题为中心展开论述,而非穷尽枝叶,以期研究的深入。

本书主要是策论性研究,主要分析模式无外乎"提出问题、分析问题、解决问题",主要分析方法多是传统的"摆事实,讲道理",但也适当注意运用多学科理论

---

① 因为城乡结合部流动人口一般都是租房而非买房居住。

进行分析。例如,第四章中,运用霍伊特的过滤理论、阿隆索的城市人口迁居和分布互补理论、奥尔森的集体行动理论、博弈论等多学科理论对城乡结合部基础设施和环卫服务供给问题进行分析。第六章中,运用制度变迁理论、社会规制理论、社会交换理论等对城乡结合部出租房管理机制创新问题进行分析等。同时,也注意采用比较研究和定量研究方法。前者如第五章中,关于中国保障房政策与新加坡保障房政策、中国内地保障房政策与香港保障房政策的比较分析;关于中低收入流动人口不同居住模式的比较分析等。后者如第五章中,采用内部交叉方法对大都市城乡结合部流动人口居住特征及问题展开的分析;第七章中,采用内部交叉、逻辑回归等方法对居住因素对流动人口定居意愿的影响进行分析等。

  二十多年前,在我撰写博士论文的过程中,导师张泽咸先生一再谆谆告诫道:"一篇优秀的博士论文乃是若干篇优秀的读书笔记的汇编",并说:"这样写出的文章,才能真正凸显问题意识,才有可能把所有的水分挤干"。在写作本书的过程中,我依然很想践行先生当年的教诲。只是,由于学力以及现实条件下流动人口居住问题本身的难解与无解等原因,本书不仅在分析说理上时显笨拙、浅陋,而且像时下诸多同类作品一样写了不少"具体的空话""正确的废话"。凡此种种,敬希读者诸君惠予宽容、指正!

# 第二章 文献综述

## 2.1 境外相关研究述评

工业化、城市化必然伴随人口由农村向城市、由欠发达地区向发达地区迁移，在人口向城市尤其是发达城市迁移的过程中都会不同程度地出现城市低收入人口的住房难题。对此，海外学界早有关注和研究，在人口迁移、低收入者居住区和公共住房等方面取得了众多理论成果。某种程度上说，中国工业化、城市化进程中正在发生的人口迁移正是西方发达国家工业化、城市化曾经经历的，二者之间具有一定的相似性（对此，Solinger①、Chan②、Roberts③等学者早有共识）。因此，海外相关理论成果对研究中国大都市城乡结合部流动人口居住问题有一定的借鉴意义。

### 2.1.1 关于区域间人口迁移及其驱动力的研究

海外人口迁移理论主要研究两类问题：一是影响迁移的关键因素，主要围绕

---

① SOLINGER D J. China's urban transients in the transition from socialism and the collapse of the communist "Urban Public Goods Regime"[J]. Comparative Politics, 1995, 27(2): 127-146.
② CHAN K W. Post-Mao China: A two-class urban society in the making[J]. International Journal of Urban & Regional Research, 1996, 20(20): 134-150.
③ ROBERTS K D. China's "tidal wave" of migrant labor: what can we learn from Mexican undocumented migration to the United States? [J]. International Migration Review, 1997, 31(2): 249-293.

"4W"——Who(哪些人会成为迁移者)、Why(为什么要迁移)、Where(迁移到什么地方)、What(影响迁移决策的因素是什么)展开;二是迁移后果,即迁移行为对经济社会发展、对迁移者和非迁移者、对个人及家庭、对迁入地和迁出地等的影响。海外学界对人口迁移及其驱动力的研究已十分成熟,代表性理论主要有以下几种。

第一,人口迁移规律。19世纪末,英国学者雷文斯坦(E. G. Ravenstein)首次对人口迁移进行了系统研究,在《迁移的规律》(The Laws of migration)中他总结了7条迁移规律:一是迁移和距离之间的关系规律。人口迁移主要是短距离流动,人口迁移数量随着迁移者与吸引人口迁移的工商业中心之间的距离增加而减少;远距离流动大多流向大型工商业中心。二是人口迁移阶梯性规律。城镇快速吸引附近农村人口迁入,由此出现的空缺由更远的农村人口填补,直到整个国家城镇化进程结束;人口分散过程亦有相似特征。三是迁移和回流规律。人口乡城迁移常伴随一种次生现象——由城镇逆向回迁乡村,亦即所谓"补偿性逆迁移"现象。四是迁移倾向的城乡差异规律。城镇居民的迁移倾向弱于农村居民的迁移倾向。五是性别差异规律。在短距离迁移方面,女性比男性更突出。六是技术与迁移规律。交通运输业发展和工商业繁荣会加剧人口迁移。七是经济因素占主导地位规律。严刑峻法、赋税繁重、气候恶劣、社会失序以及人身强制等都会导致人口迁移,但是该类人口迁移在规模上通常小于为了获得财富而进行的迁移。[①]

第二,推拉理论。赫伯拉(Herberla)在1938年、米切尔(Mitchell)在1946年分别提出了该理论。唐纳德·博格(D. J. Bague)于20世纪50年代末对该理论予以系统化。该理论认为,人口迁移是两种不同方向力量共同作用的结果:一是迁入地的拉力。迁入地更多的就业机会、更高的收入、更好的设施、更舒适的生活等均对人口迁移产生拉力。二是迁出地的推力。迁出地资源减少、设施匮乏、成本上升、自然灾害等不利条件均对人口迁移有推动作用。[②] 李(Everett. S. Lee)在前人研究的基础上,建立了完整的分析框架,找出了影响人口迁移的四个关键因素——迁入地因素、迁出地因素、迁移障碍因素及迁移者个人因素。对不同个体

---

[①] RAVENSTEIN E G. The laws of migration[J]. Journal of Royal Statistical Society,1885,48(1):167-227.
[②] 刘继为,崔松虎. 推拉理论及理性人视角下的民工荒现象解析[J]. 经济视角(下旬刊),2011(2):78-80.

而言,迁入地和迁出地的拉力和推力均有不同,迁移者的个性、年龄、心态、文化程度以及对迁入地、迁出地的熟悉程度等制约着其对推拉力量的判断;迁移距离、费用、移民法等障碍因素会影响其迁移决定。在此基础上,李(Everett. S. Lee)对人口迁移数量提出了一系列命题。诸如,人口迁移是迁入地和迁出地推拉因素相互作用的结果。大体而言,两地之间差异的大小与人口迁移数量的大小之间成正比;人群间同质性的高低与人口迁移率的高低之间成反比;迁移障碍的多寡与人口迁移量的大小之间成正比;经济情况的好坏与人口迁移量的大小之间成正比。在没有强制性条件的情况下,随着时间推移,地区差异、人际差异增大,迁移障碍削弱,人口迁移数量会相应增加。此外,人口迁移还会随着国家和地区的发展差异而有所区别。①

第三,二元经济结构理论。20世纪50年代,刘易斯(W. A. Lewis)把发展中国家的经济结构概括为现代与传统两个部门,建立了两部门经济发展模型,奠定了二元经济结构理论的基础。他假设无限劳动力存在于人力资源丰富(相对社会资本和自然资源而言)的国家,这些国家存在两种经济部门:一是传统农业部门,以家庭经营为基础,即使某些成员转行从事其他工作也不会影响生产,因而存在众多潜在剩余劳动力;二是现代工业部门,雇佣工人进行生产。传统农业部门生产率较低,现代工业部门生产率较高,二者非平衡发展导致前者的剩余劳动力不断地向后者转移,后者可从前者那里获得源源不断的劳动力。由于传统农业部门、现代工业部门分处农村和城市,所以这样的劳动力转移即是人口乡城迁移。当传统农业部门无剩余劳动力,劳动力变成稀缺资源,发展中国家的二元经济结构便告结束。② 1961年,费景汉(John C. H. Fei)和拉尼斯(G. Ranis)对刘易斯二元经济结构理论进行了补充和完善,提出了"刘易斯 – 拉尼斯 – 费景汉"模型。他们认为,刘易斯二元经济结构理论把农业对经济的贡献降低到仅为工业发展提供廉价劳动力的程度是错误的。实际上,劳动者由农业向非农业就业转换的前提是农业生产增长到足以满足不断增加的非农业人口对产品的消费需要,停滞的农业生产只会导致城市工商业用工成本的剧增,侵蚀其利润,使其吸收农业剩余劳动力趋于停滞,从而阻碍经济发展。解决该问题的唯一办法就是提高农业劳动生产率。

---

① LEE E S. A theory of migration[J]. Demography,1996,3(1):47 – 57.
② 唐豪,马光红,庞俊秀. 大都市流动人口居住问题研究[M]. 上海:上海大学出版社,2012:33.

在此基础上,他们提出了不同经济部门之间均衡发展的思想,丰富了农业剩余劳动力理论研究的内涵。①

不过,费景汉、拉尼斯和刘易斯一样忽视了发展中国家在农业劳动人口存在剩余的同时,城市同样存在大量失业人口,一样难以解释为什么城市在自身有很多失业人口的同时,依然能吸纳大量农业转移人口。针对这些不足,托达罗(Michael P. Todaro)提出了三部门二元经济模型,认为缺少职业技能的农村劳动力进城后常有两阶段之分:先在所谓城市传统部门工作一段时间②,积累了一定经验后,才到现代工业部门工作。由于劳动者迁移决策是基于其在农村和城市工作的预期收入③、发展前景、成本效益等所做的理性选择,所以才会出现城市在自身存在很多失业者的情况下依然能吸纳农村剩余劳动者的现象。只要城市预期收入高于农村,农村人口就不会停止向城市迁移的步伐。不过,这样就会导致城市失业率的攀升,解决办法有二:一是政府采取措施确保城市最低工资水平;二是控制农村劳动力向城市迁移步伐。二者利弊各具,适用性视具体的经济环境及其所含因素而定。④

第四,二元劳动力市场理论(亦称"劳动力市场分割理论")。1979 年,迈克尔·皮奥里(Michael Piore)提出了二元劳动力市场理论,认为劳动力市场不是完全竞争和统一的,而是被分割成一级劳动力市场(Primary Labor Market)和二级劳动力市场(Secondary Labor Market)两个层级,前者高工资,高福利,工作稳定,环境良好;后者低工资,有限福利,工作不稳定,环境恶劣。⑤ 发达国家本国居民经常拒绝从事二级劳动市场工作,其空缺可由来自欠发达国家的移民填补,由此导致了跨境人口迁移现象。20 世纪 80 年代以来,经济学家不断地运用新的理论和实证方法对二元劳动力市场进行研究,狄更斯(William T. Dickens)和凯文·朗(Kevin Lang)通过实证研究取得了五方面成果:一是劳动力市场确实存在分割的两级市场;二是二级劳动力市场上工资较固定,一般低于一级市场;三是工作履历

---

① 王新文. 城市化发展的代表性理论综述[J]. 中共济南市委党校、济南市行政学院、济南市社会主义学院学报,2002(1):25-29.
② 在托达罗看来,城市传统部门就业的劳动者主要包括失业者、就业不足者、兼职者、零售业和服务业中低收入者。
③ 预期收入为工资收入与迁移者在城市获得工作概率的乘积。
④ HARRIS J R, TODARO M P. Migration, unemployment, and development: A two-sector analysis[J]. American Economic Review, 1970, 60(1):126-142.
⑤ 赵敏. 国际人口迁移理论评述[J]. 上海社会科学院学术季刊,1997(4):127-135.

和受教育程度对二级劳动力市场的收入水平无影响;四是劳动力有寻求一级市场工作愿望;五是劳动力市场上多有种族和性别歧视、收入两极分化等现象。①

第五,新经济迁移理论(又称新劳动力迁移经济学)。该理论是在新古典主义经济理论的基础上发展而来的,代表人物有奥迪·斯塔克(Oded Stark)、爱德华·泰勒(Edward Taylor)等。该理论的主要观点:一是劳动者的迁移行为是自身感受和独立意志的反应。劳动者与周遭参照群体相比而产生的相对失落与否,会在相当程度上影响人们的迁移行为。在通常情况下,劳动者会选择从相对失落感较高的地方迁到相对失落感较低的地方,哪怕他们在相对失落感较低的地方所得的绝对收入比在相对失落感较高的地方收入还要低。二是在制约劳动者迁移行为的诸多因素中,劳动者个体因素虽至关重要,但家庭因素在迁移决策中也决不能忽视。为了规避迁移风险,许多家庭都会在迁移城市和留守乡村之间进行适当的比例安排——让一部分家庭成员率先迁入城市,另一部分家庭成员暂时留守农村,二者相互理解,相互支持,形成有效的收益共享和风险共担机制,留守者在分享迁移者可能带来的收益同时,也为率先迁移者留有后路,一旦他们在城市遭遇风险和不测(如失业、事故等),就可以重回故里,退守乡村,以便把迁移风险降至最低。② 这种迁移者与留守者之间风险共担机制其实是城市化进程中农村人口面对无法把握的迁移命运而采取的生存策略:一方面迁出地人多地少,资源稀缺,缺少第二、三产业就业机会;另一方面迁移者在迁入地又收入微薄,一时难能维持全家在迁入地的基本生活需要,使家庭有必要在迁入地和迁出地同时寻找机会,以维持并尽力提高家庭生活水平。同时,部分家庭成员留守农村还可使迁出者能够最大限度地忍受迁入地简陋的生活条件、糟糕的生活境遇,从而将迁移成本压缩至最低水平。③

### 2.1.2 关于都市边缘区和贫民窟的研究

中国城乡结合部问题是城乡二元体制下因城市扩张、流动人口居住困难而引

---

① DICKENS W T, LANG K. A test of dual labor market theory[J]. The American Economic Review,1985,75(4):792-805.
② STARK O, BLOOM D E. The new economics of labor migration[J]. The American Economic Review,1985,75(2):173-178.
③ 朱宇. 国外对非永久性迁移的研究及其对我国流动人口问题的启示[J]. 人口研究,2004(3):52-59.

发的特殊问题,海外学界对中国城乡结合部专门研究很少,但其有关城市边缘带(Desakota region)、贫民窟等方面的研究成果对研究中国城乡结合部问题仍有参考意义。

第一,城市边缘带研究。1936年,德国地理学家路易斯(H. Louis)从城市形态学角度出发对柏林城市地域结构进行研究,发现在城市外围地区聚居着众多移民,将该区域称为城市边缘带。20世纪60年代,英国科曾(M. R. G. Conzen)认为,城市边缘带是城区向外不断拓展的前哨站,但该拓展并非持续不断,永远向前,而是呈现加速、静止、减速三种状态,周期性变化着。同时,他还注意到城市边缘带的内部差异,将其分为内缘、中缘、外缘三个不同的地带。[①] 20世纪70年代,卡特(H. Carter)和威特雷(S. wheatley)发现既往城市边缘带研究成果已很难解释城市边缘地带新出现的功能变迁,认为该区域已演变成一个介于城乡之间、结构功能均较独特、具有非城非乡色彩的区域,其土地开发具有显著的城乡综合特征;应从多元角度研究该地区的演变规律,尤其要注意该地区在经济、社会、人口诸方面所呈现的城乡衔接过渡的特征。[②] 顾朝林、熊江波将20世纪80年代以前国外城乡边缘地带研究,归纳为地域结构性特征、郊区性特征、城乡连续统一体、城郊农工综合体、地域差异性、城市化不同阶段与地域空间配置等六个方面。[③] 20世纪80年代末,西方学者发现,与西方相比,东南亚国家城市化进程颇有区域特色,其城市化经常发生于两个或多个人口高度稠密的发达城区之间的乡村地带。因此,其城市化进程没有伴随大规模乡城人口迁移。这种特殊的城市化进程造就了一个绵延于核心城区之间、农业与非农业融合、外来人口与本地人口混居的廊状区域——城乡边缘地带(Desakota1 region)。他们指出,中国深圳市龙华镇也是这样

---

① 李默,许大为.城市边缘区的界定特性与作用研究[J].鸡西大学学报,2008(5):153-154.
② CARTER H, WHEATLEY S. Fixation lines and fringe belts, land use and social areas: 19-century change in the small town[J]. Transactions of the Institute of British Geographers, 1979, 4(2):214-238.
③ 顾朝林,熊江波.简论城市边缘区研究[J].地理研究,1989(3):95-101.

一个类似东南亚 Desakota1 region 的典型区域。① 在此基础上,丹尼尔(Daiel Z. Sui)和曾辉(Hui Zeng)研究发现,发展中国家出于可持续性发展的需要,其城市化步伐不应迈得过快,其城乡混合带的大小应受到适度控制。② Desakota1 region 可视为与我国城乡结合部相关性最强的地域,其相关概念、理论和方法可在我国城乡结合部及其流动人口研究中予以吸收。

第二,贫民窟研究。贫民窟是世界各国工业化、城市化过程中普遍发生的现象,联合国人类住区规划署将贫民窟(slum)定义为以低于标准的住房、肮脏和贫穷为特征的人口稠密的城市区域;是同在蓝天下却缺少安全用水、良好的公共设施及卫生、起码的生活空间及寓所等的地方。长期以来,贫民窟一直是海外学界的研究热点之一。不少学者认为,贫民窟本质上虽是经济贫困所致,但也与社会歧视和文化排斥密切相关。1928 年,安德森(Nels Anderson)从经济理性的视角分析发现,农村移民由于缺乏现代职业技能以及由此而致的贫困使他们受到当地人的社会排斥,难以融入本地市民社会,只好寄身贫民窟。③ 20 世纪 40 年代,欧美工业化、城市化日新月异,城市社会学风靡一时,芝加哥学派对城市贫民窟及其相关问题进行了深入考察。1943 年,著名学者怀特(William Foote Whyte)发表了名著《街角社会:一个意大利贫民区的社会结构》,对"街角帮"独特的社会结构及相互作用方式进行了系统的考察。④ 帕克(Robert Park)发现,正如植物须不断调节自身,以适应由植物们共同缔结的生态世界一样,在光怪陆离的城市谋生,人们也必须不断调适自己,去适应由城市公民一起缔结的城市社会。⑤ 在物竞天择、适者生存的法则下,缺乏基本的竞争能力、难以适应城市生活的社会群体自然会遭到城市主流社会的挤兑与排斥,其栖身之所难免沦为都市"贫民区",沦为道德沦

---

① MCGEE T G. The emergence of desakota regions in Asia:expanding a hypothesis[A]. Ginsburg N,KOPPEL N B,MCGEE T G. The extended metropolis:settlement transition in Asia[C]. Honolulu:University of Hawaii Press,1991:3 – 26.
Ginsburg N. Extended metropolitan region in Asia:a new spatial paradigm[A]. KOPPEL N B,GINSBRUG T G. The extended metropolis:settlement transition in Asia[C]. Honolulu:University of Hawaii Press,1991:27 – 46.
② SUI D Z,ZENG H. Modeling the dynamics of landscape structure in Asia's emerging desakota regions:a case study in Shenzhen[J]. Landscape and Urban Planning,2001,53(1 – 4):37 – 52.
③ ANDERSON N. The slum:a project for study[J]. Social Forces,1928,7(1):87 – 90.
④ 肖敏.《街角社会》述评[J]. 北京市总工会职工大学学报,2000(1):42 – 45.
⑤ (美)安东尼·奥罗姆,陈向明. 城市的世界——对地点的比较分析和历史分析[M]. 曾茂娟等译,上海:上海人民出版社,2005:35.

丧、罪犯猖獗、管理失序、政策阳光难以普照的地方。① 在以伯吉斯(E. W. Burgess)为首的芝加哥学派眼里,城市空间分隔是优胜劣汰的生存竞争而致的社会分化的表现,贫民窟既是失败者的居住区,也是解体了的无序社会,充斥着非法团伙、职业盗贼、失业者与边缘人等。②

不过,也有学者通过对贫民窟的实地考察,发现贫民窟并非是个彻底失序的社会。他们认为,尽管在贫民窟里生活的是社会底层群体,但底层也有底层的法则。1976年,社会学家亚尼斯·珀曼(Janice Perlman)考察巴西著名贫民窟 Rio de Janeiro favela 后,发现其内居民自组织行为十分活跃,彼此之间友爱互助,亲情网络四通八达,形成了十分独特的自我管理机制和文化伦理,从而使贫民窟能集中并活跃地独立于体制之外而存在。在此基础上,她批驳了某些认为巴西贫民窟缺少社会凝聚力和将贫民窟(Favela)视同潜在的犯罪场所等观点。③ 20世纪80年代,以帕萨·查特杰(Partha Chatterjee)、拉纳吉特·古哈(Ranajit Guha)、迪皮斯·查克里巴蒂(Dipesh Chakrabarty)为代表的印度"底层研究(Subaltern Study)"学派同样认为,底层社会虽无法具有上流社会基于财产和法律而产生的文明秩序和精英法则,却也存在底层秩序——基于贫民窟共同体而生的归属感。简言之,底层有底层的权利,底层有底层的法则。④ 1997年,社会学家卢瓦克·华康德(Loic Wacquant)在对美国贫民窟进行研究后认为,与正规社会相比,贫民窟的非正规性并不意味着其全然失序、全然置身政府和社会之外,毫无组织性可言,贫民窟内的无组织性本身就是一种底层社会的组织形式,一种民族或种族的维持和控制机制。⑤

此外,一些学者还积极肯定了贫民窟对社会发展的正面价值和意义。道格·桑德斯(Doug Saunders)认为,贫民窟不仅为被城市主流社会所排斥的无家可归者

---

① 芦恒. 边缘底层与贫民区秩序——国外城市贫民区研究述评及对国内相关研究的启示[J]. 贵州社会科学,2009(4):23 – 27.
② 芦恒. 边缘底层与贫民区秩序——国外城市贫民区研究述评及对国内相关研究的启示[J]. 贵州社会科学,2009(4):23 – 27.
③ 夏鹏. 权力分配:自建型居住空间演变的一种社会学阐释——对武汉宝庆街区的实证研究[D]. 华中科技大学博士学位论文,2011:16.
④ (印)帕萨·查特杰. 被治理者的政治[M]. 田立年译,桂林:广西师范大学出版社,2007:81.
⑤ WACQUANT L J D. Three pernicious premises in the study of the American ghetto[J]. International Journal of Urban and Regional Research,1997,21(2):341 – 353.

和短期劳动力提供了宝贵的栖身之所,成为都市底层漂泊者的一根救命稻草,而且是充满活力、可以让都市重新焕发生机和活力的重要地方。① 马卡里亚(K. Macharia)通过对肯尼亚内罗毕贫民窟居民的研究发现,虽然贫民窟常被世人视为法外之地、混乱之区,但其内部发达的社会网络可促进贫民窟及其周边的非正规经济发展,造就了穷人赖以生活的独特的低消费区域,有效地满足了收入微薄的移民们的生活需求。②

由于贫民窟是低收入者难舍的栖身之所,所以很多学者都很关注其内部治理和改造升级。迈克·海恩斯(Mike Haynes)认为,城市化进程缓慢、政府资源匮乏、管理者专制腐败、底层民众经济收入微薄及参与受阻等因素使贫民窟改造前景不容乐观;鉴于基础设施是贫民窟治理中最薄弱而又最关键的环节,贫民窟改造升级应以水电、能源等基础设施建设为先。③ 萨巴哈达·卡纳尼(Shubhada Kanani)调查发现,印度瓦多达拉贫民窟内小孩普遍营养欠佳,建议政府针对该问题实施儿童发展综合服务项目(ICDS)、儿童补充餐饮等。④ 奥鲁索基·詹姆斯·丹尼尔(Olusoji James Danie)等以尼日利亚拉各斯贫民窟为例,指出当地贫民窟近40%的人患有高血压病,知道自己患有该疾病的人却很少,呼吁政府积极改善医疗条件,控制疾病蔓延。⑤ Alex Abiko 等⑥主张贫民窟改造升级应该分为初步研究⑦、居民登记⑧、项目设计⑨、执行项目⑩四个阶段,有序进行,逐步提高贫民窟

---

① (加拿大)道格·桑德斯. 落脚城市——最后的人类大迁徙与我们的未来[M]. 陈信宏译,上海:上海译文出版社,2012:42.
② MACHARIA K. Slum clearance and the informal economy in Nairobi[J]. The Journal of Modern African Studies,1992,30(2):221-236.
③ (英)迈克·海恩斯. 21世纪的全球城市和全球工人[J]. 吴晓梅等译,国外理论动态,2012(6):25-37.
④ KANANI S,POPAT K. Growing normally in an urban environment:positive deviance among slum children of Vadodara,India[J]. The Indian Journal of Pediatrics,2012,79(5):606-611.
⑤ DANIEL O J,ADEJUMO O A,ADEJUMO E N,et al. Prevalence of hypertension among urban slum dwellers in Lagos,Nigeria[J]. Journal of Urban Health,2013,90(6):1016-1025.
⑥ ABIKO A,CARDOSO L R D A,RINALDELLI R,et al. Basic costs of slum upgrading in Brazil[J]. New Journal of Chemistry,2007,36(12):2493-2500.
⑦ 该阶段包括对拟升级的贫民窟进行技术、政治、法律等方面的可行性探索,与贫民窟居民取得对话等。
⑧ 该阶段包括筛选受益人群并控制其规模等。
⑨ 该阶段包括对登记的家庭进行分类,对供水、供电、内部道路、排水排污、通讯等进行合理设计和有效配置。
⑩ 该阶段是项目执行阶段,其执行效果取决于地形、资金和社区参与等因素。

的基础设施和生活环境,改善其居民的生活质量。国际经验表明,对待贫民窟之类的非正式居住区,最好的办法是改良(Upgrading)而非拆除,应改进它们的居住设施和公共服务,降低其社会极化程度,促进社会公平。

### 2.1.3 关于公共住房理论和政策的研究

住房乃民生之本。低收入人口的住房问题是世界各国工业化、城市化过程中必须面对的重大难题之一。海外学术界对该难题进行了长期探索,产生了丰富的理论成果。

第一,住房过滤、住房阶梯、住房排斥、居住分割理论。1925年,伯吉斯(E. W. Burgess)率先提出了住房过滤理论。他指出,城市新宅质量越来越好,离市中心越来越远,为了过上高品质的生活,高收入阶层会放弃城区旧宅而购买郊区新宅,从市区搬至郊区,其旧宅由低收入者购买或承租。随着高收入者持续外迁,结果是最贫困者住在市中心最老的住房。由此形成了自内向外扩展的同心圆结构:第1圈层是中心商业区;第2圈层是商业、轻工业和老式住宅,属中心商业区与住宅区之间的过渡地带;第3、4、5圈层分别为工人居住区、高级住宅区、通勤住宅区。居民富裕程度大体上也呈现由内向外依次递减的圈层结构。① 此后,霍伊特(H. Hoyt)、劳瑞(I. S. Lowry)等进一步丰富了住房过滤理论。不过,二者对住房过滤产生原因的看法不尽一致。前者认为,住房过滤现象的出现是高收入阶层因收入增加和新产品偏好而搬到城郊新宅居住、空下的旧宅被下一阶层购买或租住的结果;后者否认收入增加是导致住房过滤的主要原因,认为导致住房过滤现象的主要原因是房屋本身的老化和新宅建设。② 20世纪70年代以后,西方对住房过滤的研究开始由定性向定量过渡。奥尔森(J. C. Olsen)、斯维尼(J. L. Sweeney)、伯莱德(R. M. Braid)等提出了系列住房过滤模型,使该理论渐趋成熟,且更具解释力。③ 尽管诸家对住房过滤理论的具体内涵理解不一,但彼此都有一个共识,即

---

① BURGESS E W. The growth of the city: An introduction to a research project[M]. Chicago: University of Chicago Press, 1925: 32.
② HOYT H. The structure and growth of residential neighborhoods in American cities[M]. Washington: Federal Housing Administration, 1939: 72 – 78, 119 – 122.
LOWRY I S. Filtering and housing standards: A conceptual analysis[J]. land economics, 1960, 36(4): 362 – 370.
③ 吴永宏. 中国城市住房保障制度设计与实践运行研究[D]. 苏州大学博士学位论文, 2013: 8.

建造高品质住房会使住房过滤加快,可相应地为低收入人口增加更多、更廉价的寓所,进而提高全社会的住房福利。

与住房过滤理论类似,怀特(H. C. White)提出了住房梯级消费(Housing Chain)理论。他指出,由于中低收入者财力有限,所以他们一般不会购买新宅,城市新宅主要由高收入者购买、居住,该价格过滤使住宅消费市场呈现"梯级消费"特征。[①] 格里格斯比(W. G. Grigsby)认为,高收入者迁往更高品质的新宅时,低收入者会因此获得更多的住宅消费机会,进而形成不同梯级的住房空间布局。[②] 同时,一些西方学者认为,任何一种社会都有其特定的住房供给结构,都会存在住房排斥,但在排斥对象上,公共住房和商品房截然不同:商品房排斥的是无力从市场上买房的经济条件欠佳者,公共住房排斥的是不具备购买或租赁资格以及不愿轮候的人。[③] 居住分割会阻碍弱势群体获得城市公共资源和社会福利,减少他们的社交机会,对其道德、教育、就业、消费及生活水平等有显著的负面影响,居住分割既是社会分割的一部分,又加剧了社会分割。[④]

第二,居住空间失配(亦称居住空间不匹配)理论。居住空间失配理论原本由居住空间隔离理论派生而来,或者说它是居住空间隔离理论的一个分支。1968年,美国哈佛大学约翰·凯恩(John Kain)[⑤]以底特律和芝加哥为例,首次系统地揭示了美国城市黑人和其他少数民族的职住失配现象。他指出,美国黑人之所以

---

[①] WHITE H C. Multipliers, vacancy chains and filtering in housing[J]. Journal of the American Institute of Planners,1971,37(2):88-94.

[②] GRIGSBY W G. Housing markets and public policy[M]. Philadelphia:University of Pennsylvania Press,1963:97-100.

[③] BALL M, HARLOE M. Rhetorical barriers to understanding housing provision: What the 'provision thesis' is and is not[J]. Housing Studies,1992,7(1):3-15.

[④] MASSEY D S, DENTON N A. Hypersegregation in U. S. metropolitan areas:black and Hispanic segregation along five dimensions[J]. Demography,1989,26(3):373-391.
O'REGAN K M, QUIGLEY J M. Spatial effects upon employment of outcomes:The case of New Jersey teenagers [R/OL]. http://econwpa.repec.org/eps/hew/papers/9803/9803001.pdf,1998-06-19.
BAYER P, MCMILLAN R, RUEBEN K. Residential segregation in general equilibrium[R/OL]. http://www.nber.org/papers/w11095.pdf,2005-01.

[⑤] KAIN J F. Housing segregation, Negro unemployment and metropolitan segregation[J]. The Quarterly Journal of Economics,1968,82(2):175-192.

出现高失业现象,主要原因是他们居住地点(被隔离在城内)与工作岗位的失配[①]。该失配是造成内城工作技能不足的黑人和其他少数民族失业率偏高、通勤时间偏长、收入偏低的主要原因。此后,学界将凯恩的这一研究发现冠以"空间失配理论"之名,来自城市规划学、社会学、地理学等众多学科的学者均对该理论进行了进一步探索和检验。其中,部分学者对该理论是否客观存在提出了大胆的怀疑。例如,奥夫纳(P. Offner)和萨克斯(D. H. Saks)利用和凯恩一样的数据,采用不同的方法,得出的结论却完全不同。他们发现,即使黑人没被居住隔离,居住在与白人及其他人种混合居住的社区,其总体就业率亦无上升趋势。[②] 另外一些学者研究发现,居住在内城的白种人也同样遭受居住空间失配的影响。[③] 与早期研究者过分强调种族差异、居住隔离不同的是,后来的研究者多重视研究广义居住空间与就业岗位之间的结构性关联,研究内容逐渐由居住隔离拓展到居住空间寻找、工作可达性程度等方面。多数学者认为,居住空间失配是一个包容性很强的概念,其背后隐藏着住房、就业、种族、城市规划及发展机会等诸多因素,涉及城市住房和劳动力市场之间如何运作、居住歧视等重要问题。[④] 近年来,相关研究主要集中在居住与就业关系的空间异质性对弱势群体在通勤距离内获得就业机会的影响等方面。[⑤]

第三,自助式住房理论。城市化进程中,尽管很多国家法律、政策规定住房具

---

[①] 一方面许多原本在城内的工作岗位(尤其是所需技术水平较低的蓝领工作岗位)已从城内迁至郊区,另一方面美国城市普遍存在居住方面的种族隔离,相对富裕的白人逐渐搬至郊区居住,相对贫穷的黑人和其他有色人种被阻隔在城内居住。这种居住地与工作岗位之间的失配现象既使郊区的企业主不愿舍近求远,雇佣住在城内的黑人和其他少数民族,进而导致他们获得工作岗位的几率减少,也会抑制居住在城内的黑人和其他少数民族到郊区就业的冲动。

[②] OFFNER P, SAKS D H. A note on John Kain's Housing segregation, Negro employment and metropolitan decentralization[J]. The Quarterly Journal of Economics, 1971, 85(1): 147 – 160.

[③] IHLANFELDT K R, SJOQUIST D L. Job accessibility and racial differences in youth employment rates[J]. The American Economics Review, 1990, 80(1): 267 – 276.
CHESHIRE P C. Inflation, Development and Integration: Essays in Honour of A. J. Brown[M]. Leeks: Leeds University Press, 1979: 263 – 278.

[④] HOUSTON D S. Methods to test the spatial mismatch hypothesis[J]. Economic Geography, 2005, 81(4): 407 – 434.
ARNOTT, R. Economic Theory and the Spatial Mismatch Hypothesis[J]. Urban Studies, 1998, 35(7): 1171 – 1185.

[⑤] 刘志林,王茂军,柴彦威. 空间错位理论研究进展与方法论评述[J]. 人文地理, 2010(1): 1 – 6.

有社会保障属性,住房权属基本人权,但是政府往往没有向中低收入阶层广泛提供公共住房的财政实力和管理能力,在一些发展中国家,政府向低收入者提供公共住房甚至被证明是解决其住房问题的无效方法。当政府无力满足城市居民(尤其是快速涌入城市的中低收入居民)的住房需求时,非正式住房就会蔓延开来,与之相关的自助式住房理论便应运而生。20 世纪初,帕特里克·格迪斯(Patrick Geddes)根据他在印度的经验,政府应为城市低收入者提供更易取得的土地及部分建筑材料,将建筑标准简化,允许低收入者采用简易建筑材料,低收入者应为建房提供部分或全部劳动力。[1] 1999 年,南非学者 Tobeka Mehlomakulu 和 Lochner Marais 通过对政府提供的公共住房区和自建住房区的实地对比,得出了自建房的居住条件可以让居民更满意、政府提供公共住房更能体现社会公平的结论,强调政府应对低收入者的住房予以更多关注、补贴和支持。相对而言,欧美发达国家对自建住房研究主要集中在实用性方面,强调空间建设的个性化、多样化、市场化和民间参与,而第三世界国家自建住房研究旨在有效提高低收入阶层的居住水平,促进社会公平与包容等。[2]

第四,住房保障的必要性、政策类型和保障方式研究。西方学者对政府干预住房市场及住房保障政策的必要性进行了较多研究。宏观方面,惠顿(W. C. Wheaton)等分析了政府、市场经济与房地产之间的关系,分析了政府对住房市场进行调控、平衡住房供求关系的必要性。[3] 格里格斯比(W. G. Grigsby)以住房市场分配无效率为视角,建议政府对住房市场进行必要干预,消除住房市场的负外部性,保障居民的基本住房质量。[4] 彭斯(L. S. Burns)和格雷布勒(L. Grebler)从内部收益、外部收益等方面分析了政府干预住房市场的好处与必要。[5] 麦克伦南(D. Maclennan)认为,因为土地资源稀缺、信息不对称、交易成本

---

[1] 张磊,姜雷. 发展中国家低收入者住房理论发展轨迹:多元性与渐进性[J]. 城市发展研究,2011(3):14 - 19.
[2] 夏鹏. 权力分配:自建型居住空间演变的一种社会学阐释——对武汉宝庆街区的实证研究[D]. 华中科技大学博士学位论文,2011:16 - 17.
[3] 崔竹. 城镇住房分类供应与保障制度研究[D]. 中共中央党校博士学位论文,2008:5.
[4] 臧崇晓. 基于 PPP 模式的公共租赁住房投融资问题研究[D]. 清华大学硕士学位论文,2012:6.
[5] 臧崇晓. 基于 PPP 模式的公共租赁住房投融资问题研究[D]. 清华大学硕士学位论文,2012:6.

较高、市场效率低下等,所以政府需要对住房市场进行必要干预。[1] 微观方面,由于劳动者一般都倾向于从居住成本较高的地方流动到居住成本较低的地方,所以居住成本过高会减少劳动力市场供给,影响经济发展和社会稳定。政府不主动干预住房市场、不积极向低收入者提供保障房,看似能够节省不菲的人力物力,对经济发展的影响却常是负面的。李健正(James Lee)等调研发现,保障房不仅可以使住户免受私人出租房主高租金的盘剥,而且会间接增加下一代人接受教育的机会,为他们增添向上流动的机会与空间。[2] 米尔斯(Gregory Mills)等认为,让低收入劳动者住上具有基本质量保证而又能够负担得起的住房是对他们工作的有力支持。否则,他们只能在城市不断地漂泊。[3]

根据政府对住房市场干预程度的不同,住房政策可分多种不同类型。邓尼逊(D. V. Donnison)以市场经济国家中政府在住房问题上所扮演的角色或承担的责任为标准,将不同国家的住房政策分为三类:一是雏生型(embryonic)住房政策,代表性国家主要有希腊、葡萄牙、土耳其等工业化起步较晚、经济发展水平相对较低的国家(指邓尼逊所在时代的这些国家,下同),目前很多快速城市化的发展中国家的住房政策亦属该类型。主要政策特征是,城市化进程中人口向大城市聚集,住房问题骤紧,城市新居民不得不以违规自建的方式解决居住问题。政府虽对住房市场采取了干预措施,但因重视不够,在解决低收入者住房问题上态度消极,作为有限。二是社会型(social)住房政策,代表性国家主要有美国、比利时、瑞士、英国等。主要政策特征是,政府在信任并依靠市场机制解决主要住房问题之余,适当干预住房市场,以弥补其不足,但该干预要有理有节,以满足无力借助市场解决居住问题的弱势群体的住房需求为界。三是全面责任型(comprehensive)住房政策,代表性国家主要有瑞典、荷兰、前西德、法国等。主要政策特征是,政府将住房保障视为促进而非阻碍经济发展的力量,一肩扛起全民住房责任,对住房市场进行广泛而有力的干预,同时配有住房保障长远发展规划和长期住房项目。[4] 凯梅

---

[1] 王旺平. 中国城镇住房政策体系研究[D]. 南开大学博士学位论文,2013:11.
[2] LEE J,NGAI – MING Y. Public housing and family life in East Asia:Housing history and social change in Hong Kong,1953 – 1990[J]. Journal of Family History,2006,31(1):66 – 82.
[3] MILLS G,GUBITS D,ORR L,et al. Effects of housing vouchers on welfare families[EB/OL]. http://www.nchh.org/Portals/0/Contents/Article0669.pdf,2006 – 09.
[4] DONNISON D V. The government of housing[M]. Harmondsworth:Penguin Books,1967:100 – 102.
DONNISON D V,UNGERSON C. Housing Policy[M]. Middlesex:Penguin Books,1982:75.

尼(J. Kemeny)把不同国家住房政策分为二元体系和一元体系两类:前者住房去商品化程度较低,政府对购买或租赁商品房与公共住房采取不同标准;后者住房去商品化程度较高,政府对购买或租赁商品房与公共住房采用相同标准。①

在住房保障方式上,海外学界一直存在供给方补贴(或称实物补贴)与需求方补贴之争。供给方补贴指政府为住房保障对象直接提供公共住房或为建设公共住房者提供资金和物资补贴,俗称"补砖头";需求方补贴指政府向住房保障对象发放住房补贴,提高他们的住房支付能力,使他们能够在住房市场上购房或租房,俗称"补人头"。二者孰优孰劣,学界莫衷一是。近二三十年来,与西方发达国家住房政策普遍由"补砖头"向"补人头"转变相呼应,海外多数学者认为"补人头"优于"补砖头"。例如,奥尔斯(J. C. Ohls)通过一般均衡住房市场过滤模型的构建,参考政府成本,发现政府向低收入者发放住房货币补贴比直接为他们建造公共住房更有效率。② 阿瑟·奥沙利文(Arthur O'Sullivan)认为,政府向低收入者直接提供公共住房会在客观上制造贫民区,形成穷人与富人的居住空间隔离,加重城市中低收入者的贫困,减少他们向上流动的机会。在住房紧张有所缓解之后,政府应用"补人头"代替"补砖头",向中低收入者直接提供货币化住房补贴。③ 加尔斯特(G. Galster)通过对市场反应能力的研究,认为补贴住房需求方的政策效果显胜补贴住房供给方。④ 不过,也有学者认为,"补砖头"的效果胜于"补人头"。例如,理查德·哈里斯(Richard Harris)等认为,政府大规模建设永久性出租屋,以较低的价格租给低收入者,可以有效解决他们的住房问题。⑤ 拉姆齐·雷伊(Ramsey Rey)认为,若低收入者虽有一定支付能力却在市场上找不到合适的廉价房源,则会对住房市场造成非常不利的影响,低收入者的住房条件过差会引发一系列社会问题,政府应大力建设面向低收入者出租或出售的公共住房,解决他们

---

① 王旺平. 中国城镇住房政策体系研究[D]. 南开大学博士学位论文,2013:8.
② OHIS J C. Public policy toward low income housing and filtering in housing markets[J]. Journal of Urban Economics,1975,2(2):144 – 171.
③ (美)阿瑟·奥沙利文. 城市经济学(第四版)[M]. 苏小燕等译,北京:中信出版社,2003:56.
④ GALSTER G. Comparing demand – side and supply – side housing policies: Sub – market and spatial perspectives[J]. Housing studies,1997,12(4):561 – 577.
⑤ HARRIS R,GILES C. A mixed message:the agents and forms of international housing policy,1945 – 1973[J]. Habitat International,2003,27(2):167 – 191.

的住房问题。① 在房租控制方面,约瑟夫·乔科(Joseph Gyourko)等以纽约市为例,考察了租金控制对不同收入家庭的收益影响,发现贫困家庭大多能够从租金控制政策中获益更大,但因受制于多种因素,同一收入水平的不同家庭从租金控制中获得的收益存在明显差异。同时,租金控制还会对房屋质量产生不利影响。② 让·欧仁·阿韦尔(Jean Eugene Havel)认为,控制房租是政府直接干预租房市场,会对住房市场产生很大的冲击和干扰。正因为如此,所以绝大多数国家都不采用该政策。③

第五,关于中国保障房政策及流动人口住房问题的研究。中国是13亿多人口的发展中大国,正在经历全球最大规模的城市化进程,大规模的人口城市化必然伴随着城市中低收入者住房的高度紧张和困难,被户籍"屏蔽"在城市住房保障系统之外的中低收入流动人口尤其如此。戴文(D. Davin)指出,中国二元户籍制度与社会保障二元化相随,流动人口虽为城市发展做出了重要贡献,但受户籍身份的牵累而不能被纳入城市住房保障体系。④ 伯格斯·杰克(Burgers Jack)认为,城市住房保障体系排斥流动人口,流动人口流动性大,多有"过客"心理,对居住品质要求甚低,不愿做较多住房投入,导致中国流动人口居住问题相对严峻。⑤ 马克·杜达(Mark Duda)等认为,中国经济适用房、住房公积金等政策虽能帮助小部分人以购买产权房的方式解决住房问题,但这些政策难能满足广大中低收入者住房需求,建议中国改弦易辙,加快租赁型保障房建设。⑥ 弗农·亨德森(Vernon Henderson)认为,流动人口是中国工业化和城市化的生力军,政府应从经济发展和社会稳定的大局出发,高度重视并解决他们的住房问题,将其住房问题纳入城

---

① RAMSEY R. Does investment risk affect the housing decisions of families? [J]. Economic Inquiry,2007,41(4):675-691.
② GYOURKO J,LINNEMAN P. Rent controls and rental housing quality:A note on the effects of New York City's old controls[J]. Journal of Urban Economics,1990,27(27):398-409.
③ (法)让·欧仁·阿韦尔. 我知道什么?——居住与住房[M]. 齐淑琴译,北京:商务印书馆,1996:74.
④ DAVIN D. Internal migration in contemporary China [M]. New York:St. Martin's Press,1999:153.
⑤ BURGERS J. Formal determinants of informal arrangements:housing and undocumented immigrants in Rotterdam[J]. Journal of Ethnic and Migration Studies,1998,24(2):295-312.
⑥ DUDA M,ZHANG X,DONG M. China's homeownership-oriented housing policy:an examination of two programs using survey data from Beijing[R/OL]. http://www.jchs.harvard.edu/sites/jchs.harvard.edu/files/w05-7.pdf,2005-07.

市住房保障体系。让城市中低收入流动人口住上相对"体面的住房",不仅是社会整体福利提升的必要环节,而且是促进社会长治久安的"稳定剂"。①

### 2.1.4 文献评述

由于中国城市化进程中正在发生的人口迁移问题一定程度上正是海外城市化进程中曾经发生的,因此海外相关研究成果对研究中国大都市城乡结合部流动人口居住问题有一定的启发意义。

首先,二元市场、二元经济结构等理论从相对宏观的角度揭示了城市化进程中农村人口向城市迁移的必然趋势及其原因,推拉理论、人口迁移规律理论从相对微观的角度考察了影响人口迁移的诸方面因素,构建了人口迁移的基本分析框架,总结了人口迁移的一般规律。这些分析理论对准确把握中国城市化进程中农村人口向城市流动的趋势与规律、科学引导农村人口向城市有序流动、进而有针对性地做好居住、子女教育等属地化服务管理工作,有着重要的指导意义。

其次,中国一线大都市房价高企,生活成本高昂,城乡结合部流动人口大多收入较低,很难维持全家在流入地生活,使他们不得不采取类似新劳动力迁移理论所言的生存策略——将老人、小孩等难能在城市赚钱谋生的家庭成员留在生活费用低廉的农村,自己只身或与青壮年亲友一起到城市务工经商,赚钱谋生,以便以最小的流动成本获取最大的流动收益。该类现象的普遍存在表明,新劳动力迁移理论对准确把握中国城市化进程中农村人口的流动特征及规律尤具启发意义。如何做好非举家、非永久性迁移类流动人口的居住服务管理工作应是研究中国流动人口服务管理问题的重中之重。

再次,城市边缘区相对廉价且熟悉的生活环境、较多的就业机会常使它成为农村人口流入城市的第一站。海外有关城市边缘区、贫民窟等的研究成果表明,城市边缘区作为介于城乡之间的特殊区域,有着特殊的经济社会特征和独特的运行规律,其特殊性应受到研究者的高度重视。贫民窟虽是失败者的居住区和相对无序的社会,其内不乏非法团伙、盗贼、边缘人等,但也是低收入者难以割舍的栖身之所和能够促使城市重生和富有活力的关键之地;对待贫民窟改造升级比简单撤除更加重要。这些理论告诉我们,与西方城市边缘区极为类似的中国城乡结合

---

① HENDERSON J V. Urbanization in China: Policy issues and options [R/OL]. http://www.econ.brown.edu/Faculty/henderson/FinalFinalReport-2007050221.pdf,2007-05-02.

部地区同样具有独特的社会文化特征及运行规律,对待城乡结合部流动人口聚集的城中村、城边村同样应注意改造升级,而非一味地简单拆除。

最后,西方工业化、城市化已有漫长的历史,城市低收入者尤其是低收入移民的居住问题发生较早,实践及理论界对于该问题已有众多探索和经验,形成了住房过滤、住房阶梯、住房排斥、居住分割、居住空间失配、住房保障等相当成熟的理论体系。其中,不少住房理论对解决中国大都市城乡结合部流动人口居住问题仍有突出的启发意义。例如,住房过滤和阶梯理论强调的增加高收入者的住房供给会相应地增加中低收入者的住房供应;住房排斥理论强调的居住分割既是社会分割的表现又会加剧社会分割;居住空间失配理论强调的居住空间失配会降低低收入者的就业率;自助住房理论强调的自建房可以让居民更满意、政府提供公共住房更能体现社会公平;住房保障理论强调的政府向低收入者提供住房保障可以促进经济发展、社会稳定,"补砖头"与"补人头"利弊各具,慎待"控租"问题等。所有这些对解决中国城市化进程中大都市城乡结合部流动人口居住问题均有重要的启发意义。

当然,西方的理论毕竟是西方经验的抽象,不可能完全契合中国城市化进程中人口迁移的实际。因此,如上成果在具有重要的启发意义的同时也存在一定的不足。主要表现是:第一,专门研究中国城市化进程中流动人口问题的成果很少,专门研究中国大都市城乡结合部流动人口居住问题的成果更为零星。第二,与西方发达国家相比,中国流动人口问题具有很强的特殊性,作为大都市城乡结合部流动人口主要成分的农民工则更具特殊性。他们往往因户籍制度等原因既难入城市权利体系又不舍农村权利体系,因大都市房价高企、生活成本过高而更难举家流动、长期定居。因此,他们不仅与西方城市化进程中的乡城迁移人口相比,具有更多的临时迁移色彩和"半城市化"特点,甚至与其他中国城市城乡结合部流动人口相比也具有更多的临时迁移色彩和"半城市化"特点。中国大城市政府比西方城市政府更应注意集中精力解决非永久性迁移人口的安居问题。第三,中国幅员辽阔,流动人口规模堪称世界之最,区域之间发展严重失衡,而且缺乏社会保障、义务教育等全国性统筹机制,任何一个城市政府在努力解决中低收入流动人口居住、随迁子女义务教育问题的同时都难免有"洼地效应"之虑。因此,与西方城市化进程中移民的居住问题相比,中国流动人口居住问题显得更加复杂而难解。所有这些都是海外现有成果不曾或较少关注的,有待进一步研究与发现。

## 2.2 境内相关研究述评

随着我国经济结构转型和城市化进程的加快,人口不断地由农村向城市、由落后地区向发达地区流动。由于户籍改革滞后、经济社会问题行政切块管理等原因,流动人口问题日益凸显,流动人口迁移和融入、城乡结合部治理、保障房建设管理、流动人口居住服务等问题一直是国内学界关注的热点。

### 2.2.1 有关流动人口迁移、融入和定居意愿的研究

我国学者对流动人口迁移问题研究较早,1993 – 1996 年,王桂新从地理学、经济学等角度分析了距离对人口迁移的显著作用,认为我国大致可以"呼和浩特——南宁"一线为界分东、西两个不同经济区域。总体而言,西部落后,东部发达,人口流动存在由西向东迁移的基本趋势与规律,经济因素是形成该迁移规律的主要原因。[1] 陈吉元等认为,人多地少、收入较低是促使农村人口向城市流动的主要推力,城市较高的生活水平和较多的发展机会等是导致该流动的主要拉力。[2] 蔡昉等研究发现,绝对收入差距和相对贫困都是促使我国人口由乡村向城市流动的动力所在。乡城之间绝对收入差距是人口由乡村向城市流动的持续动力之一,农村不同地区之间、不同农户之间收入差距越大,农民相对贫困的感觉就越强,就越会产生向城市流动的冲动。[3] 段成荣认为,宏观上农业潜在剩余劳动力众多、城乡收入差距预期巨大、人口流动政策宽松等是导致人口由乡村向城市流动的主要原因;微观上年龄、性别、教育程度、婚姻状况、迁移时间等因素对我国省际人口迁移均有显著影响。[4] 李玲认为,较多就业机会、较高收入预期虽是导

---

[1] 王桂新. 我国省际人口迁移与距离关系之探讨[J]. 人口与经济,1993(2):3 – 8.
王桂新. 中国人口迁移与区域经济发展关系之分析[J]. 人口研究,1996(6):9 – 16.
[2] 陈吉元,胡必亮. 农村人口流动与农业及农村的可持续发展[J]. 经济纵横,1995(11):4 – 13.
[3] 蔡昉,都阳. 迁移的双重动因及其政策含义——检验相对贫困假说[J]. 中国人口科学,2002(4):3 – 9.
[4] 段成荣. 流动人口对城乡社会经济发展的影响[J]. 人口研究,1998(4):58 – 63.
段成荣. 影响我国省际人口迁移的个人特征分析——兼论"时间"因素在人口迁移研究中的重要性[J]. 人口研究,2000(4):14 – 22.

致我国人口由乡村向城市迁移的主要原因,但流动人口有很强的个体选择性,各类组织机构对人口流动影响显著,其中基于移民关系网络的社会自组织对人口流动的影响尤显突出。① 邹新树认为,促使我国人口由乡村向城市流动有经济、家庭和社会关系、心理、制度等多方面力量,每一种力量又因诸多因素所致的合力影响着人口迁移行为。② 周皓发现,家庭规模、老年人和孩子对家庭迁移决策有阻碍作用,住房条件对家庭迁移决策有重要影响,户主个人特征一定程度上决定了家庭的迁移与否。③ 洪小良发现,女性、已婚者、年长者、受教育程度较低者、迁入时间较短者分别比男性、未婚者、年轻人、受教育较高者、迁入时间较长者更有可能拖家带口地流动。④

在流动人口融入方面,王春光认为,农村人口即使在城市工作,也并未真正融入城市社会,农民工存在着就业非正规化、居住孤岛化、认同"内卷"化等特征,在城市工作、生活得不到有力支持,心理上与城市社会有距离感和不认同感,处于"半城市化"状态。⑤ 朱力认为,农民工城市适应有经济、社会和心理三个层面,三者之间依次递进。经济层面的城市适应是他们立足城市的基石,社会层面、心理层面的城市适应分别反映了他们融入城市的广度与深度,唯有心理、文化上适应城市,才能真正融入城市。我国农民工城市适应尚停留在经济层面,因而难以融入城市社会。⑥ 刘传江等认为,农民工在城市的边缘性地位使他们在城市很难找到归属感和认同感,边缘性地位与其社会资本占有和使用状况密切相关。只有重构社会资本机制,改善社会资本状况,才能使其更好地融入城市,更快地完成城市化。⑦ 不过,卢小君等研究发现,目前流动人口虽然社会融合程度总体偏低,经济融合和社会参与情况亦非理想,但他们的心理认同程度却相对较好。⑧

在流动人口定居意愿方面,现有成果多对流动人口的人口特征、经济因素、流

---

① 李玲. 改革开放以来中国国内人口迁移及其研究[J]. 地理研究,2001(4):453-462.
② 邹新树. 农民工向城市流动的动因:"推—拉"理论的现实解读[J]. 农村经济,2005(10):104-109.
③ 周皓. 中国人口迁移的家庭化趋势及影响因素分析[J]. 人口研究,2004(6):60-69.
④ 洪小良. 城市农民工的家庭迁移行为及影响因素研究——以北京市为例[J]. 中国人口科学,2007(6):42-50.
⑤ 王春光. 农村流动人口的"半城市化"问题研究[J]. 社会学研究,2006(5):107-122.
⑥ 朱力. 论农民工阶层的城市适应[J]. 江海学刊,2002(6):82-88.
⑦ 刘传江,周玲. 社会资本与农民工的城市融合[J]. 人口研究,2004(5):12-18.
⑧ 卢小君,王丽丽,赵东霞. 流动人口的社会融合对其居留意愿的影响分析——以大连市为例[J]. 大连理工大学学报(社会科学版),2012(4):32-37.

动方式、社会参与等与定居意愿的关联进行考察,得出了不少颇具启发性的结论。王春兰等研究发现,年龄和性别差异既直接影响流动人口的定居意愿,又通过就业等因素间接影响他们的定居意愿;经济收入对流动人口定居意愿影响显著,流动人口收入越多,就地定居意愿越强。① 熊彩云②、陈文哲等③发现流动人口中女性选择城市定居的比例高于男性。陈文哲④、肖昕如等⑤发现流动人口教育程度越高,对城市文化接受能力越强,发展机会越多,定居意愿越强。赵艳枝⑥、李强等⑦、段志刚等⑧、叶鹏飞⑨等发现相对独自流动,家庭式流动成本大,再迁移可能性低,有利于流动人口就地定居。黄乾研究发现,与城市社会融合越好,农民工定居城市的愿望越强。⑩ 王玉君研究发现,与本地人互动等因素既直接对城市定居意愿产生正向影响,又积极影响城市归属感,间接提升定居意愿。⑪

### 2.2.2 有关城乡结合部居住设施、环境及管理的研究

早在 20 世纪 30 年代,我国社会学者就对广州市郊区村落进行了调查研究;1980 年代,我国社会学者、地理学者对广州郊区村落开展了系统研究;1990 年代

---

① 王春兰,丁金宏. 流动人口城市居留意愿的影响因素分析[J]. 南方人口,2007(1):22-29.
② 熊彩云. 农民工城市定居转移决策因素的推-拉模型及实证分析[J]. 农业经济问题,2007(3):74-81.
③ 陈文哲,朱宇. 流动人口定居意愿的动态变化和内部差异——基于福建省4城市的调查[J]. 南方人口,2008(2):57-64.
④ 陈文哲,朱宇. 流动人口定居意愿的动态变化和内部差异——基于福建省4城市的调查[J]. 南方人口,2008(2):57-64.
⑤ 肖昕如,丁金宏. 基于 logit 模型的上海市流动人口居返意愿研究[J]. 南京人口管理干部学院学报,2009(3):19-22.
⑥ 赵艳枝. 外来人口的居留意愿与合理流动——以北京市顺义区外来人口为例[J]. 南京人口管理干部学院学报,2006(4):17-19.
⑦ 李强,龙文进. 农民工留城与返乡意愿的影响因素分析[J]. 中国农村经济,2009(2):46-54.
⑧ 段志刚,熊萍. 城市吸纳农民工容量及其演变规律课题组. 农民工留城意愿影响因素分析——基于我国七省市的实证研究[J]. 西部论坛,2010(5):37-43.
⑨ 叶鹏飞. 农民工的城市定居意愿研究——基于七省(区)调查数据的实证分析[J]. 社会,2011(2):153-169.
⑩ 黄乾. 农民工定居城市意愿的影响因素——基于五城市调查的实证分析[J]. 山西财经大学学报,2008(4):21-27.
⑪ 王玉君. 农民工城市定居意愿研究——基于十二个城市问卷调查的实证分析[J]. 人口研究,2013(4):19-31.

后,随着城市化加速,城乡结合部问题日趋严峻,引起了政府及学界的广泛关注,不少学者对其进行了深入研究,产生了丰硕的成果。这里,笔者仅对与本课题研究相关的城乡结合部概念、违法建设及居住环境等方面的成果予以综述。

在城乡结合部概念界定方面,许月明等从地域的角度予以界定,认为城乡结合部指城市与农村的结合地带,即分布于城市建成区周边的郊区地带,具体地域范围随城市化进程而不断发生变化。[①] 王国强等认为,城乡结合部是城市郊区化和乡村城市化的交汇区域。[②] 冯晓英等从地域和形成过程的角度予以界定,认为城乡结合部泛指城市建成区与非建成区的接壤地带,是一个随着城市产业区与住宅区不断向城外扩散,使原来以农村为主的市郊地带演变为兼有城乡特色的特殊空间。[③] 郭爱请等从地域和特征的角度予以界定,认为城乡结合部处于城市边缘地带,同时具有城市和乡村特征,在经济和文化上分别具有"依附城市和农村"和城乡杂合的特色,在城市化进程中极具发展潜力与活力。[④]

在城乡结合部违法建设防治方面,廖永生考察了城乡结合部违法建设的成因和防治对策,认为不了解法律规定、不清楚办理程序、缺乏规则意识以及"在自己的土地上想怎么建就怎么建"等心理是村民从事违法建设的主观原因;政府对城乡结合部违法建设的严峻形势估计不足、难以履行正常审批手续、城乡结合部经济发展模式和违法建设互为因果等是导致违法建设频发的客观因素;建议采取疏堵结合的办法——既要加强法制建设,严惩违法建设;又要采取"集体自征自用,政府确权发证"等方式,将村集体超标准非农建设用地转化为国有土地,将其纳入国有土地管理轨道,使城乡结合部村集体和村民合法享受到农用地转化为城市建设用地的级差收益,无需搞违法建设。[⑤] 罗锜认为,城乡结合部土地法律法规宣传不力、执法监察鞭长莫及、经济利益驱使、无视村民正常建房需求、征地补偿不足以维系生活等是导致违法建设的主要原因,建议加强土地监察巡查力度,完善

---

[①] 许月明,梁山. 城乡结合部耕地保护问题研究[J]. 经济问题,1998(10):34-37.
[②] 王国强,王令超,李春发,杨培勇. 城乡结合部土地利用研究——以郑州市为例[J]. 地域研究与开发,2000(2):32-35.
[③] 冯晓英,魏书华,陈孟平. 由城乡分治走向统筹共治——中国城乡结合部管理制度创新研究:以北京市为例[M]. 北京:中国农业出版社,2007:6.
[④] 郭爱请,王辉. 城乡结合部被征地农民利益保护研究[J]. 安徽农业科学,2007(4):1196-1197.
[⑤] 廖永生. 城乡结合部违法建筑的成因及对策分析——以深圳市宝安区为例[J]. 中外房地产导报,2001(16):28-29.

土地监察信息员网络,严惩违法建设领头人,完善失地村民社保体系,引导村民合法建设等。① 周锐波、周素红认为,土地情结和"地能生财"观念、违法建设累积和"法不责众"思想、违法建设的市场需求和经济收益、政府对违法建设管理缺位和监管不力、乡镇政府和村集体经济组织"市场化"、土地权力的不平衡而致的对抗、"条块分割"的行政管理体制、轻视违法建设的危害性、规划编制和建设申报程序疏失等是导致城乡结合部违法建设大规模蔓延的主要原因,提出了建立责权明晰的政府管理体制、简洁高效的规划管理体制、对违法建设制定及时妥善的管理政策等建议。② 张磊等则认为,通过强化监管、强制拆迁方式解决违法建设问题会浪费地方政府公共资源,加剧社会冲突,建议将准市场竞争机制引入拆迁过程,加强政府、村民、村集体进入和退出的灵活性,公平分配公共资源,有效化解社会冲突。③

在城乡结合部基础设施和环境卫生④方面,学界对此专门研究相对较少。骆永民⑤、柴盈⑥、蒋建国⑦等研究城乡基础设施的著作未专门论及城乡结合部基础设施问题。冯晓英等⑧、余钟夫⑨等专门研究城乡结合部的著作对基础设施和环境卫生问题着墨不多。已有的成果大体可分三类:一是从公共物品的角度展开的理论研究。相关讨论集中在城乡结合部公共物品的外溢性和供给不足方面。陈孟平认为,城乡结合部农村社区存在公共物品外溢性问题,该地区公共物品供给

---

① 罗锜. 城乡结合部违法占地建设现象及对策[J]. 南方国土资源,2006(3):29-32.
② 周锐波,周素红. 城乡结合地区违法建设产生的原因与对策研究[J]. 城市规划,2007(5):67-71.
③ 张磊,张延吉. 城乡结合部农村居民违法建设与拆迁意愿分析——以北京市朝阳区为例[J]. 城市发展研究,2013(3):35-39.
④ 基础设施既包括道路、交通、供水、排水、供电、供气、供暖、通讯、消防、环卫等公共设施(俗称"基础建设"),也包括公共安全、教育、科技、医疗卫生、体育、文化等社会事业(亦即"社会性基础设施");环境卫生主要包括道路清洁、公厕保洁、污水处理、垃圾处理、食品卫生、公害防治、病媒管制等方面。基础设施和环境卫生的内涵互有交叉,但前者偏重于公共设施,后者偏向于公共服务。
⑤ 骆永民. 城乡基础设施均等化供给研究[M]. 北京:经济科学出版社,2009.
⑥ 柴盈. 中国农村基础设施治理与供给制度创新研究[M]. 北京:经济科学出版社,2009.
⑦ 蒋建国. 城市环境卫生基础设施建设与管理[C]. 北京:化学工业出版社环境科学与工程出版中心,2005.
⑧ 冯晓英,魏书华,陈孟平. 由城乡分治走向统筹共治——中国城乡结合部管理制度创新研究:以北京市为例[M]. 北京:中国农业出版社,2007.
⑨ 余钟夫. 北京市城乡结合部问题研究[M]. 北京:北京出版社,2010.

所需费用主要源自本地农民,但使用公共物品者除本地农民外,还有城市居民和流动人口。建议城市区县以上政府应为城乡结合部农村社区公共物品供给付费;扩大乡镇政府上缴上级政府的税收返还比例,提高其公共物品供给能力。[①] 魏娜认为,城乡结合部基础设施和环境卫生等方面的公共物品供给严重不足,主要原因在于公共物品供给职责不清,城乡结合部公共物品的消费者有流动人口、本地农民和本地农转非人口等,但其提供者主要是农村集体组织。城乡结合部公共物品的供给主体和管理方式应分别实现由农村集体组织向城市政府和社会组织转变、由非专业化管理向专业化管理的转变。[②] 二是就该问题某一方面展开的技术性研究。例如,杨坤等[③]、汪元元等[④]对城乡结合部污水处理设施问题的研究;徐吉谦等[⑤]、骆勇等[⑥]、麻俊勇[⑦]对城乡结合部交通问题的研究;赵娜[⑧]、宋宁[⑨]对城乡结合部消防问题的研究;李俊飞等[⑩]、梁金学[⑪]、李奇伟等[⑫]对城乡结合部垃圾及环卫问题的研究。三是概括性研究。姚永玲[⑬]、姜爱华等[⑭]的相关著作均有章节概括性谈及城乡结合部基础设施和环境卫生问题。

值得指出的是,尽管学者们近于一致地认为城乡结合部违法建设泛滥、基础

---

① 陈孟平. "城中村"公共物品供求研究——以北京市城乡接合部为例[J]. 城市问题,2003(6):61-64.
② 魏娜. 城乡结合部管理体制改革:思路与政策建议——公共物品提供的主体、责任与机制[J]. 北京行政学院学报,2004(3):64-67.
③ 杨坤,宫阿都,钟莉. 北京市城乡结合部污水处理设施运行管理对策研究[J]. 北京水务,2011(5):43-47.
④ 汪元元,王凤春,马东春. 北京市城乡结合部污水处理设施运行管理模式[J]. 南水北调与水利科技,2011(5):136-140.
⑤ 徐吉谦,赵同安,杨涛. 大城市城乡结合部交通规划研究[J]. 城市道桥与防洪,1994(2):1-8.
⑥ 骆勇,郭秀春. 城乡结合部交通管理策略分析[J]. 交通企业管理,2009(3):28-29.
⑦ 麻俊勇. 城乡结合部交通设计研究[J]. 交通标准化,2009(8 上):124-126.
⑧ 赵娜. 城乡结合部消防规范设计的思考[J]. 消防技术与产品信息,2013(6):81-82.
⑨ 宋宁. 城乡结合部消防安全隐患治理方法[J]. 安全,2012(6):51-52.
⑩ 李俊飞,王德汉,文国来,孙艳军,胡应成. 城乡结合部农村垃圾就地处理的可行性探讨——基于广州市番禺区大石街猛涌村调查[J]. 环境卫生工程,2011(2):45-50.
⑪ 梁金学. 丰台区城乡结合部和农村环境卫生设施建设与管理工作研究[J]. 城市管理与科技,2001(4):5-8.
⑫ 李奇伟,王超. 城乡结合部的环境保护[J]. 信阳农业高等专科学校学报,2004(1):5-7.
⑬ 姚永玲. 北京市城乡结合部管理研究[M]. 北京:中国人民大学出版社,2010:183-196.
⑭ 姜爱华,马静. 城乡结合部公共服务供给的财政政策研究[M]. 北京:经济科学出版社,2012:138-170.

设施破败落后、环境脏乱差,颇不宜居,但多数学者尤其是对城乡结合部有深入研究的学者大多肯定城乡结合部对解决中低收入流动人口居住问题的正面意义,认为我国之所以没有重蹈许多国家城市化初期涌现大量贫民窟的覆辙,很大程度上应归功于城乡结合部,城乡结合部不仅为众多中低收入流动人口解决了居住问题,而且是他们"融入城市的重要驿站"。[1] 王定福认为,城中村尽管在居住环境等方面存在诸多不足,但仍然发挥了为流动人口解决居住问题的重要功能。[2] 唐灿等[3]、冯晓英[4]认为,流动人口在城乡结合部聚居是他们与当地社会互相选择的结果,是彼此互有需求、互惠互利的结果,城乡结合部为流动人口提供了廉价居住区、相对熟悉的生活环境,流动人口也为本地政府和村民带来了不菲的收入。魏立华等认为,尽管城中村基础设施落后、环境脏乱、治安较差,但租住城中村仍然是"目前最为合适"的低收入流动人口居住模式。[5] 蓝宇蕴认为,城中村是流动人口进入城市生活、本地村民融入城市生活、能够替政府分担城市社区治理之重的一座"桥",尽管它浑身上下都充满了抹不去的"土气"。城中村在流动人口眼里不乏"温情"。[6] 陈双等调查研究发现,城中村既是外来务工者难得的栖身之地,也常是高校在校学生和毕业生的聚居之所,既为流动人口和在校大学生们提供了廉价的寓所,也为他们提供了低门槛的创业基地。[7] 朱晓阳指出,城乡结合部不仅为中低收入流动人口解决了居住问题,而且孕育了都市异乡漂泊者的"创造精神",漂泊者们的"精彩人生"乃是与这里的社会空间"相互生成"的。[8]

在城乡结合部出租房登记管理方面,现有成果大体可分三类:一是综合性对

---

[1] 陈双,赵万民,胡思润. 人居环境理论视角下的城中村改造规划研究——以武汉市为例[J]. 城市规划,2009(8):37-42.

[2] 王定福. 城市化后的村庄改建模式研究[J]. 人口与经济,2004(6):60-62.

[3] 唐灿,冯小双. 外来人口与城乡结合部地区的利益一体化关系[EB/OL]. http://business.sohu.com/20040712/n220964841.shtml,2004-07-12.

[4] 冯晓英. 对北京市流动人口聚居区治理的再思考[J]. 北京社会科学,2006(6):91-97.

[5] 魏立华,闫小培. "城中村":存续前提下的转型——兼论"城中村"改造的可行性模式[J]. 城市规划,2005(7):9-13.

[6] 蓝宇蕴. 城市化中一座"土"的"桥"——关于城中村的一种阐释[J]. 开放时代,2006(3):145-151.

[7] 陈双,赵万民,胡思润. 人居环境理论视角下的城中村改造规划研究——以武汉市为例[J]. 城市规划,2009(8):37-42.

[8] 朱晓阳. 北漂的"朝圣之旅"[EB/OL]. http://roll.sohu.com/20100430/n400766537.shtml,2010-04-30.

策研究,如段成荣等[1]、梁恩球[2]、王超友[3]等的研究;二是管理模式、方法、法律、技术等专题研究,如谢川豫等[4]、包路芳[5]、钱明成[6]、张新根[7]、徐雪源[8]等的研究;三是国外出租房管理政策及其借鉴研究,如郑宇劼等[9]、张延群[10]等的研究。这些成果多非专门针对城乡结合部出租房登记管理,且对现行制度下管理与被管理者之间的利益冲突关系未予充分重视,未从社会心理、社会规制及实践经验等角度展开综合分析。

### 2.2.3 有关我国住房保障问题的研究

近十余年来,随着我国住房保障工作的广泛开展,国内学者对我国住房保障问题予以了热烈关注,在住房保障方式及水平、保障房规划、建设、分配和管理等方面展开了系列研究和争论,取得了令人瞩目的研究成果。

一、住房保障体系

在住房保障体系方面,贾康等在阐述我国建立住房保障体系的必要性、现状及问题的基础上,建议根据基本住房需求由政府保障、进一步改善居住需求主要通过市场解决的原则,建立和完善不同层次的住房保障体系。[11] 崔竹建议,根据

---

[1] 段成荣,朱富言."以房管人":流动人口管理的基础[J].城市问题,2009(4):76-78.
[2] 梁恩球.从登记角度求解出租屋管理之困——以广东省佛山市高明区为例[J].公安研究,2013(9):18-22.
[3] 王超友.流动人口实施委托管理的实践探索——以温州市瓯海区为例[J].公安学刊,2012(1):58-61.
[4] 谢川豫,李勇.出租屋管理模式分析[J].中国人民公安大学学报(社会科学版),2009(1):68-72.
[5] 包路芳.流动人口管理与服务创新模式研究——北京市出租房屋契约化管理的探索实践[J].赤峰学院学报(汉文哲学社会科学版),2011(3):161-163.
[6] 钱明成.城郊结合部出租房集中区消防安全现状及对策[J].消防技术与产品信息,2013(2):9-10.
[7] 张新根.城乡结合部出租屋管理存在的法律问题与对策[J].广东青年干部学院学报,2008(2):68-71.
[8] 徐雪源.基于架构式的社区出租房管理系统设计与实现[D].电子科技大学硕士学位论文,2013.
[9] 郑宇劼,张欢欢.发达国家居民住房租赁市场的经验及借鉴——以德国、日本、美国为例[J].开放导报,2012(4):31-34.
[10] 张延群.租房何以成为首选——德国租房政策及其启示[J].中国党政干部论坛,2011(11):91-92.
[11] 贾康,刘军民.优化与强化政府职能建立和完善分层次住房保障体系[J].财贸经济,2008(1):27-36.

收入和住房条件等标准将城镇居民分为高、中、低三个层次,实行不同的住房政策:对高收入者、中等收入者、低收入者的住房分别实行市场解决、主要通过市场解决和政府解决政策。① 郭士征等将城镇居民的住房需求分为基本型、发展型、舒适型三个层次,建议政府向基本需求型群体提供廉租房、公租房等;向发展需求型群体提供限价房,减免住房税费;对舒适型需求群体,实行完善住房信贷、加强市场监管等政策。② 陈淮认为,完备的住房保障体系分救助性、援助性、互助性、自助性四个层次,只有四个层次无缝衔接而且适当交叉涵盖,才能实现"应保尽保"的目标。③ 胡志刚建议,根据社会结构变化调整住房保障体系,当社会处于"双金字塔"型结构④时,建立面向最低、低、中、高收入家庭的四个层次住房保障体系,分别实行"全保""部分保""微保"和"不保"政策;当社会处于"橄榄"型结构⑤时,中等收入家庭收入增加,由"微保"对象升为"不保"对象,住房保障体系应调整为面向最低、低、中高收入家庭的三个层次,分别实行"全保""部分保"和"不保"政策。⑥ 曾国安等认为,我国现行住房保障形式多样且彼此相互割裂,应整合各类住房保障政策,统一保障条件及待遇标准,让住房保障覆盖所有住房困难者,合理划分保障层次,采用"可售可租,租售并举""可配可补,配补并举"等方式,实现"应保尽保,应保即保"。⑦

尽管政府应为中低收入者提供住房保障已成学界共识,但对政府如何向他们提供住房保障,学界一直争论不休,诸家争论的焦点集中在"补砖头"政策与"补人头"政策孰是孰非、经济适用房存废等问题。

所谓"补砖头"政策,是指政府补贴开发商或直接负责建设保障房;所谓"补人头"政策,是指政府向住房保障对象发放货币补贴,由他们到住房市场租房或购房。与国外学者一样,国内学者多认为"补人头"优于"补砖头"。宋博通通过对

---

① 崔竹. 城镇住房分类供应与保障制度研究[D]. 中共中央党校博士学位论文,2008:97.
② 郭士征,张腾. 中国住房保障体系构建研究——基于"三元到四维"的视角[J]. 广东社会科学,2010(6):5-11.
③ 陈淮. 住房保障体系的认识问题探析[J]. 江南论坛,2009(4):49-51.
④ 指社会分化严峻,多数人贫穷,少数人富有,存在人数的"金字塔"和财富占有的"倒金字塔"结构。
⑤ 即穷人、富人均不占多数,中产阶级占多数的社会结构。
⑥ 胡志刚. 建立和完善住房保障体系的新思考(上)——兼议扩大中等收入者比重及社会阶层结构和财富分配结构变化对住房保障体系影响[J]. 中国房地产,2003(3):6-10.
⑦ 曾国安,胡晶晶. 论中国城镇住房保障体系改革和发展的基本思路与目标构架[J]. 江汉论坛,2011(2):15-20.

"补砖头"政策和"补人头"政策的定量模拟比较,认为从政府支出成本最小化角度来看,"补人头"比"补砖头"更有效。[1] 赖华东等通过住房过滤模型分析,认为"补砖头"虽在短期内能缓解低质住房短缺问题,但会增加政府负担,影响住房市场效率;"补人头"可有效弥补其不足。城市政府短期内虽可实施"补砖头"政策,但长期来看应实施"补人头"政策。[2] 冯宗容认为,货币化租金补贴相对直接提供廉租房而言简便易行,在住房保障退出上优势明显,符合住房改革方向。[3] 刘晓明[4]、牛毅[5]、陈灿煌[6]、董藩[7]等也有类似看法。

但也有不少学者认为,"补人头"政策虽胜"补砖头"政策,但究竟应选择哪种政策还应尊重各地实际情况,有学者直言中国目前尚不具备全面实施"补人头"政策的条件,不可盲目效法国外做法。姚玲珍通过对不同国家住房保障供给模式的比较发现,发达国家住房保障政策大多经历了由"补砖头"政策向"补人头"政策的转变,随着经济发展,该趋势日趋显著。但这两种政策本质上是各国自身经济社会发展情况自然选择的结果。[8] 陈婷婷等[9]、卢有杰[10]认为,"补人头"政策虽胜"补砖头"政策,但也有自身缺陷,"补砖头"政策可补其缺陷,二者可并行不悖,各地应因地制宜地进行选择。邬丽萍[11]、刘康[12]认为,"补人头"政策虽优于"补砖头"政策,但考虑财力、住房供给、公民收入等因素,中国多数地方尚不具备实行"补人头"政策的条件,"补砖头"政策仍是现实的选择。张泓铭认为,尽管发达国

---

[1] 宋博通. 政府兴建住房与货币补贴成本比较研究[J]. 深圳大学学报(理工版),2001(1):71-77.

[2] 赖华东,蔡靖方. 城市住房保障政策效果及其选择——基于住宅过滤模型的思考[J]. 经济评论,2007(3):136-139.

[3] 冯宗容. 廉租房运作机制评析及创新[J]. 经济体制改革,2002(3):160-164.

[4] 刘晓明. 对我国当前经济适用房补贴制度的分析[J]. 现代商贸工业,2007(10):93-94.

[5] 牛毅. 我国经济适用房补贴方式的探讨[J]. 国土资源导刊,2006(8):22-24.

[6] 陈灿煌. 城市中低收入群体住房保障制度效果分析及建议——基于"三市场住房过滤模型"的研究[J]. 价格理论与实践,2009(12):51-52.

[7] 董藩. 城市中低收入家庭住房保障模式的重构——货币化梯度补贴方案的提出与操作思路[EB/OL]. http://dongfan67.blog.sohu.com/121457464.html,2007-04-16.

[8] 姚玲珍. 中国公共住房政策模式研究[M]. 上海:上海财经大学出版社,2009:271.

[9] 陈婷婷,魏宗财. 向香港学习"住房之道"——广州保障性住房的问题与出路[A]. 多元与包容——2012中国城市规划年会论文集(06. 住房建设与社区规划)[C]. 2012:1-13.

[10] 卢有杰. 全面分析城镇住房保障制度[J]. 城乡建设,2004(4):40-42.

[11] 邬丽萍. 住房保障及其形式选择[J]. 改革与战略,2004(7):32-34.

[12] 刘康. 关于中国经济适用房制度改革的思考[J]. 科教文汇(上旬刊),2009(5):14-16.

家普遍采用"补人头"政策,但中国尚不具备采用该政策的两个必要条件:一是中产阶级人数较多,居民住房购买力强,通过少量住房货币补贴即可撬动住房消费杠杆;二是住房供求平衡或过剩。因此,中国不能简单移植发达国家的做法。[1] 万丽等认为,在廉租房房源不足的情况下,采用"补人头"政策,等于将廉租户全部推向市场,会致房租上涨;若房租大涨,政府又无力控租,则"补人头"政策很可能会失去保障功能。[2]

在经济适用房存废问题上,学界同样存在很大分歧。不少学者认为,尽管经济适用房政策弊端较多,但总体上应予肯定。王诚庆[3]、牛毅[4]、陈太清[5]、刘润秋等[6]认为,经济适用房政策虽有保障范围不当、户型过大、效率低下等不足,但它平抑了房价,缓解了中低收入者住房问题,促进了住房体制转型,总体上利大于弊,不应废除。张齐武等通过对政策演进过程及其特征的考察发现,经济适用房政策正朝着积极的方向迈进,有关缺陷正在逐步弥补。同时,若无有效的激励和监管,公租房政策并不能自动消弭经济适用房政策的弊端,反而还有可能使住房保障质量有所下降。[7]

但也有学者明确主张废除经济适用房政策。中国人民银行福州中心支行课题组在调研福州经济适用房政策实施情况后指出,经济适用房政策存在难以克服的弊端,难以达成预期目的,应废除该政策。[8] 郭江华认为,经济适用房等产权性保障房容易滋生腐败寻租,应被租赁性保障房代替。[9] 茅于轼直言经济适用房政策破坏了住房市场的经济秩序,当一部分人从政府手中获得经济适用房时,另一

---

[1] 张泓铭. 廉租房制度的实物指向不能含糊[J]. 中国房地产,2008(2):12-13.
[2] 万丽,益涵. 加快廉租房建设的发展对策[J]. 上海房地,2008(2):14-16.
[3] 王诚庆. 经济适用房的历史地位与改革方向[J]. 财贸经济,2003(11):70-74.
[4] 牛毅. 经济适用住房政策的绩效评价[J]. 财贸经济,2007(12):127-134.
[5] 陈太清. 存续抑或废止:经济适用住房制度的法理思考[J]. 经济体制改革,2010(6):148-152.
[6] 刘润秋,曾祥凤,于蕴芳. 经济适用房制度的存废之争及其路径选择——基于和谐社会和包容性增长的视角[J]. 西南民族大学学报(人文社会科学版),2011(5):143-147.
[7] 张齐武,徐燕雯. 经济适用房还是公共租赁房?——对住房保障政策改革的反思[J]. 公共管理学报,2010(4):86-92.
[8] 中国人民银行福州中心支行课题组. 经济适用房政策何去何从[J]. 银行家,2006(2):125-129.
[9] 郭江华. 保障房分配有失公平的解析与应对——基于制度顶层设计视角的探讨[J]. 建筑经济,2013(7):58-60.

部分人的利益必然相应受损,且买得起经济适用房的人并非最贫穷者,因而该政策本质上属不公平政策,应用低标准的廉租房取代经济适用房。① 傅继德建议,政府停建经济适用房,把向低收入者提供保障房改为货币化补助;促使开发商建设符合不同收入者需要的住宅,拓宽二手房市场,使低收入者能购买廉价二手房。② 陈伯庚认为,经济适用房的前途有二:一是转化为只租不售的公租房,二是改为共有产权房。③

二、保障房选址、投资及建设

在保障房选址上,不少学者对在城乡结合部大量建设保障房的做法持否定看法。孙施文认为,政府在城乡结合部大批建设保障房虽有经济考量,但会导致中低收入者职住分割、上班不便、交通费用增加、居住隔离及社会不稳定等问题,应予以修正。④ 张佶认为,在城乡结合部大量建设保障房会导致居住空间失配、城市交通压力倍增、交通不便等弊端,会使弱势群体更加边缘化。⑤ 王铃铃等认为,在城乡结合部大批建设保障房会导致居住分化和居住隔离,增加低收入阶层的通勤成本,减少他们的就业机会,建议保障房建在离市中心较合适的位置。⑥ 吕艳等⑦、李锦华等⑧、郭菂等⑨也有类似看法。

但也有学者持不同认识。翟峰认为,在做好交通及相关配套设施建设的前提下,在城乡结合部大量兴建保障房,有利于疏散中心城区人口,促进城市多中心格局的形成。⑩ 汪冬宁等认为,保障房选址应注意区位和低价的均衡(最佳均衡点

---

① 茅于轼.经济适用房破坏市场经济[J].品牌与标准化,2009(15):18.
  茅于轼.为什么廉租房应该低标准[J].中国改革,2009(5):44.
② 王宝亮.三方博弈经济适用房存废引发激辩[J].西部大开发,2005(4):14-17.
③ 陈伯庚.公共租赁住房若干疑难问题探析[J].上海房地,2012(7):27-29.
④ 孙施文.经济适用房该建在哪里[J].瞭望新闻周刊,2007(52):60.
⑤ 张佶.英国的住房供给与可支付住宅的规划政策[J].理想空间——住房政策与住房建设规划,2008(26):94-99.
⑥ 王玲玲,郭宗逵.城市保障性住房建设区位选址浅析[J].中国经贸刊,2012(上):66-67.
⑦ 吕艳,扈文秀.保障性住房建设方式及选址问题研究[J].西安财经学院学报,2010(5):35-39.
⑧ 李锦华,雷杰,陈楠.保障性住房选址问题及创新思路研究[J].住宅科技,2011(3):55-57.
⑨ 郭菂,李进,王正.南京市保障性住房空间布局特征及优化策略研究[J].现代城市研究,2011(3):83-88.
⑩ 翟峰.廉租房社区能为新贫困人口托底吗[J].社区,2003(12):26-27.

在中心城区边缘),应考虑城市发展方向、快速交通体系及混合居住等因素。① 熊国平等认为,在近郊建保障房是居住成本和其他生活成本的折中,保障房应建在近郊而非远郊。② 不过,徐志强等③、刘雅玮等④认为,通过快速公共交通建设、提升公交站点附近居住区使用强度等办法,政府可在远郊大批建设保障房。陈杰认为,公租房建设地点初期应该以城市次中心的中环周边为主,逐步向城市四周扩展,结合城区产业转移和轨道交通布局,逐步引导中心城区户籍人口和流动人口到郊区新镇定居。⑤ 郭菂等也强调根据城市快速交通系统规划保障房建设。⑥

在保障房投资及建设方面,学界的讨论集中在四个方面:一是保障房的政府投资主体。袁奇峰等认为,1994年分税制改革使税收向中央过度倾斜,削弱了地方政府的财力,使其无力肩负住房保障的重任。⑦ 贺燕指出,保障房建设应避免中央"请客"、地方"埋单"现象,要改革中央和地方分税体制,平衡地方政府财权、事权,科学界定各级政府住房保障责任,加大住房保障方面的财政投入。⑧ 张双甜等认为,1994年分税制改革使税收向中央倾斜,削弱了地方政府的财力,使其难当住房保障重任。应重新划分中央和地方政府的财权事权,科学界定各级政府住房保障责任,加大对地方政府激励和约束力度。⑨ 郑思齐等认为,从公共财政理论的角度看,住房保障的财政成本应以中央政府承担为主,但地方政府也应负担部分成本,负责住房保障实施工作。⑩ 贾康认为,应通过更高位阶的法律来保障

---

① 汪冬宁,汤小橹,金晓斌,周寅康. 基于土地成本和居住品质的保障住房选址研究[J]. 城市规划,2010(3):57-61.
② 熊国平,朱祁连,杨东峰. 国际经验与我国廉租房建设[J]. 国际城市规划,2009(1):37-42.
③ 徐志强,赵峰,褚思真. 基于 TOD 理念的城市房地产开发[J]. 房地产开发,2008(1):44-47.
④ 刘雅玮,王美飞. 基于 TOD 理念的上海市廉租房选址分析[J]. 今日南国,2008(94):67-68.
⑤ 陈杰. 发展公共租赁住房的难点与对策[J]. 中国市场,2010(20):53-55.
⑥ 郭菂,李进,王正. 南京市保障性住房空间布局特征及优化策略研究[J]. 现代城市研究,2011(3):83-88.
⑦ 袁奇峰,马晓亚. 住房新政推动城镇住房体制改革城市规划[J]. 城市规划,2007(11):9-15.
⑧ 贺燕. 政府主导保障房融资模式的改进[J]. 西安财经学院学报,2014(1):72-76.
⑨ 张双甜,罗晓庚. 保障性住房供给的博弈分析[J]. 工程管理学报,2010(5):568-573.
⑩ 郑思齐,符育明,任荣荣. 住房保障的财政成本承担:中央政府还是地方政府[J]. 公共行政评论,2009(6):109-125.

公民住房权,规范地方政府住房保障方面的事权,给予其相应的财权。明确划分中央和地方职责,使他们在住房保障上既分工明确又相互合作。① 欧阳希玲等②、蔡冰菲③等也认为,中央政府和地方政府应相互配合,共同承担住房保障责任。二是保障房建设的融资渠道。黄石松④、侯崴⑤、付念⑥、虞晓芬等⑦、张天祜⑧等认为,保障房投资收益低、投资回报时间长制约了商业银行的投资兴趣,政府应拓宽保障房建设的融资渠道。郭建鸾等⑨、巴曙松等⑩、张巍等⑪、李晶⑫、董如意⑬、李静静等⑭、李忠富等⑮、梁荣等⑯对中国设立保障房投资信托基金(REITs)问题进行了探讨,建议广泛吸引社会资本参与保障房建设。路君平等⑰、周景彤等⑱、

---

① 贾康.建立以公共财政为主的基本住房保障资金多元化来源渠道[J].中国发展观察,2007(10):9-10.
② 欧阳希玲,刘祁,刘源.改善保障性住房供给的克拉克机制探析[J].中国房地产金融,2011(4):33-36.
③ 蔡冰菲.保障性住房建设中地方政府与中央政府的博弈分析[J].社会科学家,2009(12):40-43.
④ 黄石松.重构我国政策性住房金融刻不容缓[J].国际金融,2012(5):3-6.
⑤ 侯崴.保障性住房建设与金融支持调查[J].武汉金融,2012(1):69-70.
⑥ 付念.我国公共租赁住房融资问题研究[J].经济研究参考,2011(39):67-72.
⑦ 虞晓芬,丁劲杰.浙江省公共租赁房建设市场化融资可行性探讨[J].浙江金融,2011(10):42-44.
⑧ 张天祜.中国公租房投融资面临的困境及对策[J].经济研究导刊,2013(34):119-120.
⑨ 郭建鸾,侯斯文.房地产融资新模式:房地产投资信托基金[J].财务与会计·理财版,2009(2):8-9.
⑩ 巴曙松,王志峰.资金来源、制度变革与国际经验借鉴:源自公共廉租房[J].改革,2010(3):80-85.
⑪ 张巍,杨莹.REITs在我国城镇廉租房建设中的运作模式研究[J].建筑经济,2010(7):99-102.
⑫ 李晶.保障性住房建设:现状、影响及融资模式国际融资[J].国际融资,2010(11):26-28.
⑬ 董如意.REITs在我国保障房建设融资中的运用——以公租房为例[J].中国城市经济,2011(29):75.
⑭ 李静静,杜静.REITs在保障性住房融资中的运用[J].中国房地产,2011(5):69-71.
⑮ 李忠富,何伟明.在我国廉租房工程中应用研究[J].工程管理学报,2011(2):71-74.
⑯ 梁荣,宝娜日.呼包鄂城市群保障房投资信托基金(REITs)运作模式探讨[J].建筑经济,2014(12):74-77.
⑰ 路君平,糜云.我国保障房的发展现状与融资渠道探析[J].中国社会科学院研究生院学报,2011(6):51-56.
⑱ 周景彤,刘鹏.中国:债券融资能否助推保障房建设[J].国际金融,2011(8):29-32.

付强[1]、郭丽[2]、李玉刚等[3]建议发行企业债券,解决保障房建设资金不足问题,同时又对发行企业债券可能会带来的风险表示出一定的忧虑。郭丽[4]、李玉刚等[5]认为,企业债券并非解决保障房建设资金难题的治本之策,要实现保障房建设的可持续发展,应创新保障房建设融资体系,进一步拓宽保障房建设的融资渠道。三是保障房建设主体。蒋华东认为,市场经济条件下,政府难成保障房供给的唯一主体,应建立以政府为主导、企业和第三部门等广泛参与的多元供给体制。[6]王松华认为,市场经济背景下,政府无力一肩扛起全社会住房保障重任,政府部门应采取公私合作模式——PPP模式,解决保障房供给问题。[7]赵伟等认为,政府除了直接投资建设保障性住房以外,还应采用"建设 - 转移""购买 - 拥有 - 营运""建设 - 拥有 - 经营 - 监督 - 补贴"等多种形式与企业、第三部门等合建保障性住房。[8]贾康等认为,廉租房不可能由市场自行提供,政府应引导和推动非政府资金参与保障房建设,政府既可与投资机构合作,通过 Build - Transfer 模式提供廉租房;也可与房产商合作,通过土地"拼盘开发"方式提供廉租房。[9] 四是保障房户型设计。刘晓钟等认为,发展中小户型一类的保障房,符合我国国情,中小户型设计需精细化,力争在较小的空间内创造较大的舒适度。[10]周燕珉等建议,保障房户型设计应以经济适用、满足基本生活需求为原则,兼顾家庭结构、健康状况等因素。在保证孩子卧室独立的前提下,力争设计出集就寝、用餐、接待、娱乐等功

---

[1] 付强. 保障房建设如何融资[J]. 国际融资,2011(8):50 - 53.

[2] 郭丽. 广州市中低收入群体的住房消费保障——保障房债券融资探析[J]. 特区经济,2012(6):34 - 36.

[3] 李玉刚,魏晓丽,叶斌. 保障房建设债券融资问题探讨[J]. 农村金融研究,2011(10):20 - 23.

[4] 郭丽. 广州市中低收入群体的住房消费保障——保障房债券融资探析[J]. 特区经济,2012(6):34 - 36.

[5] 李玉刚,魏晓丽,叶斌. 保障房建设债券融资问题探讨[J]. 农村金融研究,2011(10):20 - 23.

[6] 蒋华东. 住房保障建立健全政府主导的多元供给体制[J]. 经济体制改革,2009(3):153 - 156.

[7] 王松华. 我国住房保障体系非均衡供给的实证分析[J]. 经济问题,2009(4):41 - 42.

[8] 赵伟,曾繁杰. 我国住房保障体系的症结与改革思路[J]. 甘肃社会科学,2010(4):78 - 81.

[9] 贾康,孙洁. 公私合作共"保"保障房[EB/OL]. http://www.csstoday.net/Item.aspx? id = 7714,2011 - 11 - 08.

[10] 刘晓钟,吴静,王鹏. 我国保障性住房的精细化设计初探[J]. 住宅产业,2012(8):25 - 28.

能于一身的弹性空间。① 林林认为,廉租房户型设计是"螺蛳壳里做道场",应秉持紧凑性、实用性、精细性、经济性等理念,珍惜每一平米的面积,户型及室内空间应紧凑和精细化。② 魏薇等同样认为保障房户型设计应遵循紧凑性、精细性、可变性、节约性理念。③ 杨凡认为,小户型公租房可满足当前社会需求,减少寻租空间,在难以有效保证保障房分配公正的背景下,适当缩小其套内面积,降低其品质,可减少非法占用公租房现象。同时,在相同投入下,缩小户型还可相应地增加保障房的套数,扩大保障房覆盖面。④ 但张海英等对保障房越来越"瘦身"深表忧虑,认为公租房不能只为低收入者遮风挡雨,还应顾及居住者的尊严。若套内面积过小,则会牺牲其居住尊严。从社会发展趋势来看,公租房单套面积不应死守40平米的水平线。⑤

三、保障房的准入、定价、运营及退出

在保障房准入方面,学界的讨论主要集中在两个方面:一是保障房是否应该向流动人口开放。吕萍等⑥、郭江华⑦、韩立达等⑧、刘海燕⑨、高洁⑩、李喜燕⑪等认为,城市住房保障体系将流动人口排除在外有失公平,保障房应该向流动人口开放。陈杰认为,公租房不仅要向流动人口开放,而且要向他们倾斜。⑫ 但陈伯庚认为,将流动人口纳入住房保障体系需慎重对待。一线大都市流动人口规模巨

---

① 周燕珉,王富青. 北京低收入者居住需求研究及对廉租房建筑设计的启示[J]. 建筑学报,2009(8):6-9.
② 林林. "麻雀虽小,五脏俱全"廉租房项目户型设计浅析——以福州远东丽景社会保障房(廉租房)项目为例[J]. 福建建筑,2014(5):21-24.
③ 魏薇,刘阳. 廉租房户型设计研究[J]. 工程与建设,2009(6):789-792.
④ 袁亚飞. 公租房,不能只在户型上做文章——聚焦公共租赁住房设计[J]. 中华建设,2012(3):23-30.
⑤ 袁亚飞. 公租房,不能只在户型上做文章——聚焦公共租赁住房设计[J]. 中华建设,2012(3):23-30.
⑥ 吕萍,周滔. 农民工住房保障问题认识与对策研究——基于成本-效益分析[J]. 城市发展研究,2008(3):110-114.
⑦ 郭江华. 保障房分配有失公平的解析与应对——基于制度顶层设计视角的探讨[J]. 建筑经济,2013(7):58-60.
⑧ 韩立达,李耘倩. 我国廉租房制度发展演变及对策研究城市发展研究[J]. 城市发展研究,2009(11):117-121.
⑨ 刘海燕. 廉租房制度存在的问题及对策[J]. 淮北职业技术学院学报,2010(1):70-71.
⑩ 高洁. 浙江省公共租赁住房问题的调查与思考[J]. 浙江社会科学,2012(2):146-150.
⑪ 李喜燕. 公租房能否名至实归[J]. 经济体制改革,2010(6):142-147.
⑫ 陈杰. 发展公共租赁住房的难点与对策[J]. 中国市场,2010(20):53-55.

大,将流动人口全部纳入住房保障体系,不具可行性,建议只把在流入地居住一定时间以上、住房确有困难的低收入流动人口纳入住房保障体系。① 陈俊华等也有类似建议。② 二是保障房准入线应如何设定。杨琳等认为,城市最低收入保障标准线、最低工资标准线、人均收入标准线可以将最低、低、中低收入人群区分开来,应以这些标准线为依据,确定住房保障收入线。③ 郭江华认为,廉租房、公租房、经济适用房、限价房等多轨并行,易致高不成、低不就的所谓"夹心层",应将廉租房、公租房、经济适用房、限价房等多重住房保障线合并为一条住房保障线。④ 陈立军认为,最低收入家庭住房保障线(即年家庭收入标准)应等于"(最低收入家庭的月生活保障金额 + 当地一套能满足基本家庭生活需求的住房的市场平均月租金) × 12"。⑤ 陈杰反对公租房划分收入准入线,认为任何一条收入准入线都会导致保障房公平、监督及退出方面的问题,使政府和社会在如何划定准入线上争吵不休,费时费力,导致无谓的资源浪费;建议公租房向全社会开放。但在公租房严重供不应求的情况下,应向城市住房最困难的低收入家庭、青年教师、外来务工人员等倾斜。⑥ 马先标等认为,应以房价与居民可支配收入比而非传统的温饱标准线界定中低收入者,应在公共财政和金融政策支持下建设准公共住房,以合适的价格出租或出售给中低收入群体。⑦ 陈俊华等建议,在公租房准入上,应增加申请家庭的总资产限制和收入上限动态调整等规定;在公租房配租上,应对不同类型申请家庭的结构、住房困难程度、轮候时间等量化打分,以利比较和监督。⑧

在保障房定价方面,陈杰认为,公租房向全社会开放,高标准、普通标准、低标准、条件简单的公租房分别向租客收取市场租金、准市场租金、成本租金、运行成本租金(租户享受政府租金补贴);后三类公租房应分别向青年教师和医生等特殊群体、户主年纪较大的中低收入住房困难家庭、享受政府租金补贴的特困家庭倾

---

① 陈伯庚. 公共租赁住房若干疑难问题探析[J]. 上海房地,2012(7):27 – 29.
② 陈俊华,吴莹. 公租房准入与退出的政策匹配:北京例证[J]. 改革,2012(1):75 – 80.
③ 杨琳,何芳. 进一步健全我国住房保障体系的建议[J]. 中国房地产,2006(6):36 – 37.
④ 郭江华. 保障房分配有失公平的解析与应对——基于制度顶层设计视角的探讨[J]. 建筑经济,2013(7):58 – 60.
⑤ 陈立军. 如何科学划分廉租住房保障范围[J]. 中国房地产,2006(2):75.
⑥ 陈杰. 发展公共租赁住房的难点与对策[J]. 中国市场,2010(20):53 – 55.
⑦ 马先标,陈明. 中低收入群体"房困"难题的破解路径[J]. 开放导报,2009(2):96 – 99.
⑧ 陈俊华,吴莹. 公租房准入与退出的政策匹配:北京例证[J]. 改革,2012(1):75 – 80.

斜。① 虞晓芬等建议,对不同收入群体采用差别化公租房租金定价方法。对买不起经济适用房又不符合廉租房条件者,按可支付能力确定租金水平;对不符合经济适用房条件又买不起商品房者,采用成本导向型或市场导向型定价法,给予略低于市场租金的租金优惠。此外,确定租金时还应参考区位、房屋本身差异等因素。② 曹丽娟认为,中国公租房租金制定多遵循保本微利、同区域市场租金水平相比适当下浮、承租人的支付能力、动态调整等原则,但这些原则在执行中存在保本微利与支付能力相矛盾等问题,建议中央和地方政府加大公租房财政补贴,降低土地出让金,根据收入和消费水平、商品房价及租金等因素制定公租房的租金标准。③ 李喜燕认为,公租房既要保证经营者有适当收益,又要承担住房保障责任,租金不宜过高或过低,应以市场租金水平和保障对象支付能力为基础,兼顾公租房成本、区位、保值、收益等因素,确定租金标准。④ 林积昌等认为,应根据公租房的成本、合理利润、同区位商品房价格以及保障对象的收入水平等确定公租房的租金标准。⑤ 卢为民等认为,应在客观评价不同层次保障对象的收入水平、家庭恩格尔系数、社会基尼系数的基础上,形成不同水平的租金和房价。⑥ 但学界也不乏公租房租金不应太低的声音。叶檀认为,公租房租金更加市场化,有利于减免公租房对社会资金缺乏吸引力的弊端,有利于缓解融资压力,因而公租房的租金水平不宜过低。⑦ 季如进认为,公租房租金接近市场定价水平可直接影响市场房租价格,可对租房市场产生调控作用。⑧ 陈保存认为,公租房建设之所以难以筹集资金,主要原因在于公租房的租金回报存在风险。公租房应有合理回报,租金不宜过低。⑨

在保障房运营管理方面,学界的探索主要集中在三个方面:一是组建专门的

---

① 陈杰. 发展公共租赁住房的难点与对策[J]. 中国市场,2010(20):53-55.
② 虞晓芬,李星. 公共租赁住房成本租金与定价研究[J]. 中国房地产,2011(18):35-39.
③ 曹丽娟. 关于我国城市公共租赁住房租金标准制定的思考[J]. 价格理论与实践,2010(11):37-38.
④ 李喜燕. 公租房能否名至实归[J]. 经济体制改革,2010(6):142-147.
⑤ 林积昌,陆云,邵国华,倪宏星. 对保障性住房价格机制及其监管的思考[J]. 价格理论与实践,2010(9):29-30.
⑥ 卢为民,姚文江. 中外公共租赁住房租金定价机制比较研究[J]. 城市问题,2011(5):2-8.
⑦ 叶檀. 公租房德政尚需扫除拦路虎[N]. 广州日报,2009-11-11(A15).
⑧ 刘德炳. 北京尝试以公租房缓解住房难[EB/OL]. http://news.xinhuanet.com/fortune/2011-10/20/c_111109582.htm,2011-10-20.
⑨ 陈保存. 解决住房问题应引入长效机制[N]. 重庆晚报,2010-09-20(4).

保障房建设、管理机构。一些学者主张建立集保障房建设、管理职能于一体的专门机构。黄安永等建议从中央到地方组建统一的保障房管理部门,对保障房用地、资金、建设、分配、运行等实行统一管理。① 杨玲建议,组建非营利性公租房开发管理中心,统一负责公租房开发建设、租赁管理工作。② 邹琦认为,上海市公租房运营主体过多,既增加了政府部门的管理成本,也有碍公租房租后管理,应分区域设立专门机构,统一管理公租房建设、管理工作。③ 但也有学者建议分别建立保障房建设、管理机构。陈伯庚认为,公租房建设、管理工作千头万绪,由一个公司统管不易管好,政府应组建公共租赁房建设管理公司和租赁运营公司,分别负责建设和租赁运营工作。④ 陈杰⑤、李光等⑥也主张在保障房建设管理机构之外另建专门的保障房监督管理机构。二是建立部门协调联动机制和个人征信体系,完善保障房轮候、公示等制度。杨清华⑦、高波⑧、李光等⑨、刘潇等⑩认为,居民收入、住房、资产等信息由不同部门分别掌握,部门数据信息不能共享,使有关部门对住房保障对象的信息审核流于形式,易致腐败和不公,建议有关部门加强合作,尽早实现数据共享。李光等⑪、凌洁雯⑫、黄炜城等⑬、魏国平等⑭、李喜燕⑮、

---

① 黄安永,朱新贵. 我国保障性住房管理机制的研究与分析——对加快落实保障性住房政策的思考[J]. 现代城市研究,2010(10):16-20.
② 杨玲. 对完善重庆市公租房管理的思考[J]. 现代城市研究,2011(9):81-85.
③ 邹琦. 对上海发展公共租赁房的几点思考[J]. 中国房地产,2010(10):60-62.
④ 陈伯庚. 公共租赁住房若干疑难问题探析[J]. 上海房地,2012(7):27-29.
⑤ 陈杰. 发展公共租赁住房的难点与对策[J]. 中国市场,2010(20):53-55.
⑥ 李光,徐燕. 保障性住房"退出难"的破解之道[J]. 上海房地,2012(2):51-59.
⑦ 杨清华. 保障房公平分配管理的实践与思考[J]. 中国房地产,2014(11):63-64.
⑧ 高波. 完善保障性住房的分配与退出机制[J]. 现代城市研究,2012(5):29-31.
⑨ 李光,徐燕. 保障性住房"退出难"的破解之道[J]. 上海房地,2012(2):51-59.
⑩ 刘潇,马辉民,张金隆,刘昌猛. 关于保障房公平分配的问题[J]. 中国房地产,2014(1):84-88.
⑪ 李光,徐燕. 保障性住房"退出难"的破解之道[J]. 上海房地,2012(2):51-59.
⑫ 凌洁雯. 完善我国廉租房准入退出机制的思考[J]. 中国房地产金融,2010(6):42-44.
⑬ 黄炜城,万仕奇,罗才. 对我国现行廉租房制度中准入与退出机制的探讨[J]. 群文天地,2010(14):37-39.
⑭ 魏国平,李超峰. 住房保障体系理论框架与动态发展实证研究[J]. 商业时代,2011(17):122-123.
⑮ 李喜燕. 公租房能否名至实归[J]. 经济体制改革,2010(6):142-147.

杨嘉理[①]、韩瑞峰[②]等主张建立个人征信机制,将公民住房保障方面违法违规行为记入个人诚信档案。杨清华[③]、魏丽艳[④]、贾淑军[⑤]、陈杰[⑥]等建议保障房分配采用轮候制度,对轮候资格进行动态监测,让保障对象平等参与保障房分配。杨嘉理认为,保障房摇号规则应进一步具体化、细化,政府在公开摇号规则的同时应公开保障准入的时限。[⑦] 钟颖建议,加强保障房公示制度建设,建立严格的定期审核制度及保障房长效监督机制,以免运动式执法。[⑧] 三是优化管理流程,规范操作行为。卢为民等认为,政府应在公租房的申请资格、住房标准、租赁期限、租金水平、退出机制以及运行监督等方面构建一套科学合理的管理系统,规范操作流程及行为。[⑨] 刘潇等认为,保障房分配从申请到退出均由人工操作,费时费力,易生腐败,应建立集资金筹集、保障房建设、保障对象选定、配租配售、住房补贴发放、租金回收等管理职能于一身的管理信息系统,固化其业务流程,借助数字化技术和管理科学中的匹配算法,实现保障房分配由电子化向智能化的转变。[⑩]

在保障房退出及转换方面,方永恒等认为,导致保障房退出难的原因是管理部门很难掌握保障对象的实际收入、监管者专业能力有限、对违法者惩罚过轻、缺乏激励机制等,政府房管、民政、社保等部门应联合成立保障房退出审查系统,加大对违规者的惩罚力度和对主动按时退租者的奖励力度。[⑪] 李光等认为,保障房退出存在"五难":资产核查难、调查取证难、强制腾退难、善后保障难、执法监管

---

[①] 杨嘉理. 我国保障性住房准入和退出机制的困境及其对策[J]. 中国房地产,2011(12上):65-67.

[②] 韩瑞峰. 浅议我国廉租房准入与退出机制[J]. 行政事业资产与财务,2012(12):89-90.

[③] 杨清华. 保障房公平分配管理的实践与思考[J]. 中国房地产,2014(11):63-64.

[④] 魏丽艳. 保障性住房公平分配的准入退出机制研究[J]. 东南学术,2012(3):40-48.

[⑤] 贾淑军,常阳. 城镇保障性住房动态管理机制分析[J]. 河北大学学报(哲学社会科学版),2012(6):118-121.

[⑥] 陈杰. 发展公共租赁住房的难点与对策[J]. 中国市场,2010(20):53-55.

[⑦] 杨嘉理. 我国保障性住房准入和退出机制的困境及其对策[J]. 中国房地产,2011(12上):65-67.

[⑧] 钟颖. 保障性住房分配公平问题探讨——以法经济学为视角[J]. 长沙大学学报,2014(1):53-56.

[⑨] 卢为民,姚文江. 中外公共租赁住房租金定价机制比较研究[J]. 城市问题,2011(5):2-8.

[⑩] 刘潇,马辉民,张金隆,刘昌猛. 关于保障房公平分配的问题[J]. 中国房地产,2014(1):84-88.

[⑪] 方永恒,张瑞. 保障房退出机制存在的问题及其解决途径[J]. 城市问题,2013(11):79-83.

难;政府应严肃追究严重骗保及违法占(滥)用保障房者的刑事责任,也要建立利益引导机制,对主动按期腾退保障房者给予住房补助等优待。[1] 刘潇等认为,政府应制定严格的奖惩标准,提高拖延退出公租房的预期成本,使拖延退出公租房者无利可图。[2] 艾建国等[3]、韩冬梅[4]、李喜燕[5]、陈俊华等[6]也有类似认识。赵伟等建议,推广广州"保障性住房管理扣分制",规定租户扣分达到一定分值,即被终止租约,将保障对象的欠租、转租、出借保障房等违规行为与其最低生活保障金发放挂钩,使其不敢轻易违规。[7] 贾淑军等[8]、曹丽娟[9]也建议政府对违规占有或使用保障房者予以严惩。陈杰建议,公租房应以保障对象先租后买的方式退出。[10] 贾淑军等则主张政府对经济适用房实行回购政策,以期最大限度地拓展房源,扩大保障范围。[11] 刘文杰等认为,中国廉租房、公租房、经济适用房、限价房政策看似无缝衔接,实则很难避免退出廉租者收入虽有所提高却未必租得起公租房、公租房退出者收入虽有所提高却未必买得起经济适用房等弊端,各类保障房之间缺乏退出、承接、转换的无缝衔接,制约了住房保障质量的提升。[12]

四、境外保障房政策及其启示

在境外保障房建设经验及其借鉴意义方面,我国学者对新加坡、中国香港、美国、德国、日本、韩国等国家和地区的保障房建设管理经验及其对中国的启示进行了探讨。其中,尤以对新加坡、香港保障房建设管理的成功经验及其启示研究成

---

[1] 李光,徐燕.保障性住房"退出难"的破解之道[J].上海房地,2012(2):51–59.
[2] 刘潇,马辉民,张金隆,刘昌猛.关于保障房公平分配的问题[J].中国房地产,2014(1):84–88.
[3] 艾建国,陈泓冰,鲁璐.保障房退出机制研究[J].城市问题,2012(2):76–80.
[4] 韩冬梅.论我国住房保障的进入与退出机制[D].华中师范大学,2008:44–46.
[5] 李喜燕.公租房能否名至实归[J].经济体制改革,2010(6):142–147.
[6] 陈俊华,吴莹.公租房准入与退出的政策匹配:北京例证[J].改革,2012(1):75–80.
[7] 赵伟,曾繁杰.我国住房保障体系的症结与改革思路[J].甘肃社会科学,2010(4):78–81.
[8] 贾淑军,常阳.城镇保障性住房动态管理机制分析[J].河北大学学报(哲学社会科学版),2012(6):118–121.
[9] 曹丽娟.关于我国城市公共租赁住房租金标准制定的思考[J].价格理论与实践,2010(11):37–38.
[10] 陈杰.发展公共租赁住房的难点与对策[J].中国市场,2010(20):53–55.
[11] 贾淑军,常阳.城镇保障性住房动态管理机制分析[J].河北大学学报(哲学社会科学版),2012(6):118–121.
[12] 刘文杰,田焱.关于发展公共租赁住房的几个关键性问题的探讨[J].经济体制改革,2011(6):33–37.

果为多。在新加坡政府组屋政策及其启示研究方面,俞永学[1]、夏玉清[2]等对组屋政策内涵及意义进行了探讨;王丹娜等[3]、韩瑞光[4]、江丹[5]等对新加坡组屋的规划、设计、建设、管理及启示等进行了分析;胡艳等[6]、朱启文[7]等对中央公积金制度及其在组屋融资方面的作用进行了研究;夏玉清等对组屋政策对促进新加坡国家稳定、社会融合的意义进行了分析。[8] 在香港公屋政策及其启示方面,吴开泽等[9]、刘祖云等[10]、邹颖等[11]、薛磊等[12]从历史变迁的角度考察了香港公屋政策及其对内地的启示;代晓利[13]、杨靖等[14]、佘立中[15]、叶国谦[16]、郭卫兵等[17]、于磊等[18]、

---

[1] 俞永学. 新加坡的住房政策及其对中国的启示[D]. 上海交通大学硕士学位论文,2008:40-52.

[2] 夏玉清. 试论新加坡组屋政策与国家认同[J]. 河南师范大学学报(哲学社会科学版),2011(7):152-156.

[3] 王丹娜,胡振宇. 新加坡组屋的规划建设及其启示[J]. 住宅科技,2010(5):18-21.

[4] 韩瑞光. 人性化的新加坡居住及环境景观规划[J]. 中国园林,2007(10):44-46.

[5] 江丹. 新加坡组屋的配售、转售和租赁[J]. 上海房地,2006(9):57-59.

[6] 胡艳,徐勇. 新加坡的中央公积金制度及其启示[J]. 武汉理工大学学报(哲学社会科学版)2001(9):76-78.

[7] 朱启文. 新加坡中央公积金制度对我国的启示[J]. 中国房地产,2001(7):68-70.

[8] 夏玉清. 试论新加坡组屋政策与国家认同[J]. 河南师范大学学报(哲学社会科学版),2011(7):152-156.

[9] 吴开泽,谭建辉,邹伟良. 香港公屋政策的反思和启示[J]. 科技和产业,2013(11):19-24.

[10] 刘祖云,孙秀兰. 香港公屋政策的历史沿革及其对内地的启示[J]. 中南民族大学学报(人文社会科学版),2012(1):74-78.

[11] 邹颖,卞洪滨. 近年来香港公屋的演变和发展[J]. 世界建筑,1999(4):26-29.

[12] 薛磊,靳坤,刘志伟. 香港公屋发展历史与建设管理——香港公屋建设的调查与思考之一[J]. 住宅产业,2012(1):71-76.

[13] 代晓利. 香港公屋设计经验对我国保障性住房规划建设的启示[J]. 规划师,2012(上海现代规划院专辑):71-74.

[14] 杨靖,郭菂,张嵩. 香港公屋规划设计的分析与启发[J]. 规划师,2008(4):31-35.

[15] 佘立中. 香港公屋建设面临的挑战及对策[J]. 中国房地产,2001(2):67-69.

[16] 叶国谦. 香港公屋建设可持续发展模式[J]. 住宅产业,2002(9):20.

[17] 郭卫兵,郑新洪,于志铎. 香港公屋建设研究与启示[J]. 建筑学报,2009(8):18-21.

[18] 于磊,俞羿,王惠. 香港可持续性公屋建设与工业化——香港公屋建设的调查与思考之二[J]. 住宅产业,2012(6):57-60.

周逸骏等①考察了香港公屋的规划、设计、建筑及其启示;李永清②、刘祖云等③、李喆等④、华佳⑤等考察了香港公屋的法规体系、专营机构、申请准入、租金定价、租后管理、退出、监督等政策及其借鉴意义。李健正⑥、吴开泽等⑦、韩继东⑧、贾倍思⑨、黄策勋⑩等考察了公屋政策对香港经济、社会、城市规划等方面的作用和意义。

### 2.2.4 有关我国流动人口居住问题的研究

流动人口居住问题是中国城市化进程的热点和难点问题,近年来国内学界探讨甚多,在居住隔离、居住条件及满意度、住房形式、居住方式、居住选择及影响因素、居住问题的成因及对策等方面形成了较多理论成果。

一、居住隔离、居住条件及满意度

在居住隔离方面,蒋建林等⑪、郑思齐等⑫、侯慧丽等⑬指出,流动人口聚集于城乡结合部、棚户区等,与本地市民空间隔离明显。王桂新等认为,流动人口聚居

---

① 周逸骏,顾大庆,徐雷. 香港公屋住区外部空间的特征研究[J]. 华中建筑,2013(7):64-70.
② 李永清. 香港公屋资源公平善用的制度与策略[J]. 上海城市管理,2012(1):58-61.
③ 刘祖云,吴开泽. 香港公屋管理出现的问题及对内地的启示[J]. 中南民族大学学报(人文社会科学版),2012(3):92-97.
④ 李喆,刘芬. 香港公屋准入机制对重庆公租房运营的启示[J]. 中国证券期货,2011(11):149-150.
⑤ 华佳. 香港公屋的租后管理[J]. 上海房地,2012(8):44-46.
⑥ 李健正. 社会政策视角下的香港住房政策:积极不干预主义的悖论[J]. 公共行政评论,2009(6):1-25.
⑦ 吴开泽,谭建辉,邹伟良. 香港公屋政策的反思和启示[J]. 科技和产业,2013(11):19-24.
⑧ 韩继东. 香港公屋政策与财政运营——兼谈对当前房地产市场的借鉴意义[J]. 财政研究,2010(6):72-74.
⑨ 贾倍思. 香港公屋本质、公屋设计和居住实态[J]. 时代建筑,1998(3):58-61.
⑩ 黄策勋,陈国豪. 香港公屋与新市镇建设联动效应研究与启示[J]. 理论界,2012(9):44-47.
⑪ 蒋建林,王琨. 城市化进程中外来民工居住问题研究[J]. 宁波大学学报(理工版),2008(3):442-446.
⑫ 郑思齐,曹洋. 农民工的住房问题:从经济增长与社会融合角度的研究[J]. 广东社会科学,2009(5):34-41.
⑬ 侯慧丽,朱静. 从隔离到融合[J]. 西北人口,2010(4):27-30.

的城中村等是游离于城市居民社会之外的"孤岛"。① 吴炜等发现,农民工寄居工厂宿舍与寄身城中村一样处于被隔离状态。② 许庆明认为,农民工散居在城市出租房内,形式上虽未被隔离,但这并不意味他们融入了城市社会,相反还增添了他们内心的漂泊感。③ 郭星华等发现,与老一代农民工相比,新一代农民工与城市居民的社会距离不仅没缩小,反而还在增大。④ 李强等⑤、罗仁朝等⑥认为,流动人口与本地居民的居住隔离拉大了彼此社会、心理距离。景晓芬发现,流动人口的留城意愿、居住稳定性、所在社区性质及所住区域对居住隔离有重要影响。⑦ 不过,也有学者认为流动人口居住隔离并非严重。张新民指出,由于许多本地居民住在流动人口聚集的城乡结合部,所以该地区虽有居住隔离现象,但并不严重。⑧ 赵晔琴发现,流动人口在居住小区与邻里关系很好且常来常往者达65.6%,虽无交往机会却愿意与邻居交往者达29.4%,感到本地人瞧不起自己者仅4%。⑨ 马西恒等发现,上海市某社区新移民与本地居民之间逐步从相互隔离、排斥转向兼容、合作,正由"二元社区"向"敦睦他者""同质认同"转变。⑩

在居住条件方面,吴维平等⑪、林李月等⑫、唐豪等⑬、张智⑭、张协奎等⑮、李

---

① 王桂新,张得志. 上海外来人口生存状态与社会融合研究[J]. 市场与人口分析,2006(5):27-30.
② 吴炜,朱力. 农民工住房福利现状与政策走向[J]. 长白学刊,2012(2):119-125.
③ 许庆明. 城乡统筹发展条件下的城市农民工居住问题研究[J]. 城市,2007(6):13-16.
④ 郭星华,储卉娟. 从乡村到都市:融入与隔离[J]. 江海学刊,2004(3):91-98.
⑤ 李强,李洋. 居住分异与社会距离[J]. 北京社会科学,2010(1):4-11.
⑥ 罗仁朝,王德. 上海市流动人口不同聚居形态及其社会融合差异研究[J]. 城市规划学刊,2008(6):92-99.
⑦ 景晓芬. 西安市外来人口的居住空间隔离研究[J]. 西北人口,2014(1):120-124.
⑧ 张新民. 从出租屋看农民工市民化的困境[J]. 城市问题,2011(2):49-53.
⑨ 赵晔琴. 外来人口的居住现状及居住需求调查[J]. 青年学报,2014(2):21-25.
⑩ 马西恒,童星. 敦睦他者:城市新移民的社会融合之路[J]. 学海,2008(2):15-22.
⑪ 吴维平,王汉生. 寄居大都市:京沪两地流动人口住房现状分析[J]. 社会学研究,2002(3):92-110.
⑫ 林李月,朱宇. 两栖状态下流动人口的居住状态及其制约因素[J]. 人口研究,2008(3):48-55.
⑬ 唐豪,马光红,庞俊秀. 大都市流动人口居住问题研究[M]. 上海大学出版社,2012:86.
⑭ 张智. 北京市农民工住房选择行为及其影响因素分析[J]. 建筑经济,2010(1):5-8.
⑮ 张协奎,袁红叶. 城市农民工住房保障问题研究[J]. 广西大学学报(哲学社会科学版),2010(3):1-5.

斌[1]、康雯琴等[2]、张斐等[3]、周衍露等[4]、王海兵[5]、马万里等[6]、任丽娟[7]、黄卓宁[8]、王星[9]、赵晔琴[10]、王超恩等[11]、朱东风等[12]、丁富军等[13]、丁成日等[14]均指出流动人口居住条件较差。何炤华等发现,相对城-城流动人口,乡-城流动人口房屋自有率更低,居住面积更小,设施更差,与安居城市之梦相去更远。[15]但张新民认为,中国城乡结合部房屋建筑质量多有保障,流动人口居住条件并非十分恶劣,显著不同于国外贫民窟。[16]

值得注意的是,尽管居住条件欠佳,但流动人口住房满意度并不低。吴维平等发现,尽管京、沪流动人口住得很差,但80%以上流动人口对住房状况表示一般或满意。[17]张永梅等发现,兰州市农民工对现有住房条件很满意、较满意、一般、不太满意和很不满意者分别为14.1%、40.2%、30.5%、11.6%、3.6%,前二者之和为54.3%,后二者之和仅15.2%。[18]国务院发展研究中心课题组发现,皖、苏、

---

[1] 李斌,王晓京.城市农民工的住房[J].石家庄学院学报,2006(5):16-21.

[2] 康雯琴,丁金宏.大城市开发区流动人口居住特征研究[J].城市发展研究,2005(6):43-46.

[3] 张斐,孙磊.大城市流动人口居住状况研究[J].兰州学刊,2010(7):81-85.

[4] 周衍露,韦国,王羚,刘赟.构建"金字塔"式农民工住房模式[J].劳动保障世界,2009(9):70-73.

[5] 王海兵.关于外来农民工住房保障的现状及分析[J].中国劳动关系学院学报,2010(2):55-57.

[6] 马万里,陈玮.建立健全面向农民工的城市住房保障体系研究[J].城市规划,2008(5):38-44.

[7] 任丽娟.宁波进城农民工住房难问题及对策[J].宁波工程学院学报,2010(3):13-19.

[8] 黄卓宁.农民工住房来源及住房水平的实证研究[J].珠江经济,2007(9):59-73.

[9] 王星.市场与政府的双重失灵[J].江海学刊,2013(1):100-108.

[10] 赵晔琴.外来人口的居住现状及居住需求调查[J].青年学报,2014(2):21-25.

[11] 王超恩,张林.新生代农民工居住边缘化问题研究[J].农业经济,2010(10):74-76.

[12] 朱东风,吴立群.半城市化中的农民工住房问题与对策思考[J].现代城市研究,2011(8):16-20.

[13] 丁富军,吕萍.转型时期的农民工住房问题[J].公共管理学报,2010(1):58-66.

[14] 丁成日,邱爱军,王瑾.中国快速城市化时期农民工住房类型及其评价[J].城市发展研究,2011(6):9-54.

[15] 何炤华,杨菊华.安居还是寄居?不同户籍身份流动人口居住状况研究[J].人口研究,2013(6):17-34.

[16] 张新民.从出租屋看农民工市民化的困境[J].城市问题,2011(2):49-53.

[17] 吴维平,王汉生.寄居大都市:京沪两地流动人口住房现状分析[J].社会学研究,2002(3):92-110.

[18] 张永梅,李秉勤.农民工居住问题:解读漂泊状态下的特殊性[J].南京人口管理干部学院学报,2013(3):3-7.

浙、鄂、鲁、晋、渝农民工对居住现状表示很满意、一般、不满意、非常不满意的分别为18%、65.7%、12.3%、4%,前二者之和达83.7%。① 此外,张协奎等②、赵晔琴③等也有类似的调查发现。张永梅等认为,农民工住房满意度取决于房租高低和上班远近而非房屋条件。④ 成德宁认为,农民工住得差而满意度不低的原因是农民工多只将居住地视为临时场所,相对居住条件,他们更关心居住成本。⑤

二、住房形式、居住方式、居住选择及影响因素

在住房形式方面,众多研究成果表明流动人口以租房和住在单位宿舍为主,自购房者很少。国务院研究室课题组发现,农民工租房、住在单位宿舍、自购房、以投靠亲友及其他方式解决住房问题者分别约为60%、30%、5%、5%,前二者合计90%。⑥ 郝俊英等发现,太原市农民工住在城中村出租屋、单位宿舍的分别占35.59%、31.78%,自购房者仅2.54%。⑦ "大连市流动人口综合服务管理研究"课题组发现,大连市流动人口住在出租房、单位宿舍的分别约占52.9%、34.5%,购房者仅8%。⑧ 张刚发现,北京市、上海市、广州市、深圳市流动人口租住在私房、自购或自建房、单位或雇主提供的免费住房者分别约占70%、10.6%、9.9%。⑨ 许庆明发现,农民工居住方式与行业有关,浙江省制造业农民工多住在单位宿舍和工作场所,建筑业农民工多住在工作场所,服务业农民工散居较多。⑩ 任焰等发现,珠三角制造业和建筑业农民工以租赁私房为主,服务业和批发零售业农民工以雇主提供住房为主。⑪

在居住方式上,李斌等发现,2000年到2004年宁波市农民工与家人同住、集

---

① 金三林. 农民工现状特点及意愿诉求[J]. 经济研究参考,2011(58):41-67.
② 张协奎,袁红叶. 城市农民工住房保障问题研究[J]. 广西大学学报(哲学社会科学版),2010(3):1-5.
③ 赵晔琴. 外来人口的居住现状及居住需求调查[J]. 青年学报,2014(2):21-25.
④ 张永梅,李秉勤. 农民工居住问题:解读漂泊状态下的特殊性[J]. 南京人口管理干部学院学报,2013(3):3-7.
⑤ 成德宁. 中国进城农民工的居住问题及其解决思路[J]. 中国人口·资源与环境,2008(2):78-84.
⑥ 金三林. 农民工现状特点及意愿诉求[J]. 经济研究参考,2011(58):41-67.
⑦ 郝俊英,张煜洺. 城市农民工住房问题分析[J]. 中国房地产,2009(1):73-74.
⑧ 卢小君,陈慧敏. 流动人口社会融合现状与测度[J]. 城市问题,2012(9):69-73.
⑨ 张刚. 对流动人口居住状况的思考[J]. 人口与计划生育,2007(6):23-24.
⑩ 许庆明. 城乡统筹发展条件下的城市农民工居住问题研究[J]. 城市,2007(6):13-16.
⑪ 任焰,梁宏. 资本主导与社会主导[J]. 人口研究,2009(2):92-101.

体居住的比例分别由16.7%、35%升至23.3%、58.3%。① 廖艳发现,重庆市与家人、他人合住的农民工分别为44.58%、25.3%。② 浙江省宁波、杭州等七个地级市农民工调查结果显示,与家人同住的农民工比例达56.9%。③ 张协奎等发现,南宁市和家人合租的农民工达58.3%。④ 不过,周衍露等发现,合肥市农民工和家人合住的仅24.4%,独居或与工友合住的达69.8%,多数农民工仍长期与家人分居。⑤ 李强预测将来数十年内不同程度地与家人分居仍是农民工主要的居住模式。⑥

在居住选择方面,江苏省住房和城乡建设厅调查发现,若一张床、一间房、一套房月租分别为150元、600元、900元,则农民工选择租一张床、一间房、一小套房者分别为28%、39.2%、32.8%。⑦ 朱明芬发现,杭州市农民工希望建设农民工公寓、希望企业多建集体宿舍、希望享受住房公积金并有资格购买经济适用房者分别为76.2%、75.4%、19.7%。⑧ 孔冬发现,过客心理虽使流动人口刚到沿海发达城市时多不拟定居,但是随着经济发展,部分高收入流动人口的过客心理逐步消失,购买功能齐全的小户型住房是其首选。⑨

---

① 李斌,王晓京. 城市农民工的住房[J]. 石家庄学院学报,2006(5):16-21.
② 廖艳. 重庆市区农民工住房问题现状及对策研究[D]. 重庆大学硕士学位论文,2006:29.
③ 林家琦. 农民工城市生活现状与留城意愿研究[D]. 浙江大学硕士学位论文,2007:38.
④ 张协奎,袁红叶. 城市农民工住房保障问题研究[J]. 广西大学学报(哲学社会科学版),2010(3):1-5.
⑤ 周衍露,韦国,王羚,刘赟. 构建"金字塔"式农民工住房模式[J]. 劳动保障世界,2009(9):70-73.
⑥ 李强. 农民工与中国社会分层[M]. 北京:社会科学文献出版社,2004:161-179.
⑦ 朱东风,吴立群. 半城市化中的农民工住房问题与对策思考[J]. 现代城市研究,2011(8):16-20.
⑧ 朱明芬. 杭州农民工融入城市社会的现状调查及保障机制研究[EB/OL]. http://www.zhdx.gov.cn/news/2007/9/25/1190687349187.shtml,2007-09-25.
⑨ 孔冬. 沿海发达地区流动人口居住现状及需求发展趋势[J]. 中国人口科学,2009(1):104-110.

在居住选择的影响因素方面,朱宇[①]、林李月等[②]、吴维平等[③]、张子珩[④]、成德宁[⑤]发现,过客心理限制了流动人口的居住投入,制约了其居住条件的改善。简新华等认为,改善居住条件对农民工而言不是"不愿"而是"不能",生存状况比过客心理影响更突出。[⑥] 张斐等认为,不能仅将居住条件差距归结为流动人口自身原因,改善流动人口居住条件更需政府努力。[⑦] 张永梅等发现,房租低和上班方便是影响农民工居住选择的主要因素,住房条件是其次。对农民工而言,就业比居住更重要,农民工追求的不是"安居乐业"而是"安业乐居"。[⑧] 侯慧丽等发现,收入、在京居住时间与流动人口居住状况显著正相关,居留稳定性对流动人口住房状况有显著影响,工作稳定性却相反。[⑨] 但郭新宇等发现,居留和就业稳定性对住房保有形式和质量均有显著影响。居留和就业相对稳定的农民工倾向选择稳定和较高质量的住房。[⑩] 何炤华等发现,受教育程度既直接又间接(通过职业和收入)地影响流动人口的居住状况,职业、收入因素是提升流动人口住房能力的直接推手。[⑪] 张斐等发现,高中以上文化程度、在婚或同居对流动人口居住面积有显著影响。[⑫] 郭新宇等发现,与家人一起流动的农民工倾向租住质量较高的

---

① 朱宇. 国外对非永久性迁移的研究及其对我国流动人口问题的启示[J]. 人口研究,2004(3):52-59.
② 林李月,朱宇. 两栖状态下流动人口的居住状态及其制约因素[J]. 人口研究,2008(3):48-55.
③ 吴维平,王汉生. 寄居大都市:京沪两地流动人口住房现状分析[J]. 社会学研究,2002(3):92-110.
④ 张子珩. 中国流动人口居住问题研究[J]. 人口学刊,2005(2):16-20.
⑤ 成德宁. 中国进城农民工的居住问题及其解决思路[J]. 中国人口·资源与环境,2008(2):78-84.
⑥ 简新华,黄锟. 中国农民工最新生存状况研究——基于765名农民工调查数据的分析[J]. 人口研究,2007(6):37-44.
⑦ 张斐,孙磊. 大城市流动人口居住状况研究[J]. 兰州学刊,2010(7):81-85.
⑧ 张永梅,李秉勤. 农民工居住问题:解读漂泊状态下的特殊性[J]. 南京人口管理干部学院学报,2013(3):3-7.
⑨ 侯慧丽,朱静. 从隔离到融合[J]. 西北人口,2010(4):27-30.
⑩ 郭新宇,薛建良. 农民工住房选择及其影响因素分析[J]. 农业技术经济,2011(12):88-93.
⑪ 何炤华,杨菊华. 安居还是寄居?不同户籍身份流动人口居住状况研究[J]. 人口研究,2013(6):17-34.
⑫ 张斐,孙磊. 大城市流动人口居住状况研究[J]. 兰州学刊,2010(7):81-85.

住房。[1] 周大鸣发现,流动人口居住状况与其职业、消费模式、社会心理和观念有关。[2] 张永梅等发现,尽管行业对流动人口居住方式影响显著,但其主要是通过年龄和婚姻等因素间接发挥作用。[3] 马万里等发现,治安、子女上学是流动人口租房时重点考虑的因素之一。[4]

### 三、居住问题的成因及对策

在居住问题的成因方面,张智[5]、董昕[6]、周衍露等[7]认为,政府出台的农民工住房政策多为指导性意见,缺乏硬性执行标准,实施力度不足,影响了农民工居住条件的改善。王星认为,农民工住房问题是市场和政府双重失灵的产物。市场失灵使农民工无力购买商品房,政府失灵使城市住房保障体系排斥农民工。[8] 李兵弟认为,农民工住房问题严峻的原因是农民工进城存在制度障碍,城市户籍和社保制度对农民工的排斥、城乡建设用地衔接机制和宅基地退出补偿机制的匮乏制约了农民工的住房能力。[9] 任丽娟认为,农民工住房问题难解的原因是用人单位责任意识不强、政府政策作用不明显、农民工收入有限等。[10] 朱东风等认为,流动人口住房问题严峻的诱因是城中村拆迁过快、城市规划忽视流动人口居住问题等。[11]

在解决问题的思路上,学界较一致的看法是政府和社会应采用多种办法,分类解决流动人口居住问题,但在如何分类上见解多样。

第一,对不同时期流动人口采取不同住房政策。郑思齐等发现,在城市化早

---

[1] 郭新宇,薛建良. 农民工住房选择及其影响因素分析[J]. 农业技术经济,2011(12):88-93.
[2] 周大鸣. 外来工与"二元社区"[J]. 中山大学学报(社科版),2000(2):107-112.
[3] 张永梅,李秉勤. 农民工居住问题:解读漂泊状态下的特殊性[J]. 南京人口管理干部学院学报,2013(3):3-7.
[4] 马万里,陈玮. 建立健全面向农民工的城市住房保障体系研究[J]. 城市规划,2008(5):38-44.
[5] 张智. 北京市农民工住房选择行为及其影响因素分析[J]. 建筑经济,2010(1):5-8.
[6] 董昕. 中国农民工的住房问题研究[M]. 经济管理出版社,2013:161-176.
[7] 周衍露,韦国,王羚,刘赟. 构建"金字塔"式农民工住房模式[J]. 劳动保障世界,2009(9):70-73.
[8] 王星. 市场与政府的双重失灵[J]. 江海学刊,2013(1):100-108.
[9] 李兵弟. 寻求以制度转换解决农民工住房问题[J]. 城市规划,2012(3):10-13.
[10] 任丽娟. 宁波进城农民工住房难问题及对策[J]. 宁波工程学院学报,2010(3):13-19.
[11] 朱东风,吴立群. 半城市化中的农民工住房问题与对策思考[J]. 现代城市研究,2011(8):16-20.

期,劳动密集型产业多,大量供给廉价房能显著推动经济增长,但是随着技术密集型产业增长,效果递减,改进农民工居住质量可推动经济持续增长。① 袁中友在考察农民工现行居住模式的基础上,提出了解决农民工住房问题的路径——短期以廉租房为主,经济适用房为辅;长期以经济适用房为主,廉租房为辅。② 成德宁建议政府在住房保障初期,对农民工采取"补砖头"(直接增加住房供应)政策,而后逐步用"补人头"(发放住房补贴)政策取代"补砖头"政策。③ 张江涛认为,解决农民工居住问题应三步走:近期通过建设集体宿舍、利用闲置房、改造城中村、发放补贴等方式解决农民工居住问题;中期让农民工享受住房保障;远期要改革户籍制度,让农民工市民化。④

第二,对不同地区流动人口采取不同住房政策。吕萍等建议,在农民工集中的厂区等集中建设职工房,统一解决居住问题;对分散从业的农民工,由企业或政府组织房源解决居住问题。⑤ 王海兵建议,政府在城市新区建设适合农民工短期居住的集体宿舍,在旧城区改造中规划建设面向服务业农民工的廉租房。⑥ 刘洪银建议,在县域小城镇政府统一规划住房建设,农民工自主购房;在地级市、省会城市和计划单列市政府建设小户型经济适用房,以市场指导价卖给农民工;在直辖市和沿海一线城市政府建设公租房,以优惠价租给农民工,给自由租房的农民工以财政补贴。⑦ 吕萍等认为,长三角、珠三角、京津等地经济发达,农民工住房紧张,应采取园区配建型、公共租赁型、商业配建型等方式解决农民工住房问题;海峡西岸经济区、山东半岛等地产业发展迅速,应充分挖掘市场潜力,结合公共租赁方式解决农民工住房问题;其他地区通过规范出租屋、兼采用准市民化住房政

---

① 郑思齐,廖俊平,任荣荣,曹洋. 农民工住房政策与经济增长[J]. 经济研究,2011(2):73-86.
② 袁中友. 农民工城镇住房解决模式与路径选择[J]. 改革与战略,2008(6):51-53.
③ 成德宁. 中国进城农民工的居住问题及其解决思路[J]. 中国人口·资源与环境,2008(2):78-84.
④ 张江涛. 农民工住房问题研究[D]. 西安建筑科技大学硕士论文,2009:40.
⑤ 吕萍,周滔,高仁航. 农民工住房解决方式与现行土地政策之冲突[J]. 中国房地产,2007(3):49-51.
⑥ 王海兵. 关于外来农民工住房保障的现状及分析[J]. 中国劳动关系学院学报,2010(2):55-57.
⑦ 刘洪银. 以融合居住促进新生代农民工人力资本提升[J]. 长白学刊,2012(2):119-125.

策等方式解决农民工住房问题。①

第三,对不同行业流动人口采取不同住房政策。刘保奎等建议对建筑业、制造业、住宿餐饮业等,采用单位主导的方式解决农民工居住问题;对批发零售及其他生活服务业农民工,以农民工自主租房的方式解决居住问题。② 成都市房产管理局"解决农民工住房问题"课题组建议,政府对建筑业工棚等制定强制性居住标准,对大型工矿区农民工重在支持企业建造职工居住小区;对个体工商户给予租房、买房优惠。③ 仇楠楠等认为,政府应对正规和非正规就业流动人口实行区别化住房政策,将正规就业者纳入住房保障体系。由于非正规就业者相对正规就业者住房能力更弱,更无单位可依,所以政府应重点解决他们的居住问题,应在其集中地规划建设公寓,以他们可接受的价格出租。④

第四,对不同居留愿望和经济能力的流动人口采取不同住房政策。成德宁建议,对临时流动、永久性迁移的农民工采取不同居住政策:对前者旨在改善其打工期间的居住条件,根据工作特征和经济承受力向其提供具备基本质量的住房;将后者纳入城市住房保障体系。⑤ 林李月等建议,对拟定居的流动人口采取类似城镇居民的住房政策,把不拟定居的循环流动人口纳入廉租房系统。⑥ 金三林建议,对市民化意愿及能力均较强的农民工取消购房限制,鼓励其购房;把市民化意愿较强、能力较弱的农民工纳入保障房体系;通过建设农民工公寓等方式,解决市民化意愿和能力均较弱的农民工的居住问题。⑦

第五,对不同层次流动人口采取不同住房政策。周衍露等提出了金字塔式农民工住房解决方案:底层农民工由用人单位提供住房,中层农民工租房,顶层农民

---

① 吕萍,甄辉,丁富军. 差异化农民工住房政策的构建设想[J]. 经济地理,2012(10):108-113.
② 刘保奎,冯长春. 我国农民工住房问题的政策困境与改进思路[J]. 中国房地产(综合版),2012(2):21-24.
③ 成都市房产管理局"解决农民工住房问题"课题组. 解决农民工住房问题策略探析[J]. 科学决策月刊,2006(10):33-34.
④ 仇楠楠,周利兵. 非正规就业流动人口住房问题及对策研究[J]. 当代经济管理,2015(1):62-65.
⑤ 成德宁. 中国进城农民工的居住问题及其解决思路[J]. 中国人口·资源与环境,2008(2):78-84.
⑥ 林李月,朱宇. 两栖状态下流动人口的居住状态及其制约因素[J]. 人口研究,2008(3):48-55.
⑦ 金三林. 农民工现状特点及意愿诉求[J]. 经济研究参考,2011(58):41-67.

工买房。① 王星建议构建解决农民工住房问题的金字塔：底层农民工返乡自建房，政府既要为他们建房提供支持，也要完善农村宅基地、承包地有偿转让办法，促其进城定居；第二层农民工由单位提供住房，政府鼓励用人单位建设集体公寓；第三层农民工租房，政府广开财源，为其建设廉租房；顶层农民工购房，政府通过户籍改革等办法促其在城市购房定居。②

在解决问题的具体办法上，学界的探索集中在以下方面。

第一，建设集体公寓，解决流动人口居住问题。谢必如③、郝俊英等④、彭震伟⑤、李兵弟⑥、马万里等⑦、王海兵⑧、陈丰⑨、丁成日等⑩均建议政府、用工单位等投资建设流动人口公寓。谢必如建议农民工公寓建在农民工就业中心附近。⑪马万里等建议根据农民工收入和工作特点确定农民工公寓的户型和套内面积，农民工公寓应以小户型为主。⑫许庆明建议地方政府建设公寓式"鸳鸯房"，以应对人口家庭化流动趋势。⑬黄耀志等认为，流动人口集宿区应建在工业园区或城郊结合部，有较好的设施和必要的规模，向规范化、社区化方向迈进。⑭陈丰认为，集宿化居住可降低管理成本，加强管理服务，可为农民工提供低廉的消费空间，营造良好的发展环境；集宿区选址应视经济发展及农民工分布而定，应在大型工业

---

① 周衍露,韦国,王羚,刘赟. 构建"金字塔"式农民工住房模式[J]. 劳动保障世界,2009(9):70-73.
② 王星. 市场与政府的双重失灵[J]. 江海学刊,2013(1):100-108.
③ 谢必如. 关于建设农民公寓的几点建议[J]. 中国地产市场,2006(1-2):90-92.
④ 郝俊英,张煜浛. 城市农民工住房问题分析[J]. 中国房地产,2009(1):73-74.
⑤ 彭震伟. 改革城乡土地制度 统筹解决农民工住房问题[J]. 城市规划,2012(3):15-16.
⑥ 李兵弟. 寻求以制度转换解决农民工住房问题[J]. 城市规划,2012(3):10-13.
⑦ 马万里,陈玮. 建立健全面向农民工的城市住房保障体系研究[J]. 城市规划,2008(5):38-44.
⑧ 王海兵. 关于外来农民工住房保障的现状及分析[J]. 中国劳动关系学院学报,2010(2):55-57.
⑨ 陈丰. 集宿化管理:农民工居住管理的模式选择[J]. 农村经济. 2007(3):120-122.
⑩ 丁成日,邱爱军,王瑾. 中国快速城市化时期农民工住房类型及其评价[J]. 城市发展研究,2011(6):9-54.
⑪ 谢必如. 关于建设农民公寓的几点建议[J]. 中国地产市场,2006(1-2):90-92.
⑫ 马万里,陈玮. 建立健全面向农民工的城市住房保障体系研究[J]. 城市规划,2008(5):38-44.
⑬ 许庆明. 城乡统筹发展条件下的城市农民工居住问题研究[J]. 城市,2007(6):13-16.
⑭ 黄耀志,吕勤,姜淑芬. 苏州市流动人口集宿区公共服务设施供需状况调查及对策分析[J]. 苏州科技学院学报(工程技术版),2009(4):48-53.

区、商贸市场及农民工较多的区域优先建设集宿区。[1] 丁成日等认为，企业提供的集体宿舍多建于工业用地，虽成本低，好管理，能提供稳定的劳动力，但它一般只适于未婚青年短住而不适合长住，且存在空间隔离现象，有碍农民工城市融入，经济萧条时有空置风险。[2] 黄卓宁发现，尽管企业为农民工提供宿舍常被视为解决农民工居住问题的有效途径，但农民工在城市逗留时间越长，他们就越倾向搬离企业集体宿舍，选择租住私房。[3] 陈仙平在肯定农民工公寓正面价值的同时也指出了其局限性，政府需让大块区位合适的土地，投资规模大，融资难，难能满足不同住房需求，资源配置效率低，存在经营风险。[4] 任焰等直指在工业园区配建农民工公寓是"宿舍劳动体制"，是将全新的工厂工作和生活"软件"输入工人的灵魂，通过对工人工作和生活的全面控制，实现最大的剩余价值。[5] 吴炜等以调查数据佐证该观点，认为与其他劳动体制相比，宿舍劳动体制下农民工住得更差，劳动时间更长，工资却无差别。农民工通过企业获得的住房福利乃是以其他福利和权益损失为代价的。[6] 刘保奎等对大都市单位主导解决农民工住房问题的政策提出质疑，认为北京等大都市制造业、建筑业人口不断下降，服务业人口不断提升，自由职业者越来越多。该趋势与单位主导解决农民工住房问题的政策南辕北辙，使没单位的农民工失去住房政策涵盖。[7]

第二，利用城中村、城边村，解决流动人口居住问题。郑思齐等[8]、龙树国[9]认为，城中村为城市发展提供了廉价劳动力，若拆除城中村又不能提供替代性低成

---

[1] 陈丰. 集宿化管理：农民工居住管理的模式选择[J]. 农村经济. 2007(3):120-122.
[2] 丁成日,邱爱军,王瑾. 中国快速城市化时期农民工住房类型及其评价[J]. 城市发展研究,2011(6):9-54.
[3] 黄卓宁. 农民工住房来源及住房水平的实证研究[J]. 珠江经济,2007(9):59-73.
[4] 陈仙平. 农民工公寓的发展现状住房保障[J]. 上海房地. 2010(7):31-32.
[5] 任焰,潘毅. 宿舍劳动体制：劳动控制与抗争的另类空间[J]. 开放时代,2006(3):124-134.
任焰,潘毅. 跨国劳动过程的空间政治：全球化时代的宿舍劳动体制[J]. 社会学研究,2006(4):21-32.
[6] 吴炜,朱力. 农民工住房福利现状与政策走向[J]. 长白学刊,2012(2):119-125.
[7] 刘保奎,冯长春. 我国农民工住房问题的政策困境与改进思路[J]. 中国房地产(综合版),2012(2):21-24.
[8] 郑思齐,曹洋. 农民工的住房问题：从经济增长与社会融合角度的研究[J]. 广东社会科学,2009(5):34-41.
[9] 龙树国. 快速城市化背景下的农民工住房问题[J]. 中南大学学报(社会科学版),2011(6):11-17.

本住房,则会对城市发展产生负面作用,应改善城中村生活环境,减少盲目拆除城中村等行为。张建荣认为,城中村违法建筑的普遍体现了法律对违法建筑的默认,政府应该承认因历史因素形成的城中村违法建筑的产权,通过重建更新、综合整治和局部拆除等,使城中村由违法低效供应出租房转变为合法高效供应出租房。① 李诗强等建议政府、企业、村民合作,在城中村建设多样化住房,将城中村改造为具有流动人口集中居住区和城中村双重性质的混合社区。② 张协奎等③、郝俊英等④、彭震伟⑤、成德宁⑥、刘保奎等⑦、祝玮⑧建议城中村改造兼顾流动人口居住问题。陶然认为,解决流动人口居住问题的关键不在建设保障房,而在赋予城郊农民以土地开发权,让其为流动人口合法建房出租。该办法推广后,出租房会大幅增加,租金可降到绝大部分流动人口可支付水平,政府就无需大规模建设保障房,同时还可对这类房屋征缴出租税,解决流动人口子女教育问题。⑨ 马光红⑩、崔晓黎⑪、李兵弟⑫、金三林⑬等也建议政府开放城乡结合部村集体经济组织和村民建房出租,解决流动人口居住问题。

第三,发展中小城镇,解决流动人口居住问题。朱东风等⑭、龙树国⑮、张智⑯

---

① 张建荣. 从违法低效供应到合法高效供应[J]. 城市规划. 2007(12):73-77.
② 李诗强,杨忠伟. 解读青年务工农民居住问题[J]. 中国青年研究,2010(7):74-77.
③ 张协奎,袁红叶. 城市农民工住房保障问题研究[J]. 广西大学学报(哲学社会科学版),2010(3):1-5.
④ 郝俊英,张煜淦. 城市农民工住房问题分析[J]. 中国房地产,2009(1):73-74.
⑤ 彭震伟. 改革城乡土地制度 统筹解决农民工住房问题[J]. 城市规划,2012(3):15-16.
⑥ 成德宁. 中国进城农民工的居住问题及其解决思路[J]. 中国人口·资源与环境,2008(2):78-84.
⑦ 刘保奎,冯长春. 我国农民工住房问题的政策困境与改进思路[J]. 中国房地产(综合版),2012(2):21-24.
⑧ 祝玮. 城中村改造兼顾流动人口居住问题的必要性分析[J]. 科协论坛. 2008(1下):156-157.
⑨ 陶然. 以土地制度改革解决农民工住房问题[J]中国党政干部论坛,2013(11):15-18.
⑩ 马光红. 大都市流动人口居住问题研究[J]. 江西社会科学,2008(11):184-188.
⑪ 崔晓黎. 解决农民工居住与城中村改造问题的途径[J]. 调研世界,2006(2):8-10.
⑫ 李兵弟. 寻求以制度转换解决农民工住房问题[J]. 城市规划,2012(3):10-13.
⑬ 金三林. 农民工现状特点及意愿诉求[J]. 经济研究参考,2011(58):41-67.
⑭ 朱东风,吴立群. 半城市化中的农民工住房问题与对策思考[J]. 现代城市研究,2011(8):16-20.
⑮ 龙树国. 快速城市化背景下的农民工住房问题[J]. 中南大学学报(社会科学版),2011(6):11-17.
⑯ 张智. 北京市农民工住房选择行为及其影响因素分析[J]. 建筑经济,2010(1):5-8.

建议通过发展中小城镇,解决农民工居住问题。但刘保奎等认为,发展中小城镇与农民工大城市流向之间矛盾突出,会导致资源配置分散化,影响大城市农民工住房条件的改善;应大力发展大城市郊区城镇和农村,增强其人口吸纳能力,改善其居住条件。① 商鹏燊在肯定发展中小城镇的积极意义的同时,也指出农民工在大中城市就业、到中小城镇购房导致了职住分离,在大中城市就业机会显胜中小城镇的背景下,中小城镇的住房平时多被闲置。② 刘放生直言:"无就业不县城"。③

第四,制定出租屋、集体宿舍等的最低居住标准,建立租金指导制度。陆强④、张智⑤、张协奎等⑥、郝俊英等⑦、许庆明⑧、康雯琴等⑨、阮可等⑩、成德宁⑪建议政府为出租屋、集体宿舍、工棚等制定最低居住标准,并予强制执行。孔冬认为,制定员工公寓的居住标准和为流动人口量身订制员工公寓是解决流动人口居住问题的趋势之一。⑫ 许庆明建议规范房屋租赁市场,建立租金指导制度。⑬

第五,把流动人口纳入住房公积金体系,向其发放住房补贴。陆强⑭、许庆

---

① 刘保奎,冯长春. 我国农民工住房问题的政策困境与改进思路[J]. 中国房地产(综合版),2012(2):21-24.
② 商鹏燊. 农民工市民化进程中住房保障问题探析[J]. 江西农业大学学报(社会科学版),2010(2):22-25.
③ 刘放生. 无就业不县城[N]. 南方周末,2010-02-07.
④ 陆强. 安居才能乐业[J]. 四川建筑. 2003(8):1-4.
⑤ 张智. 北京市农民工住房选择行为及其影响因素分析[J]. 建筑经济,2010(1):5-8.
⑥ 张协奎,袁红叶. 城市农民工住房保障问题研究[J]. 广西大学学报(哲学社会科学版),2010(3):1-5.
⑦ 郝俊英,张煜洺. 城市农民工住房问题分析[J]. 中国房地产,2009(1):73-74.
⑧ 许庆明. 城乡统筹发展条件下的城市农民工居住问题研究[J]. 城市,2007(6):13-16.
⑨ 康雯琴,丁金宏. 大城市开发区流动人口居住特征研究[J]. 城市发展研究,2005(6):43-46.
⑩ 阮可,吴德琳. 外来农民工居住现状和政府保障研究[J]. 西南农业大学学报(社会科学版),2011(11):35-38.
⑪ 成德宁. 中国进城农民工的居住问题及其解决思路[J]. 中国人口·资源与环境,2008(2):78-84.
⑫ 孔冬. 沿海发达地区流动人口居住现状及需求发展趋势[J]. 中国人口科学,2009(1):104-110.
⑬ 许庆明. 城乡统筹发展条件下的城市农民工居住问题研究[J]. 城市,2007(6):13-16.
⑭ 陆强. 安居才能乐业[J]. 四川建筑. 2003(8):1-4.

明[1]、王海兵[2]等建议将农民工纳入住房公积金体系。吴炜等建议降低农民工个人承担的公积金缴纳额度,扩大农民工住房公积金覆盖范围。[3] 商鹏龑建议设立便携式农民工住房公积金。[4] 侯慧丽等建议为流动人口建立个人公积金账户,对其实行住房公积金福利政策。[5] 商鹏龑[6]、任丽娟[7]、郝俊英等[8]、陆强[9]、吴炜等[10]、龙树国[11]建议对农民工实行房租补贴。

第六,改革户籍制度,将流动人口住房纳入城镇住房保障体系和住房建设规划。吕萍等[12]通过成本-效益分析,发现从长远来看将农民工住房纳入城市住房保障体系利大于弊。朱东风等[13]、许庆明[14]、马光红等[15]、马万里等[16]、阮可等[17]、张

---

[1] 许庆明. 城乡统筹发展条件下的城市农民工居住问题研究[J]. 城市,2007(6):13-16.

[2] 王海兵. 关于外来农民工住房保障的现状及分析[J]. 中国劳动关系学院学报,2010(2):55-57.

[3] 吴炜,朱力. 农民工住房福利现状与政策走向[J]. 长白学刊,2012(2):119-125.

[4] 商鹏龑. 农民工市民化进程中住房保障问题探析[J]. 江西农业大学学报(社会科学版),2010(2):22-25.

[5] 侯慧丽,朱静. 从隔离到融合[J]. 西北人口,2010(4):27-30.

[6] 商鹏龑. 农民工市民化进程中住房保障问题探析[J]. 江西农业大学学报(社会科学版),2010(2):22-25.

[7] 任丽娟. 宁波进城农民工住房难问题及对策[J]. 宁波工程学院学报,2010(3):13-19.

[8] 郝俊英,张煜洽. 城市农民工住房问题分析[J]. 中国房地产,2009(1):73-74.

[9] 陆强. 安居才能乐业[J]. 四川建筑,2003(8):1-4.

[10] 吴炜,朱力. 农民工住房福利现状与政策走向[J]. 长白学刊,2012(2):119-125.

[11] 龙树国. 快速城市化背景下的农民工住房问题[J]. 中南大学学报(社会科学版),2011(6):11-17.

[12] 吕萍,周滔. 农民工住房保障问题认识与对策研究——基于成本-效益分析. 城市发展研究. 2008(3):110-114.

[13] 朱东风,吴立群. 半城市化中的农民工住房问题与对策思考[J]. 现代城市研究,2011(8):16-20.

[14] 许庆明. 城乡统筹发展条件下的城市农民工居住问题研究[J]. 城市,2007(6):13-16.

[15] 马光红,田一淋. 城市住区"群租"问题应对机制研究[J]. 上海房地,2007(8):14-17.

[16] 马万里,陈玮. 建立健全面向农民工的城市住房保障体系研究[J]. 城市规划,2008(5):38-44.

[17] 阮可,吴德琳. 外来农民工居住现状和政府保障研究[J]. 西南农业大学学报(社会科学版),2011(11):35-38.

志胜①、刘洪银②、金三林③建议将流动人口纳入城市住房保障体系。陆强④、马光红⑤、林李月等⑥建议经济适用房向中低收入流动人口开放。陆强⑦、许庆明⑧、马光红⑨、林李月等⑩建议廉租房向最低收入流动人口开放。吴炜等认为，农民工有高流动性特征，应为其建立更简便、更灵活的保障房进入、退出机制。⑪郝俊英等⑫、彭震伟⑬、王海兵⑭、马万里等⑮、阮可等⑯建议将农民工住房纳入城市住房建设规划。康雯琴等⑰、周衍露等⑱、张志胜⑲建议改革户籍制度，促进农民工市民化，彻底解决农民工居住问题。

第七，通过城乡建设用地指标置换、宅基地换保障、土地换社保等办法，解决流动人口居住问题。吕萍等建议有条件地实施城乡建设用地指标置换，建立农民工宅基地收购和置换制度，为解决农民工住房问题提供土地支持。⑳ 马万里等建

---

① 张志胜．新生代农民工住房保障的阙如与重构[J]．城市问题，2011(2)：90-95.
② 刘洪银．以融合居住促进新生代农民工人力资本提升[J]．长白学刊，2012(2)：119-125.
③ 金三林．农民工现状特点及意愿诉求[J]．经济研究参考，2011(58)：41-67.
④ 陆强．安居才能乐业[J]．四川建筑．2003(8)：1-4.
⑤ 马光红．大都市流动人口居住问题研究[J]．江西社会科学．2008(11)：184-188.
⑥ 林李月，朱宇．两栖状态下流动人口的居住状态及其制约因素[J]．人口研究，2008(3)：48-55.
⑦ 陆强．安居才能乐业[J]．四川建筑．2003(8)：1-4.
⑧ 许庆明．城乡统筹发展条件下的城市农民工居住问题研究[J]．城市，2007(6)：13-16.
⑨ 马光红．大都市流动人口居住问题研究[J]．江西社会科学．2008(11)：184-188.
⑩ 林李月，朱宇．两栖状态下流动人口的居住状态及其制约因素[J]．人口研究，2008(3)：48-55.
⑪ 吴炜，朱力．农民工住房福利现状与政策走向[J]．长白学刊，2012(2)：119-125.
⑫ 郝俊英，张煜浛．城市农民工住房问题分析[J]．中国房地产，2009(1)：73-74.
⑬ 彭震伟．改革城乡土地制度 统筹解决农民工住房问题[J]．城市规划，2012(3)：15-16.
⑭ 王海兵．关于外来农民工住房保障的现状及分析[J]．中国劳动关系学院学报，2010(2)：55-57.
⑮ 马万里，陈玮．建立健全面向农民工的城市住房保障体系研究[J]．城市规划，2008(5)：38-44.
⑯ 阮可，吴德琳．外来农民工居住现状和政府保障研究[J]．西南农业大学学报(社会科学版)，2011(11)：35-38.
⑰ 康雯琴，丁金宏．大城市开发区流动人口居住特征研究[J]．城市发展研究，2005(6)：43-46.
⑱ 周衍露，韦国，王羚，刘赟．构建"金字塔"式农民工住房模式[J]．劳动保障世界，2009(9)：70-73.
⑲ 张志胜．新生代农民工住房保障的阙如与重构[J]．城市问题，2011(2)：90-95.
⑳ 吕萍，周滔，高仁航．农民工住房解决方式与现行土地政策之冲突[J]．中国房地产，2007(3)：49-51.

议加快农村宅基地市场化,流入地和流出地政府相互协作,实现用地指标跨省区、跨城乡交易,促进农民工城市安居。① 刘保奎等建议探索土地换社保、宅基地换保障等模式,发挥大城市郊区农村和小城镇在连接大城市和外地农村上的跳板和纽带作用,在城乡土地制度衔接上寻求突破。② 崔晓黎认为,政府允许进城农民工卖掉承包地、宅基地可助其进城定居。③ 李兵弟认为,农民工退出农村宅基地,换取城市经济适用房产权,既有利于解决城镇农民工居住难题,也有利于破解农村"空心村"问题。④ 毛盛勇建议,政府对拟在城市购房的农民工的农村房产进行估价,发给房屋券,建立房屋银行;农民工在城市购房时可将房屋券冲抵购房款,或将其抵押,贷款购房;开发商收到房屋券后,可到房屋银行将其变现;农民工重回故土,可凭房屋券到房屋银行回购或新选宅基地和房屋。⑤ 龙雨认为,房屋券的成效取决于农民工购房能力和房屋券在农民工购房上所发挥作用的大小,现实情况是多数农民工无力在城市购房,因而房屋券作用有限;在批评之余,他提出了如下建议:将城乡户口统一为城乡一体化居民户口;赋予农民农房和宅基地房屋所有权、宅基地使用权、土地承包经营权以法定财产权,凡愿将户口转入流入地的农民工的农房和宅基地等均可经评估后转让给政府,政府替其建立住房保障金个人账户,出让价款以月租形式转入其账户;政府通过房屋收储、城乡建设用地增减挂钩等办法对农房、宅基地等进行经营,用经营所得建设面向农民工的保障房。⑥

### 2.2.5 文献评述

综上可见,国内学界对流动人口迁移、城乡结合部治理、保障房建设及运营、流动人口居住问题及对策、出租房管理等方面进行了较全面的研究,并从不同视

---

① 马万里,陈玮. 建立健全面向农民工的城市住房保障体系研究[J]. 城市规划,2008(5):38-44.
② 刘保奎,冯长春. 我国农民工住房问题的政策困境与改进思路[J]. 中国房地产(综合版),2012(2):21-24.
③ 崔晓黎. 解决农民工居住与城中村改造问题的途径[J]. 调研世界,2006(2):8-10.
④ 李兵弟. 寻求以制度转换解决农民工住房问题[J]. 城市规划,2012(3):10-13.
⑤ 毛盛勇. "房屋券"制:解决农民工住房问题的另一种思路[J]. 中华建设. 2009(3):40-41.
⑥ 龙雨. "持证进城"——实现农民工的住房保障[J]. 中国房地产,2010(11):50-51.

角对流动人口融入程度、"补砖头"与"补人头"的利弊、经济适用房的存废、城乡结合部是否适宜批量建设保障房、保障房可否向流动人口开放、保障房准入线如何设定、保障房套内面积大小、公租房租金高低、流动人口居住隔离、流动人口居住选择的影响因素、流动人口公寓的利弊、小城镇建设的得失、农房及宅基地腾退对解决流动人口居住问题的意义等问题进行了交锋,提出了不少真知灼见。诸如,"补人头"和"补砖头"可并行不悖,各地应因地制宜地进行选择;公租房选址应考虑城区产业转移和轨道交通布局,逐步引导中心城区人口和流动人口到郊区新镇定居;适当缩小保障房套内面积,降低其品质,既可减少非法占用公租房现象,又可扩大保障房覆盖面;保障房管理流程不仅应固化,且要实行智能匹配;过客心理制约了流动人口居住条件的改善,农民工追求的不是"安居乐业"而是"安业乐居","宿舍劳动体制"本质上是通过对工人的全面控制,实现劳动产出及剩余价值的最大化;大都市制造业人口下降和服务业人口提升的趋势与单位主导解决农民工住房问题的政策导向之间矛盾凸显;发展中小城镇与农民工大城市流向之间矛盾突出等认识,均富洞见,对本课题研究颇具启发意义。

但是,现有研究也存在较多不足。第一,分类研究有待深入。中国是非均衡的发展中大国,不同地域、不同层次的流动人口居住问题差别很大,只有对不同类别流动人口进行专门研究,细化需求,细分地域,方能找到可行之策。对此,学界虽有体认,但专门针对某一或某些类别流动人口居住问题进行深入研究的成果尚不多见,专门针对大都市城乡结合部流动人口居住问题进行研究的成果更是零星。

第二,研究的系统性有待提升。居住问题包含居住服务和居住管理等方面,居住服务又包含住房供给服务、居住设施及居住环境服务等内容。现有成果多将居住服务管理割裂开来分别进行研究,且过于偏重住房供给研究,相对忽视居住设施、居住环境和居住管理(对流动人口而言,主要是出租房管理)的研究,将流动人口住房供给、居住设施及环境、居住管理相结合的研究成果较少,研究的系统性有待提升。

第三,细节研究有待深入。现有成果虽常及城乡结合部违法建设问题、成因和对策分析,却未从建设动机、建设机会和建设风险及其互动的角度,清晰地勾勒出违法建设的生成逻辑,进而探索疏堵结合的防治办法;虽常及城乡结合部基础设施和环境卫生问题,但对城乡结合部基础设施和环卫服务的公共性、外溢性的分析尚欠细致或尚需商榷,对其供给缺位的原因尚乏理论梳理,对其供给思路和办法的探索尚待完善;虽不乏学者认识到大都市中低收入流动人口住房问题的严重性和解决该问题的现实性,但并未明确提出目前大都市中低收入流动人口住房的"弱"保障性特征,进而因地制宜地寻找解决问题的思路与办法;虽对城市流动人口住房政策不乏梳理,但对各类中低收入流动人口现行居住模式尚乏系统的比较分析;虽常及城市中低收入人口保障房建设地点、资金筹措、建设主体、租金、准入及退出等细节,但缺乏针对大都市城乡结合部流动人口住房建设管理诸细节的专门考察;虽强调逐步引导中心城区人口和流动人口到郊区新镇定居,但对如何引导城区流动人口到郊区新镇定居、如何以保障房开发为纽带建设都市卫星城等缺乏详细论述;虽对"以用工企业解决为主"的流动人口住房政策与大都市流动人口就业特征之间存在的矛盾有所体认,但未深入分析该政策的调整问题;虽多论及城市出租房管理模式、技术及对策等,但对现行制度下管理与被管理者之间的利益冲突关系未予充分重视,未从社会心理、社会规制及实践经验等角度展开综合分析,进而构建吸引、迫使、方便村民和流动人口主动登记的机制等。

第四,诸多有争议的问题尚待进一步厘清。如上所述,学界在"补砖头"与"补人头"的利弊、城乡结合部是否适宜批量建设保障房、保障房是否应向流动人口发放以及如何向流动人口开放、保障房套内面积大小及租金高低、流动人口公寓的利弊、小城镇建设的得失等众多问题上均存不同认识,孰是孰非,尚待厘清。

第五,对策建议的合理性和可行性分析有待加强。对流动人口居住问题,学者们虽勇于提出新建议,但对建议的合理性和可行性(尤其是后者)多疏于分析,一些主张有过于理想化甚至空谈之嫌。例如,不少学者均建议城市政府把流动人口住房纳入住房保障体系。可实际上城市政府要做好流动人口住房保障工作须具备很多条件。诸如,成立专门的保障房建设、分配、管理机构,出台专门的住房保障法,配足相关人力、物力;建立完备的全国性不动产登记和个人征信系统等。在这些条件不具备的情况下,奢谈把流动人口纳入与本地居民一样的住房保障体系,实际意义并不大。再如,一些学者认为只要赋予城郊农民以土地开发权,让其合法地为流动人口建房出租,流动人口居住问题乃至整个社会的住房问题就可迎

65

刃而解。该建议同样有过于理想化之嫌,若其真有如此神效,那么世界各国也就没必要如此费力地搞住房保障,世界上更不会出现如此普遍而严峻的贫民窟或类贫民窟问题。

有鉴于此,笔者拟对大都市城乡结合部流动人口居住服务管理问题,谨予探讨。

# 第三章 城乡结合部违法建设防治与合法租赁公寓建设研究

城乡结合部违法建设是大都市城乡结合部流动人口重要的栖身之所,被喻为中低收入流动人口漂泊他乡的"救命草"与"慢性毒草"①。城乡结合部违法建设既高效快捷地解决了都市中低收入流动人口居住问题,也带来了一系列不容忽视的"脏、乱、差、危"问题,是城乡结合部久治不愈的头号顽症。现有的相关研究多属问题和对策性分析,尚未清晰地勾勒违法建设的生成逻辑。鉴此,本章拟从影响违法建设的关键因素——建设动机、建设机会和建设风险及其互动的角度,解释违法建设的生成逻辑,进而探索防治违法建设和开放村民、村集体有序建设合法租赁公寓的思路与办法。

## 3.1 违法建设的生成逻辑

### 3.1.1 违法建设动机

城市化进程使大都市城乡结合部住房租赁价格迅速上升,村民、村集体、基层政府等建设愿望强烈,该愿望在建设审批很难获准的情况下会转化为违法建设动机。

---

① 佚名.住在广州的城中村,会是一种怎样的体验?[EB/OL]. http://www.jianshu.com/p/7a0049c0d7d9,2015-07-31.

## 一、村民的违法建设动机

城乡结合部村民违法建设动机多种多样,有直接的,也有间接的。直接动机有:第一,为了自身正常居住需求。由于规划缺失、担心管理失控,不少城市政府都停止了城乡结合部地区村民的建房审批,随着时间的推移,村民改善性建房需求渐趋强烈;或因子女长大成家,急需扩建、新建住房;或因住房年久失修,需要改建、新建住房;或因拆迁赔款较少,无法购买商品房,需要异地新建住房;或因经济收入增加,想建房改善居住条件。这些需求在建房禁令下会转化为违法建设动机。

第二,为了获得租赁收益。中低收入流动人口在城区高房价、高租金的重压下,纷纷到城乡结合部租房,他们的到来带来了为其服务的中低端服务业,一些中小企业为了降低成本纷纷到城乡结合部租赁厂房、门店、仓库等,使该地区房屋租赁需求强劲,该需求在建房禁令下同样会转化为违法建设动机。

第三,为了获取拆迁赔偿。虽然我国法律明确规定违法建设拆迁时不予赔偿,但是为了拆迁工作的顺利进行,在实际拆迁中政府或拆迁单位还是会以公开或变相的方式给违法建设以不同程度的赔偿,使违法建设几乎稳赚不赔。不少村民正是看准了这一点,纷纷兴建旨在赚取拆迁赔偿的所谓"一日房""一夜房"等,以致"城市规划拆迁到哪,违法建设到哪"。一些该类违法建设连窗户、楼梯都没有,甚至不用钢筋水泥,一场大雨都可将其淋垮[1],完全不能住人,摆明了就是逼迫政府"购买"建筑垃圾。

第四,为了多占宅基地。由于历史原因,城乡结合部宅基地常无明确的"四至",一些村民期望通过违法扩建来多占宅基地,以期改善居住条件,获得更多出租或日后的拆迁赔偿收益。

除了以上直接动机外,村民违法建设动机还明显受到了以下间接因素的影响:一是社会风气。由于历史原因,很多城乡结合部村庄都已形成"谁敢搞违法建设,谁就会发财"之类的不良风气,该风气会激发村民违法建设的愿望和冲动,使他们一哄而上搞违法建设,给执法监管增添了很大阻力。

二是社会合法性。合法性是法律认同问题,也是社会心理认同问题。城乡结合部村民以集体的方式拥有农村集体土地的所有权和使用权,一向有"自己祖祖

---

[1] 央视焦点访谈记者. 庄稼地里"种楼"忙[EB/OL]. http://news.cntv.cn/2013/06/23/VIDE1371988559691200.shtml,2013-06-23.

辈辈在这里生活,这里的土地就是自己的,在自己的土地上想怎么建就怎么建"的社会心理认同。深圳市福田区城中村课题组的一项调查结果显示:"没有一个村民认为他们在城中村的房屋是违法建筑"。① 村民们一致认为,"建筑出租理所当然,不是违法行为。"②河南省郑州市大老营村某村民认为,既然宅基地"本属村民",村民就"有权加盖"。该理由"在大老营村颇具代表性"。③ 在城乡结合部特定场域里,违法建设拥有社会群体意义上的合法性认同,该认同是村民违法建设的心理支柱之一。

三是生存发展需要。村民失地后,由于文化程度低,缺乏就业技能和适合岗位,集体分红难以维持生计,违法建设及出租成为其谋生手段之一,正如广州市天河区棠下村的一位村民所说:"我们没田种,……(村集体)股份分红的钱又很少……我们想通过出租房屋来解决生活问题。"④

二、村集体的违法建设动机

城乡结合部的特殊区位和快速城市化使农村集体土地的农用与非农用收益相差悬殊,该差异对集体农用地进入建设市场有着强烈的诱惑力。在建设审批很难获准、审批程序过于繁琐的情况下该诱惑会转化为村集体的违法建设动机。

第一,不少刚开始城市化的村集体经济基础差,发展经济办法少,抗风险能力弱,亟需通过违法建设及其出租来发展所谓"守护型"经济。而众多"先进"村集体通过违法建设及出租致富的事迹对"后进"者的违法建设动机也有很强的示范作用。

第二,村集体肩负着村内公共设施建设、环境卫生维护、社会管理服务、集体分红等重任,必须发展、壮大集体经济。由于村集体领导由村民选举产生,只有能够带领大家发展、壮大集体经济,给村民带来较多福利的候选人才会赢得村民的支持,而村庄发展经济的办法常较有限,所以村集体对几乎稳赚不赔的违法建设及出租不免情有独钟。

第三,村集体财务收支独立,发达与欠发达村集体在办公经费、村干待遇等方

---

① 王卫城. 深圳"违法建筑"的产权分析[J]. 特区经济,2010(3):30-32.
② 王卫城. 深圳"违法建筑"的产权分析[J]. 特区经济,2010(3):30-32.
③ 孙旭阳. 钉子户被打死前后[N]. 南方都市报,2013-07-17(AA33).
④ 广州市城管办调研组. 近年来广州市重大违法建设案件产生原因和解决措施的调研报告[EB/OL]. http://wenku.baidu.com/view/e253227d31b765ce05081442.html,2006-11-14.

面常有天壤之别。违法建设越多,入住的企业和流动人口就越多,村集体从中获得的厂房租金、日常管理费等就越多。同时,较多企业和流动人口入住,还可带动第三产业发展,创造更多就业机会。"公司化"的财务制度对村集体搞违法建设有天然的激励作用。

第四,村集体既有村庄改造、农民安居、新农村建设等可作违法建设的借口,也有传统土地使用观念可为违法建设的"理由"。西安市城乡结合部某村集体公然建设高达23层的违法楼房,"理由"便是"为了解决村民的住房问题"。自己给自己的村民盖楼,"不需要规划局审批"。①

第五,村干部是村庄的一员,亲戚朋友多在村庄,表面上他们会配合政府防控违法建设,心底却颇想把违法建设的水搞浑。他们或带头违法建房("村看村,户看户,农民看干部"②、"村民盖房快,皆因干部带"③即是写照),或甘当违法建设保护伞,"纵容、煽动村民集体闹事和干扰执法"。④ 2013年6月,广州市白云区由于违法用地及建设涉案的62名党员干部中村社干部就有28名之多。⑤

值得指出的是,村集体违法建设动机相当程度上是集体土地不完整的产权和不合理的征用制度的产物。农村集体土地产权是指村集体对集体土地依法享有占有、使用、收益和处分的权力,但实际上集体土地产权并不完整。《土地管理法》第二条规定,国家出于"公共利益"需要,可依法对集体土地实行征用。该征用理论上虽被限制在"公共利益"的前提下,但"公共利益"的含义常被曲解,在很多非"公共利益"需求下,政府也"依法"征用集体土地,且补偿有限。可见,农村集体土地处置权、收益权并非完全掌握在村集体手中。该产权缺陷既使村集体对集体土地不愿认真管理,也使其渴望通过违法建设来分享土地增值收益。

三、基层政府的违法建设动机

改革开放以来,各级政府强调以经济建设为中心,实行逐级放权、财政"分灶

---

① 惠建利. 城市规划区内违法建设的法律成因——以西安高新区为例[J]. 城市问题,2012(1):97-100.
② 罗锜. 城乡结合部违法占地建设现象及对策[J]. 南方国土资源,2006(1):29-32.
③ 央视焦点访谈记者. 庄稼地里"种楼"忙[EB/OL]. http://news.cntv.cn/2013/06/23/VIDE1371988559691200.shtml,2013-06-23.
④ 海南省三亚市人民政府. 关于印发《三亚市违法建设长效管理机制暨责任追究制度》的通知[EB/OL]. http://www.110.com/fagui/law_306755.html,2007-11-19.
⑤ 张焕. 广州白云区肃贪:区政府常务会议人数都不够[EB/OL]. http://news.sohu.com/20130709/n381061914.shtml? adsid=1&adsid=4,2013-07-09.

吃饭"的行政体制,地方政府成为相对独立的利益主体,既要完成上级政府层层分解下来的指标和任务,又要扩大财政收入,解决本级财政支出问题,故而争相主导、推动本地经济发展,行为不乏"经济人"特征。城乡结合部不同地区之间产业同构现象突出,更增添了基层政府之间竞争的激烈性。在激烈的竞争环境下,基层政府要发展经济,土地和物业是其参与竞争的最重要资源之一。例如,深圳市宝安区乡镇间经济特征不明显,同质竞争激烈,争相为外商提供优惠条件。修建厂房、宿舍出租给外商是乡镇发展经济的共同方式,厂房、宿舍面积的多寡直接决定了经济发展水平的高低,所以乡镇政府多把合法建设程序视为羁绊。[1]

同时,在任期制和以GDP为核心的政绩考核制度下,为官一任,有无政绩,经济指标说了算,经济指标上去了,即"一俊遮百丑"。这就给基层干部造成了很大的经济压力,以致只要有人投资,他们"就不惜采取各种手段违法占地和越权审批,甚至不报任何审批手续就强行干起来。"[2]如果受到查处,他们反而还会用"发展是硬道理"来教训执法者。由于急于出政绩,"个别领导者不仅自己违法,还逼迫执法者违法"。[3] 此外,基层公务员多活跃在城乡结合部村庄,村内不乏其亲戚朋友,他们的内心与村干部一样潜伏着搞违法建设、分享土地增值收益的愿望和冲动。

### 3.1.2 违法建设机会

城乡结合部村民、村集体、基层政府等既有违法建设的强烈动机,也有违法建设的现实机会;既有违法建设的经济能力,也不乏违法建设的便利条件和支持力量。

第一,村民、村集体、基层政府等有违法建设的经济条件。一方面城乡结合部违法建设多较简易,所用多为廉价建材和旧砖,且省去了相关建设税费,造价较低;另一方面由于征地拆迁赔付、房屋租赁、土地及物业出租等原因,城乡结合部村民、村集体、基层政府相对富裕,具备违法建设的经济能力。同时,他们还可通过滚动开发或者采取与商人、建筑队合建等方式来建造规模较大的违法建设。城

---

[1] 廖永生. 城乡结合部违法建筑的成因及对策分析——以深圳市宝安区为例[J]. 中外房地产导报,2001(16):28-29.
[2] 陈永川. 越权审批与违法建设[J]. 北京规划建设,1997(4):4-7.
[3] 张焕. 广州白云区肃贪:区政府常务会议人数都不够[EB/OL]. http://news.sohu.com/20130709/n381061914.shtml? adsid=1&adsid=4,2013-07-09.

乡结合部地区不少超大型违法建设都是通过这些方式建设而成的。

第二,村民、村集体、基层政府等有搞违法建设的便利条件和支持力量。城乡结合部地区经常活跃着"专门"为违法建设服务的小建筑队、廉价建材商、二手建材商等,他们"招之即来,来之能建",必要时还可提供垫资服务,为违法建设的快速生长提供了便利。违法建设无需审批,设计简单,施工要求低,往往几天、十几天之内就可建成,为抢建、偷建提供了可能。违法建设在村民中具有"合法性"认同,面对执法,村民会联手抗法,村干会暗中支持,流动人口为了廉价租住会与村民沆瀣一气,一并成为违法建设的支持力量。

第三,法律对违法建设惩处不力,给违法建设以生成机会。首先,有些法律规范过于原则,缺乏可操作性。《城乡规划法》第65条虽赋予乡镇政府以执法权,但如何行使执法权则无规范。其次,对违法建设惩罚不力。《城乡规划法》对违法建设的查处止于责令停止建设、限期改正、拆除、没收、罚款等,而无刑责追究,且所定罚款额度偏低①,罚款难到位,拆迁时不仅不罚款,反而还给补偿。施工、设计者是违法建设的行为主体之一,但《城乡规划法》并无约束他们的条款,以致执法中规划执法部门对其无可奈何。一个地区即使违法建设泛滥,一个单位即使违法建设再多,行政查处时至多也不过是领导换换岗位而已。最后,对勒令停工而拒不停工、限期拆除而拒不拆除以及集体抗法者惩处乏力。由于有法不依、执法不严,村民普遍认为,不管采用什么方式,只要把违法建设"生米煮成熟饭",执法部门就难耐我何了。他们或采取游击战术——执法人员查封时假装不再施工,执法人员离开后又擅自开封建设;或抱团取暖,以围攻、自残等激烈方式群体抗法,使执法监管异常困难。广州市天河区城管大队长在制止龙洞村违法建设时,被村民围困得出不来,区主要领导出面后才被解救出来。②可是,现行法律对这些公然蔑视法律的行为却缺乏有力的惩处,助长了违建者的嚣张气焰。

第四,条条配合不力,条块矛盾突出,给违法建设以生成机会。违法建设涉及规划、城管、建设、国土等多个职能部门,各部门各依各法,各查各"违",不免相互推诿。例如,集体土地上的违法建设一般都同时违反国土、规划法律法规,该地区

---

① 《城乡规划法》第65条虽赋予乡镇政府以执法权,但没有赋予其对违法建设的罚款权,第64条规定规划部门对违法建设的最高罚款额度只是建设工程造价的10%以下。
② 广州市城管办调研组. 近年来广州市重大违法建设案件产生原因和解决措施的调研报告[EB/OL]. http://wenku.baidu.com/view/e253227d31b765ce05081442.html,2006-11-14.

若在城市规划区,则土地、规划或城管部门都有权查处;若在乡村规划区,则土地部门、乡镇政府都有权查处。在多部门都有权查处的情况下,究竟谁先查处,如何分工,法无明文,执法中各部门往往都能找出不该由其负责查处的理由,相互推责。为了解决多头执法问题,2002 年国务院赋予城管以市容环境卫生、城市规划管理、市政管理等领域的行政处罚权。此后,一些城市赋予城管以查处违法建设的职权,在城市规划区实行规划部门负责查处办理了规划审批手续的违法建设、城管负责查处未办理规划审批手续的违法建设的分工协作机制,但实践中二者仍难实现无缝隙对接。例如,某建筑主要部分办理了规划审批手续,在建设过程中有"加高、加大"等违反规划审批行为。该情况本应由规划部门负责查处,可规划部门以该建筑违法部分不具有规划审批手续为由,把查处责任推给城管。为了解决执法推诿扯皮问题,一些城市成立了城管、规划、国土、水务、交通、园林、建设、工商、供水、供电等多部门联合查处机制,但该机制多只在拆违"运动"时有用,其他时候则效用甚微,查处违法建设仍是规划部门或城管的单打独斗,严重制约了查处效果,给违法建设以生成机会。

不仅条条之间难以形成合力,而且条块之间矛盾也不小。我国政府纵向体系中,通常层级越高的政府越重视规划审批和违法建设查处工作。出于土地有序利用、城市化进程和市容市貌等考虑,上级政府一般会要求规划、国土、城管等职能部门以及下级政府加大查处违法建设的力度,下级政府却因经济发展、地方利益保护等原因而不愿积极配合。乡镇、街道和村委会既对违法建设有属地化监管责任,又因经济、政绩、选举、人情等因素而不得不对违法建设网开一面,乃至直接、间接参与违法建设,而置上级规划、土地等执法部门交给的监管责任于不顾。区县政府虽居违法建设防治之要冲,但为了发展经济有时也不得不参与违法建设。区县规划局受市规划部门和区县政府双重领导,市规划局对区县规划局是业务领导,其他党、政、人、财关系均受区县领导。若市规划部门与区县政府意见相左,则区县规划部门较难执行市规划部门的决定。有些区县领导明知某些特殊地区不能审批建筑,为了捞取政绩,仍擅自决定在该地区搞建设,迫使区县规划部门违规审批,规划部门若不办,"就得挪挪窝"。[1]

之所以出现如上条块分割,原因之一在城市规划的超前性、长远性和干部任

---

[1] 陈永川. 越权审批与违法建设[J]. 北京规划建设,1997(4):4-7.

期的现实性、短期性之间存在难以调和的矛盾。城市规划服务于城市整体利益和公众利益,旨在实现城市社会、经济、环境等方面的综合长远目标,具有超前性和整体性特征。而政府领导任期刚性而短暂。在短暂的任期里,政府都有经济发展、社会稳定等政绩压力,所重者往往不是根本利益、长远利益,而是眼前利益。该矛盾会使下级政府和上级规划、国土等部门之间的管理目标南辕北辙。原因之二在招商引资的紧迫性与规划审批效率低下之间矛盾突出。城乡结合部产业同构特征明显,发展经济的通行办法是招商引资,常用资源是土地和物业优惠,可在现行管理制度下,一方面用地指标被国家严格控制,另一方面审批程序繁琐、效率低下。一家企业要征地建厂,需涉及规划、建设、计委、土地、环保、消防、电力、供水、乡镇或街道、村委等众多部门,从申请报告到放样开工,需经十余道程序,办完至少三个月。① 很显然,该程序不能适应市场需要。为了留住投资商,下级政府往往不按上级国土、规划等部门的要求走程序,等不及办理"一书两证"就为其特事特办了,百姓形象地称之为:外商牵着区长,带着局长,领着办事员,拿着图章,现场办公。②

第五,执法编制有限,经费不足,手段落后,对象难缠,周期过长,主动性不足。在执法力量上,乡镇、城管或规划部门有权查处违法建设,但乡镇多无专门执法队伍,城管和规划执法部门也有所辖面积过大、人手不足等问题。例如,广州市城中村街道的城管中队一度只有几个人员,承担着一百多项执法任务,管辖面积高达"十几甚至几十平方公里",面对大面积违法建设,深感力不从心。③ 在执法手段上,某些城市执法部门所用拆违工具尚处传统的"榔头"年代,难以对付钢筋混凝土结构的建筑物。④ 在拆违经费上,强制拆除违法建设涉及部门多、执法成本高,所需经费却难保障。虽然法律明定强拆费用由违建者承担,但很难落实。在执法周期上,从立案受理到县级以上政府组织强拆常需二个月以上,经法院诉讼并组织强拆需半年以上,可是违法建设几天、十几天便可建成,完全可以在走程序中建

---

① 陈光星. 论违法建设的成因与对策[EB/OL]. http://blog.sina.com.cn/s/blog_6c8e9f790101afor.html,2006-02-22.
② 邓迪敏. 对违法建设的法律思考[J]. 城市规划,2000(10):14-16.
③ 广州市城管办调研组. 近年来广州市重大违法建设案件产生原因和解决措施的调研报告[EB/OL]. http://wenku.baidu.com/view/e253227d31b765ce05081442.html,2006-11-14.
④ 杨晓强. 浅析我市违法建设的成因与对策[EB/OL]. http://www.linhai.gov.cn/html/cgj/cwdpdView/2009-09/26548.html,2008-07-23.

成。在执法对象上,由于拆违触及村民切身利益,加上违法建设与合法建设常连为一体,拆违时很难不伤及合法部分,所以强制拆违很少不会遭到村民的激烈阻挠,甚至群体反抗、上访造谣。在"信访一票否决"的高压下,地方政府不免进退失据,意兴阑珊,给违法建设以生成机会。

### 3.1.3 违法建设风险

城乡结合部村民、村集体、基层政府等违法建设有动力,有机会,但也有风险。

第一,违法建设存在建筑安全隐患和风险。城乡结合部村庄不少二三层、四五层的违法建设都是平房上加建而成,而原平房本身就常有地基不牢、墙体潮湿、结构无加固等严重质量问题。即使是新建的楼房,质量也难乐观。由于房屋高度密集,大型挖掘机无法进入,深挖地基会影响近在咫尺的其他楼房安全,所以很多新楼都是一层的地基承载五六层的楼体,加上所用劣质建材和旧砖、施工队偷工减料等,更使房屋质量"雪上加霜"。至于那些专门为了赚取拆迁赔款而建、鲜用钢筋水泥的"一日房""一夜房",质量就更难保证了,以致塌房死伤事故时有发生。2005年8月,成都市武侯区一栋在建违法建设垮塌,造成9死1伤的重大事件。① 2010年10月,西安市长安区中祝村在建房屋坍塌,8人死亡。② 2011年3月,贵阳市金阳新区阳光村在建违法房屋坍塌,9死13伤。③ 2008年底,北京市海淀区唐家岭村领导与笔者交流时不无忧虑地说,村内五六层楼房大多是平房上加建而成,若有四五级以上的地震后果不堪设想。可见,隐患丛生的违法建设也是高悬在违法建设者头上的一把利剑。

第二,违法建设面临着被改正、拆除、罚款甚至刑事处罚等法律风险。《城乡规划法》《土地管理法》《建筑法》《消防法》《水法》《防洪法》《公路法》《铁路法》《民用航空法》《城市市容和环境卫生管理条例》《城市房屋拆迁管理条例》《城市绿化条例》等都有专门查处违法建设的规范。④ 其中,尤以《土地管理法》《城乡规划法》的相关规定较为详细。《城乡规划法》第六十四、六十五、六十六条对违法建设设置了责令停工、限期改正、拆除、没收、罚款等惩罚性规范。《土地管理法》第

---

① 贾璋炜.集体土地违法建设治理对策研究[J].农村经济,2008(9)26-28.
② 新华.西安一民房倒塌3人获救8人遇难[N].扬子晚报,2010-10-04(A1).
③ 张伟.贵州贵阳金阳新区违法房坍塌事故原因查明[EB/OL].http://news.qq.com/a/20110329/000898.htm,2011-03-29.
④ 魏秀玲,孙帅.城中村改造中违法建筑的认定及处理[J].政法学刊,2011(2):10-16.

七十三、七十四、七十六、七十七、八十三条也对违建者设置了没收违法所得、限期拆除、恢复土地原状、没收、罚款、行政处分、追究刑责等惩罚性规范。可见，至少在立法层面上违法建设有血本无归甚至坐牢之虞。尽管如上责任追究在执法中会虚化，但执法主动权毕竟握在政府手中，违建者的法律风险并未因此完全消解。

第三，违法建设面临的被改正、拆除、罚款等现实风险逐步加大。建设、拆除违法建设均需大量人力、物力，进而增加土地征收成本；违法建设会延误工期，影响经济效益；防治违法建设，政府需供养执法人员，购置执法设备，进而增加行政开支。这些耗损和开支最终都得由政府和社会来"埋单"。2002年，成都市拆除金牛宾馆附近一幢违法建设损失达2000多万元。① 2010年，西安市拆除位于岳旗寨的鱼化工业园区内一栋在建违法建设时，仅劳务费和建筑材料费损失就高达3200余万元，其中还不包括拆除违建、搬运建筑垃圾的成本等。② 就城市化进程而言，多一栋违法建设就等于多一个城市化障碍。拆迁时最易成为"钉子户"的，就是那些搞了大量违法建设还未来得及回本的村民；村集体和企业合作搞违法建设，会使集体土地产权关系、不同经济主体间的利益关系变得错综复杂，经济纠纷层出不穷，从而加大拆迁难度，阻碍城市化进程。违法建设成本低廉，其建设者以不公平的竞争方式，非法占有社会财富和公共资源，在利用违法建设获取经济收益的同时，却使国家损失了城市建设维护税费，增加了城市建设和社会管理成本，扰乱了市场经济秩序和社会管理秩序，破坏了社会公平正义，影响了法律权威和政府形象。同时，违法建设还直接导致了城乡结合部的"脏、乱、差"，加大社会治理难度。正因为如此，所以城市政府尤其是发达地区的城市政府已逐步认识到违法建设的危害和危险，着手建立了多种联防和协作查处机制，不定期开展大规模违法建设查处工作，加大查处力度，使违法建设面临被拆除、罚款等现实风险逐步加大。

### 3.1.4 要素互动与违法建设生成

违法建设的发生离不开以上三个关键要素，三要素的互动组合决定了违法建设的发生频率和程度。行为人违法建设动机越强烈，就越会设法化解违法建设风

---

① 贾璋炜. 集体土地违法建设治理对策研究[J]. 农村经济, 2008(9): 26 – 28.
② 惠建利. 城市规划区内违法建设的法律成因——以西安高新区为例[J]. 城市问题, 2012(1): 96 – 100.

险,争取违法建设机会;违法建设风险越大,则既会抑制违法建设动机,也会减少违法建设机会。违法建设风险大,机会少,则会出现两种情况:如果违法建设需求有合法渠道有效疏解,那么违法建设动机会彻底消解;如果违法建设需求无合法渠道有效疏解,那么违法建设动机虽然也会被遏制,但是被遏制时难免会发生激烈冲突,在高额利润的诱惑下难免有少数人会铤而走险。违法建设动机越强、机会越多,风险越小,则违法建设的发生频率越大,程度越深。只有切实化解动机,减少机会,加大风险,才能有效遏制违法建设。

我国城乡结合部现行违法建设生成模式存在理论和实践的背离。理论上说,违法建设的生成模式是违法建设动机强,机会多,风险大,违法建设生成几率小。城市政府既严禁村民建房,也很少给村集体以合法建房的机会,而又未妥善解决失地村民生存发展、村集体经济发展、中低收入流动人口居住等违法建设背后的民生问题,使城乡结合部充斥着村民生存发展、流动人口房屋租赁等民生需求以及"以房生财"等致富机会,该需求和机会在无合法渠道有效疏导的情况下会转化为村民、村集体等的违法建设动机,而相关制度的缺失或矛盾又给违法建设以实现机会,但至少在立法层面违法建设仍有血本无归(如被拆除、罚款等)甚至被追究刑事责任(如因抢占耕地建房而被追究刑事责任等)的风险。如若法律完全执行到位,那么违法建设很难大面积生成,但少数铤而走险者与执法者之间的激烈冲突在所难免。同时,在该模式下,即使有关法律规定被完全执行到位,也只能解决违法建设防治问题,无法解决违法建设背后的失地村民生存发展、中低收入流动人口居住等民生问题。

不过,由于有法不依、执法不严等原因,现实中该地区违法建设生成模式却是违法建设动机强,机会多,风险小(少数情况除外),以致该地区违法建设俯拾皆是,屡禁不止。该模式虽然通过违法建设等方式有效解决了城乡结合部失地村民生存发展、中低收入流动人口居住等民生难题,但也带来了资源浪费、城乡结合部环境脏乱、流动人口居住安全隐患等问题,增加了城市拆迁成本,阻碍了城市化进程。

很显然,无论理论还是现实层面的现行违法建设生成模式都带来了很多负面问题,给城乡结合部地区的有效治理和有序转型增添了障碍,创新有关防治政策势在必行。

## 3.2 化解动机,增大风险,减少机会

第一,应设定时间点,宣布以该时点为限,严禁新生违法建设,分类处理既有违法建设。如果违法建设禁不住,那么任何违法建设动机疏解机制都难建立,让村民、村集体有序地建设、出租合法租赁公寓,借以解决中低收入流动人口居住问题,就无从谈起。违法建设相对合法建设成本低廉,程序简便,如果能通过违法建设及其出租来解决生存发展问题,那么村民、村集体等谁也不会选择合法建设、出租流动人口公寓。违法建设由于低成本和高效率能使其比合法建设更有租金价格优势,如果能承租违法建设,那么中低收入流动人口和小微企业等谁也不会租赁合法建设。这正是某些城市政府好心建设流动人口出租公寓却租不出去的关键原因之所在。同时,还应对该时间点前的违法建设予以分类整治。对存在较大安全隐患、不宜居住的违法建设,坚决予以拆除或查封;对不存在安全隐患或虽存在一定安全隐患但经过修整后可基本消除隐患的违法建设,责令房主修缮、改造后,允许其出租,但应明确存续年限、拆除条件等,以扭转承认既有违法建设就等于"鼓励"新生违法建设的被动局面。

第二,开放村民和村集体有序建设、出租流动人口公寓等,发展租赁经济,把他们建房出租的热情和冲动引入合法建设轨道,有利于从根本上化解其违法建设动机[1],彻底减少违法建设的生成几率。

第三,加强制度和法治建设,加大违法建设风险,减少违法建设的发生机会。建议将区县规划局一律改为市规划局分局,以免其屈从于区县政府的压力而被迫违规审批;在市一级建立建设执法总队,在区县设立分队,专门负责建设项目执行监管和违法建设查处事宜,充实其力量,使每一个建设项目都有责任人负责执行监督,以杜绝违法建设监管上的条块矛盾、多头执法、村集体和基层政府角色矛盾等问题。建立一站式建设审批大厅,确保建设审批村民自住房及流动人口租赁公寓的高效、快捷。鉴于违法建设的迅速蔓延与为违法建设提供便捷的建筑服务或资金支持的小型建筑队、廉价建材商和合作建房人密切相关,建议以立法的方式

---

[1] 详见本书"3.3 有序开放流动人口公寓建设"。

对这些违法建设"合作者"予以严惩。

成熟的法治国家和地区对违法建设一般都制定了严厉的惩罚性规范,并且有法必依,执法必严,违法必究,极大限度地提高了违法建设者的风险,因而能取得较好的违法建设防治效果。例如,1990年,英国通过了《城市规划法》,授权地方规划局行使发布、实施"强制执行通告"的权力。根据规定,一旦实施强制执行,违法建设就必须停建,已建成的工程也要被拆除。如违法建设者拒不执行,就构成刑事犯罪。1963年,爱尔兰通过了《地方政府(规划和开发)法》,授予规划部门以对违法建设发出"强制执行通告"的权力,规定违建者一旦被告知,就应中止建设活动;拆除非法建筑物、构筑物,恢复土地未开发时的状态。若违法建设者不同意执行该通告,即构成犯罪。在这种情况下,规划部门有权强行拆除建筑物,恢复土地原状。[①] 美国、新加坡都有精细到单位住户数或人口密度、每户前庭后院的宽度等的城市规划立法及其相关配套立法,建立了极其严格的许可证申报审核制度。美国建筑许可证制度极其严密,对违法建设处罚非常严格。某栋建筑物如果违反了其中的某一项规定,就会有被拆除的危险。新加坡以严刑峻法著称,建筑物一旦违反了法律规定,就会受到严厉处罚,罚款数额远超过违法建设成本。若罚款尚不能有效制止违法建设行为,则合并采用强制劳动、承担刑责等手段。[②] 香港特别行政区《城市规划条例》和《建筑物条例》对违法建筑有重要的管理作用。《建筑物条例》清晰地界定了"违例"及"犯罪"标准。任何建筑工程若未获得香港屋宇署的批准,即属"违例"。违反发展审批地区图及分区计划大纲图的规定、违反建筑管制、违反规划事务监督和建筑事务监督要求建设及占用的,都属"犯罪"行为。[③]《城市规划条例》规定,发现违法建筑时,规划事务监督可向有关土地的拥有人、占用人和负责人发出通知书,要求他们在指定日期前停止建设,把土地恢复到原来状况。若不遵照执行,即属犯罪行为。第一次定罪,罚款50万港元;第二次定罪或此后每次定罪,罚款100万港元。[④] 通过增强建设规划的详控性

---

[①] 邓迪敏. 对违法建设的法律思考[J]. 城市规划,2000(10):14-16.
[②] 沈晖,陈瑶. 境外治理违法建筑的经验和启示[J]. 湖南大学学报(社会科学版),2012(6):138-142.
[③] 沈晖,陈瑶. 境外治理违法建筑的经验和启示[J]. 湖南大学学报(社会科学版),2012(6):138-142.
[④] 李斯哲. 城中村违法建筑的拆迁补偿初探——以广州市为例[J]. 城市观察,2012(4):126-131.

和处罚力度等,对违法建设起到了警示作用,加大了违法建设的风险,减少了违法建筑出现的几率。同时,重视规划、建设部门的队伍建设和资金支持。[①]

相比之下,我国城乡结合部违法建设防治至少存在以下明显的缺陷:一是无规划或规划详控性不足,审批时无规划可依;二是执法监管人员配备和资金支持严重不足;三是对违法建设惩处不力。与成熟的法治国家和地区全然不"怕"违法建设建成截然不同的是,我国城市政府大多"害怕"违法建设"生米煮成熟饭"。违法建设一旦建成,就难被拆除,即使那些摆明了就是逼迫政府"购买"建筑垃圾的违法建设也难例外,这或许是转型时期我国的特殊国情吧。这种执法上的"畏惧"和不作为实质上是纵容、鼓励违法建设!在建违法建设被依法查封后,违法建设者擅自撕开封条,继续建设,执法部门对此无可奈何,以致很多违法建设在执法中抢建而成。这种公然蔑视法律的行为竟得不到应有的惩处,在成熟的法治国家是不可思议的。建议以立法的形式确保城乡结合部规划的详控性;严禁拆迁时以任何形式给违法建设以补偿,违者视同犯罪行为;对在建违法建设,凡查封后擅自撕开封条、继续建设者,一律以妨碍公务罪论处。最大限度地加大违法建设风险,不给违法建设以生成机会。

## 3.3　有序开放流动人口公寓建设

### 3.3.1　有序开放村民、村集体建设流动人口公寓

在做好制度、法律和组织队伍建设的基础上,开放城乡结合部村民和村集体有序建设流动人口公寓等,既可以有效缓解大都市中低收入流动人口居住难题,又可以把村民和村集体的违法建设动机引入合法建设轨道。

首先,因地制宜地制定村庄临时性规划及建设标准。现行城市规划严格,建筑标准高。若依法建房,则房屋建筑品质好,成本高,租价高,中低收入流动人口租不起。同时,村民、村集体在宅基地和村集体建设用地上自发建造的房屋多会随着城市化进程的深入而被拆除,城乡结合部村庄的建筑本质上属临时建筑。在

---

[①] 沈晖,陈瑶. 境外治理违法建筑的经验和启示[J]. 湖南大学学报(社会科学版),2012(6):138-142.

监管到位的情况下,一些暂时不被拆迁的城乡结合部村庄的建设规划及标准完全可以宽松、灵活一些。大都市政府应专门针对城乡结合部村庄出台相对宽松、灵活的临时性建设规划和建筑标准,合理安排流动人口公寓和村民自住房这两类不同性质住房的户型,在厘清宅基地和集体建设用地"四至"的基础上,开放村民和村集体根据临时规划和标准建设流动人口公寓和自住房等。

其次,对城乡结合部流动人口公寓实行特殊政策。在保证基本建筑质量和消防安全的前提下,本着特事特办的原则,允许城乡结合部村庄有很高的容积率和建筑密度。在符合村庄临时规划和建筑标准、保障有力的情况下,给予村民和村集体以土地政策优惠。鉴于大都市房租高企,城区适宜低端服务业流动人口租住的小微型租赁房极度稀缺,建议允许区位优越的城中村、城边村率先建设并经营胶囊公寓;同时,严格规定城乡结合部流动人口公寓的所有户型都必须是微小型甚至超级微小型,如迷你单间、迷你套间、胶囊公寓等,以确保这些合法公寓能像现在的城中村、城边村违法建设一样,虽然地段不错,完全按市场价出租经营,租金却能被广大中低收入流动人口所接受,村民能从中获得不菲的出租收益。切忌从理想主义出发,依据普通城市规划和标准,把该类公寓建成高标准、高质量的出租公寓。若如此,则该类公寓定会蜕变成租赁市场上一点也不稀罕的另类商品房,其高企的租金只会让中低收入流动人口望而却步,对解决日趋严峻的大都市中低收入流动人口居住难题几无帮助。

再次,允许城乡结合部村民、村集体采用多种方式独立或联合建设、经营流动人口公寓。在村民、村集体各自独立建设的同时,可效法昆山市富民合作社建"打工楼"的做法[①],鼓励、支持村民与村民、村民和村集体联合建立多种形式的股份合作社、合作社联社,集中人力物力建设、经营较大规模的流动人口公寓等,村民、村集体按股分红。

最后,严格规范城乡结合部流动人口公寓建设。开放城乡结合部村民、村集体有序建房出租,既要制定村庄临时规划和建设标准,也要建立健全管理制度,严格规定凡是根据临时规划及标准建设的流动人口公寓和自住房均须在建设前约定好房屋存续时间及拆除办法,严禁违反临时规划和标准建房。

让村民和村集体等依法建设面向中低收入流动人口的出租公寓等,可将中低

---

① 详见本书"5.3.2 相关实践探索及其得失"的"流动人口安置公寓模式及其得失"部分。

收入流动人口居住、失地村民生存发展、村集体经济壮大、小微企业成长等问题统筹解决,可从根本上化解村民、村集体等违法建设动机,在房价高企、适宜城区低端服务业流动人口居住需要的小微型出租房高度稀缺的一线大都市,其意义尤显重要。这个道理十分浅显,可是为什么全国没有一个大都市敢于率先制定这样的临时规划和标准,开放村民、村集体有序建设流动人口出租公寓呢?主要原因在担心管理失控。在此方面,连云港市曾有过相当深刻的教训。连云港市政府《连云港市民房建设规划管理暂行办法》(连政发[2004]208号文)规定,凡规划期内没有改造规划的、确有住房困难的居民户为改善居住条件,可申请新建、扩建、改建、翻建民房。建筑占地严格按规划要求控制,一般建筑面积按常住人口人均30平方米控制,必须符合城市规划要求,妥善处理好给水、排水、通风、采光等相邻关系。但在执行过程中,建房户的主观故意导致了以下突出问题:一是建房户多将亲友的户口迁入,相关部门无法控制,造成人均建房面积无法审批。二是四邻矛盾此起彼伏,有碍社会稳定。三是只要批建,哪怕只批10平方米,建房户都会随意多建。他们和有关管理部门打游击,逃避监管。四是民房材料粗糙、结构简易,违法建设部分与原有合法房屋很难切分,很难对违法建设部分进行拆除,以致违建者有恃无恐,审批建房反而助长了违法建设。①

导致如上失控局面的关键有二:一是管理力量不足,制度不健全。开放村民有序建房不仅需要开放的勇气,更需要开放后持续有效的跟踪监管。持续有效的跟踪监管又需足够的制度建设和人力物力做保障,而这些正是连云港乃至全国各大城市普遍缺乏的。二是惩罚依据缺失。尽管该市制定了一系列开放村民建房的标准和规定,但是违反标准和规定者所应承担的责任并不明确。既然如此,村民借此机会大搞违法建设当然会有恃无恐。由此看来,要想把开放城乡结合部村民、村集体有序建房出租这件好事办实,实事办好,关键还是要做足制度和组织队伍建设等功课。否则,一切都是空谈!

### 3.3.2 将村民回迁房一分为二

大都市城乡结合部现行拆迁政策最大的失误之一是未将失地村民的生存发展问题和中低收入流动人口居住难题统筹解决。具体来说,就是未将村民回迁房

---

① 陆华. 对连云港市城区郊区违法建设的分类对策研究[J]. 江苏城市规划,2007(4):35-38.

明确地分为自住和出租两类,并视两类不同的居住需要设计不同户型及房屋套数。

众所周知,现行大都市城乡结合部拆迁政策是对村民既补偿钱款又补偿房屋,补偿得都不菲,且补偿的回迁房一般都是"大"(单套面积大)的,还一补就是好多套,而村民用于自住的也仅一两套,其他的几乎都用于出租。房子单套面积大,租金高,不仅会让中低收入流动人口望而却步,而且会使村民既不好租,更不好管。同时,一次性补偿现款过多,也很容易使某些村民"有钱就学坏",把持不住,挥霍浪费,坐吃山空。建议城乡结合部村庄拆迁时,不妨将村民回迁房一分为二:一是自住型回迁房,二是面向中低收入流动人口出租的回迁房。前者根据村民家庭人数和实际居住需求确定具体套数,套数肯定有限,但单套面积大,旨在解决村民自住之需;后者套数多,但单套面积微小,以迷你单间、迷你套间甚至胶囊公寓为主,以便其进入市场后租金较低,在中低收入流动人口租得起的同时,村民仍能从中获益。同时,尽量减少货币化拆迁补偿,尽可能给村民以更多的面向中低收入流动人口出租的迷你型回迁房。

以上做法至少有以下几点好处:一是可缓解我国大都市商品房户型过大、租金过高与中低收入流动人口小户型、低租金的租住需求之间的矛盾;二是在拆迁补偿的房屋面积总数一定的情况下,减少单套面积,可相应增加房屋套数,相应增加出租房房源,有利于平衡租房市场上的供求关系,平抑市场房租价格;三是由于大都市租房市场上一般都是房子越小越好租,房子越小,单位面积租金越贵,所以采取这样的拆迁补偿办法,不仅有利于解决中低收入流动人口的居住难题,而且可以为村民提供更稳定、更丰厚的经济收入;四是该办法简便易行,具有极强的可操作性。

总之,城乡结合部违法建设防治和有序开放合法出租公寓建设是高难度的系统工程,既要设定明确的时点,严禁新生违法建设,分类处理既有违法建设;也要制定宅基地、集体建设用地的临时建设规划和建筑标准,有序开放村民、村集体建房出租或自住,妥善解决违法建设背后中低收入流动人口居住难题和失地村民生存发展问题,从根本上化解违法建设动机;更要改变现行"条条配合不力,条块矛盾突出"的监管体制,通过系列制度创新和法治建设,尽可能加大违法建设风险,减少违法建设机会。而严打那些"专门"为违法建设提供服务的小建筑队、廉价建材商和合作建房人等,则不失为遏制城乡结合部违法建设的可行途径之一。

只有彻底遏制了违法建设及其出租,做足了相关制度、法律和组织队伍建设功课,才能有序放开村民、村集体等合法建房出租,才能真正实现城乡结合部的改造升级,才能使城乡结合部不仅是中低收入流动人口的一根"救命草",而且是他们不舍的"他乡故园";不仅是他们临时栖息的人生驿站,而且是他们可以安居、可以久留的都市之家。

# 第四章　城乡结合部基础设施与居住环境问题研究

　　城乡结合部基础设施和居住环境主要指城乡结合部水、电、气、暖、道路、路灯、消防、排污、垃圾回收等公用基础设施(以下简称基础设施)和环境卫生等。城乡结合部基础设施和环境卫生是制约流动人口居住品质提升的关键因素之一,是城乡结合部流动人口居住管理服务的重要内涵之一。

　　迄今为止,学界对该问题研究较少。研究城乡基础设施的著作一般都未专门论及城乡结合部基础设施和生活环境问题,专门研究城乡结合部的著作对基础设施和环卫服务常着墨不多。既有成果大体可分三类:一是从城乡结合部公共物品供给的角度展开的相关理论研究;二是就城乡结合部基础设施和居住环境的某一方面问题(如污水处理设施、交通、消防、垃圾及环卫等问题)展开的技术性研究;三是有关城乡结合部基础设施和环境卫生的概括性研究。[①] 总体来看,学界对城乡结合部基础设施和环卫服务的公共性、外溢性的分析尚欠细致或有待商榷,对其供给缺位的原因尚乏理论梳理,对其供给思路和办法的探索尚待具体、完善。鉴此,本章拟对这些学界研究略有欠缺的问题,谈一些个人看法。

## 4.1　基础设施和环卫服务的公共性与外溢性

　　城乡结合部基础设施和环卫服务一般被视为公共物品或准公共物品。因为

---

[①] 详见本书"2.2.2 有关城乡结合部居住设施、环境及管理的研究"部分。

被视为公共物品,所以不少论家认为它们应主要由政府提供,现行村集体提供的公共物品存在"外溢"现象。魏娜认为,城乡结合部基础设施、公共卫生等"具有比较明显的非竞争性(即共用性)和非排他性",有公共物品特征;当非农用地和非农产业所占的比重、非农业人口所占的比重均超过60%时,城乡结合部公共物品供给"应以城市政府组织为主"。[①] 知名城乡结合部专家冯晓英建议,将"城乡结合部农村地区环境建设与管理经费纳入公共财政预算。"[②]陈孟平认为,城乡结合部村镇道路、自来水和排水管网等公用设施有消费上的非排他性和非竞争性,属公共物品或准公共物品。原本只应满足本地农民需求、由村集体供给的公共物品用来满足在此生活的流动人口和城市居民的需求,导致了公共物品"外溢"。[③] 如上诸家都认为城乡结合部基础设施和环卫服务是公共物品或准公共物品,但对其公共性和外溢性的分析尚欠具体,有待进一步探讨。不过,要探讨该问题,首先还应从城乡结合部的概念谈起。

近年来,城乡结合部之所以逐渐统称为城乡结合部而非城乡接合部,主要原因在于城乡结合部指具有城乡结合特征的区域,而非专指城乡连接地带。城乡结合部主要包括具有城乡结合特征的城中村、城边村及其周边地区,大体可分两类不同区域:一是村庄,二是村庄周边地区(原本是农田等),二者特征不尽相同,前者土地一般尚未被征用、开发,后者土地一般都不同程度地被征用、开发。其中,城中村周边地区的土地多被征用、开发殆尽,几皆城区化,城乡结合部几乎与城中村相等;但城边村周边地区的土地一般只是不同程度地被征用、开发,城乡结合部并不等于城边村,其两类区域的分野相当明显:一是越来越成为中低收入流动人口居住区的村庄;二是虽非中低收入流动人口的居住区但城乡结合特征却很明显的村庄周边地区:既有荒芜或未荒芜的耕地、已开发或待开发的农村集体建设用地,也有已被征用、已开发或未开发的城市建设用地;既有城市居民小区、企事业单位,也有村办企业和工业园区等;既有城市政府提供的基础设施和环卫服务,也

---

[①] 陈孟平."城中村"公共物品供求研究——以北京市城乡接合部为例[J].城市问题,2003(6):61-64.
[②] 冯晓英.以管理制度创新、引领城乡结合部环境整治与建设[A]."2009·学术前沿论丛"编委会编.2009-科学发展文化软实力与民族复兴——纪念中华人民共和国成立60周年论文集[C].北京:北京师范大学出版社,2009:230.
[③] 陈孟平."城中村"公共物品供求研究——以北京市城乡接合部为例[J].城市问题,2003(6):61-64.

有乡村提供的基础设施和环卫服务等。

不可否认,城乡结合部基础设施和环卫服务具有一定的公共物品性质,一个人消费它们一定程度上不会减少他人消费它们,排除他人消费需要花费较大的成本。不过,其公共物品性质并非完整。就排他性而言,供水、供电、供气、通信等设施可通过计价收费实现排他性,变成"俱乐部公共物品";排污、垃圾清扫、医疗卫生等设施和服务相当程度上也是如此;即使像道路(收费高速公路除外)、公共照明、公共绿化等非收费基础设施,也有较强的区域性特点,理论上谁都可以消费它们,事实上消费它们的主要还是居住、工作在此的人。也就是说,它们具有某种事实上的排他性。由于城乡交叉、一地多主、相互扯皮等原因,城乡结合部基础设施和环卫服务供给多较有限,城市化进程又使入住该地区的人口剧增,基础设施和环卫服务需求倍长,以致一个人消费它们时虽难排除他人同时消费,但会使他人消费时发生数量和质量上的减少甚至短缺,使消费它们存在不同程度的竞争性,使其在具有"俱乐部公共物品"特征的同时又具有"公共池塘公共物品"特征,属准公共物品。

随着城市化进程的推进,城乡结合部村庄周边地区日益城区化,越来越多的土地被征用、开发,与其他城区联系越来越紧密,过往的人流和车辆越来越多,因购房、工作等原因而迁入的本地市民和流动人口越来越多,基础设施和环卫服务的消费主体越来越多元,事实上的排他性趋小,"俱乐部公共物品"色彩变淡,城区化特征日益明显。与之相应,城市政府理应逐步成为基础设施和环卫服务的供给主体。城市政府罔顾事实,不断推卸责任,继续让乡村充当该地区基础设施和环卫服务的供给主体,只会导致该地区公共物品供给的持续性"不足"与"外溢"。

而城乡结合部村庄与其周边地区颇不相同,原本只是村民居住的社区,随着城市化进程的推进,逐步演变为农民、农转居人员和中低收入流动人口共同居住的社区,且向单纯的中低收入流动人口居住区不断过渡,但大多数村庄基础设施和环卫服务的供给主体一般还是村集体。虽然村集体是村民的集体,村集体提供本质上就是村民提供,但村民们并不这样认为。在他们看来,即使村集体不投资村庄的基础设施和环境卫生建设,也未必会把省下来的钱分给他们,因而他们总是乐于消费村庄的基础设施和环卫服务,而不愿意直接付费。在流动人口看来,自己既然付了房租,当然就有消费村庄基础设施和环卫服务的权利,就像在城市居民小区交了房租就可消费小区的基础设施和环卫服务一样。由于村集体大多是被动提供村庄基础设施和环卫服务且财力有限，村庄违法建设此起彼伏，流动人口大量涌入，基础设施和环卫服务需求日益膨胀，所以村集体提供的基础设施和环卫服务越来越难满足该需求，遂致"公地悲剧"频繁发生。

由于城乡结合部村庄人口一般都是在村庄居住的人口，单纯过往此地的人口相对较少，与村庄周边地区相比人口成分相对单一，因此其基础设施和环卫服务的"俱乐部公共物品"色彩比周边地区更浓。由于村庄周边地区随着城市化进程的推进而不断地被开发为城区或准城区，城市政府及相关企事业单位一般也会不同程度地提供相应的基础设施和环卫服务，所以尽管该地区同样存在人口膨胀、基础设施和环卫服务需求剧增现象，同样会因不同供给主体之间的相互博弈、推诿而致公共物品供给不足和"公地悲剧"，但相对村庄而言，其供给短缺程度还是稍逊一筹。

尽管村庄基础设施和环卫服务被越来越多的外来流动人口和本地农转居人员所分享，"公地悲剧"问题严重，但严格意义上说，村庄并不存在较多公共物品"外溢"问题，主要原因是村庄本质上是类似城市居民小区的居住性社区。城市政府虽有义务将基础设施和环卫服务供给到居民小区的边上，却一般没有为居民小区内部基础设施和环卫服务埋单的义务，小区内的基础设施和环卫服务一般还得由小区内的居民联合提供，或以购买方式（暗含在房价中），或以交物业费和水、电、气、暖费等付费方式支付。对于城市居民小区内的"公共物品"，政府一般不会包办，而且也不应包办。同理，作为居住社区的村庄，其内的基础设施和环卫服务也不应由政府包办，而应像城市居民小区一样由居民根据其物业面积大小来分担，只不过由于"路径依赖"等原因，村庄内的基础设施和环卫服务一般由村集体代表村民承担而已。

论家或许会指出，随着城市化进程的深入，城乡结合部村庄扮演了中低收入流动人口居住区的角色，为政府分担了中低收入流动人口的居住之忧，因此政府应为其提供基础设施和环卫服务。该认识虽不无道理，但也值得商榷。主要原因是，村庄虽一定程度上为政府解决了中低收入流动人口居住问题，但它多是以违法建设的形式提供的，违法建设安全隐患严重，虽低价出租，但仍能牟利，一些搞了较多违法建设的人甚至能因此牟取暴利。就像对待城市居民小区内的群租房一样，对待城乡结合部村庄的违法建设，政府不能因其向中低收入流动人口提供了相对廉价的寓所，一定程度上为城市政府解决了中低收入流动人口居住难题，就可无视其安全隐患严峻、环境恶劣、违法等本质;就像城市政府不会因群租房事实上替政府解决了中低收入流动人口居住难题而应为群租房所在的小区提供基础设施和环卫服务一样,城市政府也不应因城乡结合部村庄事实上替政府解决了中低收入流动人口居住难题而为之提供基础设施和环卫服务。只是,由于征地拆迁时城市政府大多没有较好地兼顾失地村民的生存发展问题、城市政府在中低收入流动人口居住问题上失职太多以及城乡结合部村庄的及其违法建设多属"历史共业"等原因,政府在责令违法建设者分担村庄内部基础设施和环卫服务费用的同时,也应酌情予以经费或物资补贴。

近年来,不少城乡结合部问题专家都认识到城乡结合部村庄的正面意义[①],建言政府应对城乡结合部村庄的基础设施和环卫服务予以财政支持。[②] 但几无学者建言政府应勒令那些搞违法建设的人根据违法建筑面积分担村庄基础设施和环卫服务费用。个中原因,无外乎让搞违法建设者分担村庄公共物品费用,在实际操作中很难落实到位。不过,尽管存在落实困难,但也决非一点可行的办法都没有。至少在一些集体经济发达、村庄年终分红较多的地方,在年终分红中扣下这笔费用,实际操作起来并不困难。不少地段较好的城中村村民一年房屋出租收入就有数十万甚至上百万之巨[③],可是村庄内的基础设施和环卫服务费用一点也不分担;村庄拆迁时,违法建设通常还能获得不菲的赔偿。这种一本万利的好事,怕是村民连做梦都想做。该供给方式本质上是纵容、鼓励村民搞违法建设。

论家或许还会指出,随着城市化进程的深入,村民不断地转为居民,但依旧生活在村庄,因此政府应为村庄的基础设施和环卫服务"埋单"。该观点同样不无道理,但也值得商榷。城乡结合部村民转为居民,城市政府理当为之提供相应的公共物品,基础设施和环卫服务作为公共物品的组成部分,自然难能例外。只是,城乡结合部村庄作为类似城市居民小区的居住性社区,其基础设施、环卫服务的供给也应像城市居民小区一样不能因为业主身份的改变而改变。而且城乡结合部村民虽转为居民,但他们在村庄的房产不会因其身份的转变而转变,依旧是农村宅基地上的房产,尽管村民转为居民以后,大多不再是村集体的一员,主要由村集

---

① 详见本书"2.2.2 有关城乡结合部居住设施、环境及管理的研究"部分。
② 陈双,赵万民,胡思润. 人居环境理论视角下的城中村改造规划研究——以武汉市为例[J]. 城市规划,2009(8):37-42.
③ 郑筱倩,赵强. 陈寨原住民:一年房租能收百十万[N]. 河南商报,2013-10-22(A8).

体为他们继续提供村庄内的基础设施和环卫服务,看似不合理,但这毕竟是供给方式本身不合理(合理的方式应是居民根据物业面积大小来分担村庄内的基础设施和环境卫生费用),而非政府没有成为村庄基础设施和环卫服务的供给主体的不合理。同时,一些村集体股份制改造后,农转居人员仍是其股东之一,继续由村集体代表他们提供村庄基础设施和环卫服务,并不属于公共物品"外溢"之列。

## 4.2 基础设施和环卫服务供给不足的原因

居住区是地域型社区形成的要素之一,由于居住者不同,呈现出多种不同的居住社区。以居住区为视角来研究社区是西方社会学家分析社区特点及规律的范式之一,由此形成了社区"过滤""互补"等学说。美国学者霍伊特(Homer Hoyt)认为,随着收入和地位上升,人们对住房的要求不断提高,为了提高生活品质、维持较高的社会地位,高收入者会购买更高品质的住宅,迁往环境更好的社区,留下来的旧宅会被低收入居民所占据。结果是低收入居民向居住环境差的社区过滤,形成低收入社区;高收入居民向高级社区过滤,形成高收入社区。[1] 随着城市化进程的推进,城乡结合部村庄逐渐由村民居住的农村社区过渡到村民、中低收入流动人口居住的社区,再由于村民因出租房屋致富而迁到城区住居,进一步演变为中低收入流动人口居住社区,该趋势在大都市城乡结合部村庄表现得尤为明显。这正是社区"过滤"的体现。

阿隆索(H. Alonso)提出了城市人口迁居和分布互补理论。他认为在特定的收入水平和生活费用下,居民选择居住社区需在交通和租金之间寻求平衡,以实现效用最大化。只有高收入者才有真正的居住选择自由。[2] 阿隆索说低收入者无居住选择自由是正确的,但言低收入者在交通和房租之间须仔细权衡、选择是不全面的,准确地说应是低收入者在交通、租金和居住品质之间仔细权衡、选择。在城区高房价和高租金的重压下,中国大都市低收入流动人口并无真正的居住选择自由。在租金、交通、居住品质之间,他们权衡、选择的结果一般都只有牺牲居

---

[1] HOYT H. The structure and growth of residential neighborhoods in American cities[M]. Washington:Federal Housing Administration,1939:72 - 78,119 - 122.
[2] 柴彦威. 城市空间[M]. 北京:科学出版社,2000:77 - 82.

住品质。要么选择居住品质稍好、交通近便、房价较低的城中村,要么选择居住品质稍好、交通较远、房价更低的城边村、城郊村。不过,交通是费用问题,也是旅途劳顿与否的问题。在城区面积过大、交通不畅的大都市,如果有交通近便、房租较低的社区可供租住,即使居住品质恶劣一点,怕也是低收入流动人口的首选。这便是大都市城郊村居住品质一般好于城中村、城边村却没有后者更受低收入流动人口青睐的原因之所在。

查尔斯·米尔斯·蒂布特(Charles Mills Tiebout)认为,社区所能提供的社区公共产品是人们选择居住社区的重要依据之一。① 选择居住社区实质上就是选择社区公共产品。奥茨(W. Oates)的经验研究结论也表明:"在选择地方居住时,潜在居民确实会对地方公共产品进行衡量"。② 中低收入流动人口选择城乡结合部村庄作为居住社区是理性计算的结果。既然选择其作为居住社区,选择的就是居住条件相对恶劣、房租相对低廉、交通或近或远的社区公共产品。该选择使他们对村庄基础设施和环卫服务改善常怀矛盾心理,既希望其变好,又担心其变好后房租上涨,自己难以承受。该矛盾心理以及受其支配的"逆用脚投票"行为(正常的"用脚投票"行为应是哪儿公共产品好,就往哪儿去)会使城乡结合部村庄基础设施和环卫服务一定程度上失去改善的动力。

博弈论认为,"诸如洁净的空气和邻里安全环境一类的公共产品,每一个人都能分享,不论是否为此做过贡献……没有人有动力去提供这些公共品,结果,由于太少人去生产,大家都受罪。"③"也就是说,面对社区公共产品供给,'永不合作'是一种均衡。"④是为集体行动的悖论。城乡结合部基础设施和环卫服务供给主体之间因无明确的责任分担机制,彼此之间存在集体行动的悖论。在城乡结合部村庄,一般只有人民公社时期沿袭下来的村集体负责供给、辅以政府补贴的机制,大家都习惯"搭便车",分享村庄基础设施和环卫服务,而不愿付费。在村庄周边地区,情况虽好一些,政府、企事业单位等在开发该地区时,一般会做相应的基础设施建设和环卫服务工作,但在没有明确的责任分担机制的情况下,政府、开发商、企事业单位、村集体等也会相互推诿。

---

① 曹荣湘. 蒂布特模型[M]. 北京:社会科学文献出版社,2004:5.
② 曹荣湘. 蒂布特模型[M]. 北京:社会科学文献出版社,2004:5.
③ 罗伯特 D. 帕南特. 使民主运转起来[M]. 王列等译,南昌:江西人民出版社,2001:191.
④ 李雪萍. 城市社区公共产品供给研究[M]. 北京:中国社会科学出版社,2008:127.

在城乡结合部村庄周边地区,政府、开发商、企事业单位、村集体、村民等博弈的结果是城市政府、开发商、企事业单位、村集体等为开发需要而不得不提供起码的基础设施和环卫服务。在城乡结合部村庄,城市政府、村集体、企事业单位、村民、流动人口之间博弈的结果是村集体为了维持村庄起码的居住条件而不得不进行低标准的基础设施建设和环卫服务,政府予以一定的补助。这既是对人民公社以来传统做法因循的结果,也与村集体性质有关。既然有村集体乃至政府可期,村民当然不愿意出资。虽然"提供公共或集体物品是组织的基本功能"①,向村民提供村庄公共物品成为村集体的职能之一,但是村集体既经济实力有限,又缺乏供给动力,且管理体制落后②,效率低下,专业技能匮乏,将供给任务一味交给其完成,只会导致供给不足和"公地悲剧"。

曼瑟尔·奥尔森(Mancur Lloyd Olson)认为:"在一个范围较小、成员较少的组织中,如果其中一个成员抱着侥幸心理不再为其消费的公共品分担成本,那么组织中的剩余人员要承担的费用就会增多,结果是他们也会纷纷效仿,停止继续出钱,久而久之公共品也就消失了"。③ 质言之,如果某个成员为了眼前利益不再为自己消费的公共物品分担成本,那么他将和大家一道失去长远利益,从博弈的角度来看,搭便车的欲望势必会降低。因此,提供小范围内公共物品,"成员们可以通过合约达成一致,按照大家意愿提供公共物品,以此克服搭便车行为。"④良好的基础设施和环卫服务可提高房屋的租金,让村民获益更多。理论上说,村民户数有限,在村庄基础设施和环卫服务供给不足的情况下,村民们达成分担机制并不困难。但是,由于村民即使寄望村集体失败,还会寄望政府,而政府也确实会不定期施以财政补贴,这就进一步助长了村民的依赖心理,使他们难以达成合作出资协议。

当然,村民们不能就村庄基础设施和环卫服务供给达成合作协议乃至村集体和政府对村庄基础设施和环卫服务供给缺乏动力,还有一个至关重要的原因是村

---

① 吴月. 利益相关者视角的公共品供给绩效评估主体研究[J]. 山东社会科学,2011(10):153-156
② 既是准政府组织又是经济组织,是为"政企不分";既是准政府组织又是管理村庄社会事务的群众自治组织,是为"政社不分"。
③ (美)曼瑟尔·奥尔森. 集体行动的逻辑[M]. 陈郁等译,上海:上海三联书店,1995:36.
④ 谢幸. 城市化进程中"城中村"公共物品供给模式研究——以贵阳市"城中村"为例[D]. 贵州财经大学硕士论文,2012:13.

庄的临时性。由于规划疏失、拆迁难等原因,不仅村集体、村民不清楚村庄能存续多久,有时连政府主管部门也未必清楚其能存续多久。一方面一些规划拆迁的村庄由于各种原因迟迟不能拆除①,另一方面一些原本并未规划拆迁甚至还投入巨资进行改造的村庄却因种种原因而突然被拆除。由于没有稳定的"寿命"预期,加上村庄违法建设难禁,村内道路及环境卫生常被违法建设破坏,所以村民、村集体乃至政府无论哪一方都对村庄基础设施和环卫服务抱得过且过的心理,谁都不愿花重金投资,否则就有可能血本无归。例如,北京市海淀区北坞村拆迁前,政府曾投资数千万元进行了基础设施和环卫建设,村庄面貌焕然一新,可是没过多久,北坞村即被拆迁,曾经的改造成了巨大浪费。

## 4.3 解决问题的思路与建议

城乡结合部既存在治理缺位现象,也存在理想化治理、形式主义治理倾向。一些城市政府出于检查评比或创建卫生城市需要,往往把城区环卫标准不切实际地推行于该地区。例如,某区城乡结合部整治时,所定标准是"道路设施完好,路面整洁、无破损,排水畅通,绿化良好;市容环境卫生整洁,无垃圾、无积水、无违章占道经营;建筑秩序井然,无违章建筑、无危旧房屋;交通通畅有序,无乱停、乱靠、乱行驶的现象。"②该标准明显脱离城乡结合部实际,不可能落实到位。城乡结合部基础设施和环卫服务供给需正视城乡结合部实际,制定实事求是的标准。低收入流动人口既然选择城乡结合部村庄作为居住社区,所选择的就是低品质的社区公共物品。他们最希望村庄继续保持低廉的房租和生活费用,只要村庄能为其提供基本的基础设施和环卫服务,满足基本生活需要,保证人身安全,他们就比较知足。

最早提出功利主义的边沁(Jeremy Bentham)和穆勒(John Stuart Mill)将功利主义定义为"最大多数人的最大幸福",认为某种行为若有助于增进幸福则是正确

---

① 例如,北京市海淀区东升乡八家村上世纪末就规划拆迁,甚至用于村民安置的回迁房都一度有所安排,最终还是被搁置了下来,直到2011年才被拆迁,一拖就是十余年。
② 宁夏回族自治区人民政府办公厅. 关于开展城乡结合部环境集中综合整治的通知[EB/OL]. http://www.chinalawedu.com/news/1200/22598/22623/22937/2006/4/sh569126224191460 0278-0.htm,2002-11-26.

行为,否则即是错误行为。① 基于该理论,骆永民建议,城乡基础设施建设应以功利主义的均等化为指导,"对于严重缺乏某种基础设施的地区,如果提供了相应的基础设施,会极大地提高当地人的福利……应当尽快提供这种基础设施"。②"对于影响面积广,涉及大多数人的最大幸福总量的基础设施应当优先提供"。③ 骆先生所言甚是。在城乡结合部基础设施和环卫服务供给上,确应秉持现实主义态度,优先提供"严重缺乏"和能给大多数人带来幸福的基础设施和环卫服务。

具体来说,在城乡结合部村庄周边地区,应按照城区标准提前做好道路交通、上下水、供电、供气、供暖、治安等基础设施规划建设工作,以适应该地区快速城市化需要,满足人民生产生活需要。在城乡结合部村庄,应针对各村不同情况,分清轻重缓急,解决流动人口及村民实际生活问题。作为居住社区,首先要解决基本生活设施问题,城市化进程中大都市城乡结合部村庄变动不居,有的村庄被拆除,有的村庄因附近村庄拆除、附近开发为工业园区或交通有较大改善而涌入大量流动人口,违法建设如雨后春笋,整个村庄就像沸腾的工地,以致村庄道路坏损,经常停水停电。对这类村庄,第一要务当然是遏制违法建设,及时修复道路,改善供水供电设施,为流动人口及村民提供起码的生活条件。就交通而言,不少村庄离市政交通干道不远,交通条件原本不错,但从村庄到市政干道的"最后一公里"多是狭窄、破旧的乡村公路,上下班高峰时公交车常被卡在这"最后一公里"。既如此,就应千方百计地筹措资金,优先解决"最后一公里"问题。就绿化、硬化而言,在违法建设密集、流动人口膨胀的村庄搞绿化多不现实,硬化却是实实在在的造福之举。据笔者在北京市、上海市、天津市、广州市、深圳市、苏州市、青岛市等城市城乡结合部村庄实地观察的结果来看,无论在哪个城市,凡是违法建设密集、流动人口膨胀的村庄几乎都谈不上绿化,但地面硬化情况却很关键。一些村庄即使道路已硬化或基本硬化,但未硬化到墙角,也使村内居民饱受"晴天一身灰,雨天一身泥"之苦。相反,道路硬化到墙角、村内几无裸露地面的村庄环境虽也不尽理想,但大体都还过得去。此外,在没有接通城市污水管网的村庄,将其裸露的排污沟暗渠化、多建公厕并保证其起码的卫生条件,亦属能给大多数人造福之举。就公共安全而言,中低收入流动人口膨胀常给城乡结合部村庄带来严峻的公共安全

---

① 骆永民. 城乡基础设施均等化供给研究[M]. 北京:经济科学出版社,2009:47.
② 骆永民. 城乡基础设施均等化供给研究[M]. 北京:经济科学出版社,2009:47.
③ 骆永民. 城乡基础设施均等化供给研究[M]. 北京:经济科学出版社,2009:47.

问题,使该地区成为刑事案件高发地区,应在城乡结合部村庄设置电子监控系统,加强治安监管,保障城乡结合部人民基本的人身安全。鉴于违法建设密集的村庄除极少数村庄以外大多数村庄消防车均难驶入,存在较多消防安全隐患,建议在该类村庄配置消防摩托车,以备应急之需。就医疗卫生而言,城乡结合部村庄社区医疗站设备多不完善,医疗站所简陋,设备不全,卫生防疫设施落后,几乎所有流动人口密集的村庄都有无照诊所。建议将城乡结合部社区卫生服务站做实做强,将其建成政府补助、限价治疗、既有基本医疗质量又能在价格上为中低收入人口所接受的平民医院,成为集医疗、计生、生殖健康、卫生防疫为一体的综合性卫生服务中心;加大对非法行医的打击力度,合理配置卫生资源,确保向城乡结合部人民提供公平、有效的公共卫生服务。

无论是作为中低收入流动人口居住社区的城乡结合部村庄,还是正在快速城市化的其周边地区,基础设施和环卫服务都存在不同程度的缺位现象,缺位的关键原因在供给主体之间存在集体行动的悖论。因此,应明确各方供给主体的供给责任,使彼此不再寄望"搭便车"。以城乡结合部村庄为例,作为中低收入流动人口居住社区,至少应享受城市居民小区一样的待遇——政府将基础设施修建到村庄边上,村集体负责将基础设施建到村民庭院边上,村民负责将基础设施接入自家。鉴于城中村、城边村大多是开发商"吃肉扔骨头"(征用、开发耕地时扔下附近村庄)的产物,政府卖地时应将被扔下的村庄的基础设施建设经费统筹考虑在内,留足备用资金,以确保基础设施至少能建到村庄边上。鉴于村集体包办村庄公共事务使违法建设者无节制地消费村庄基础设施和环卫服务而无需付出,导致村庄内"公地悲剧"时常发生,建议村庄基础设施维护和环卫服务费用由村民根据房屋面积大小分担,村集体、政府酌情予以补贴。鉴于村庄的临时性消解了村民、村集体等合作供给其基础设施和环卫服务的动力,政府应尽早出台村庄建设规划,给村民以明确的村庄存续时间及走向预期。

# 第五章　城乡结合部流动人口居住特征、问题及对策研究

城乡结合部向以"脏、乱、差"而著称,置身于其中的流动人口的居住情况,社会大众的认知亦多止于"脏、乱、差",而缺乏具体的调查分析。鉴此,本章拟在北京市、上海市、广州市城乡结合部流动人口问卷调查的基础上,对大都市城乡结合部流动人口居住特征、问题、成因及对策进行分析。

## 5.1　样本的来源及特征

在国家社科基金资助下,2012年10月至2013年8月,本课题组先后到上海市、广州市、北京市就城乡结合部流动人口居住及其相关问题进行了大规模问卷调查。抽样方法是先在北京市、上海市、广州市分别选取11个[①]、6个[②]、6个[③]具有代表性的城乡结合部村庄,然后在各村随机选取流动人口作为调查对象。为免批量派发问卷常有的雷同、不实之弊,本次调查采用直接派调查员到村庄逐个与调查对象面对面填答问卷的方式,相对有效地保证了调查结果的真实。本次调查共获有效问卷3070份,其中北京市1017份、上海市999份、广州市1054份,三地样本数大体均衡。样本的主要特征如下。

---

① 北京市的调查地点包括二里庄、南辛庄、佟家坟、双泉堡、南平庄、史各庄(含东店、西店)、定福皇庄、奶东村、奶西村、永丰屯、北小营等11个城中村。
② 上海市的调查地点包括许浦村、华漕村、杨家巷、沙河村、七宝村、五四村等6个城中村。
③ 广州市的调查地点包括棠下村、上社村、三元里村、车陂村、瑶台村、海北东石村等6个城中村。

## 一、性别

**表1 样本单位的性别特征**

| 性别分组 | 有效频次 | 有效百分比 | 累计百分比 |
| --- | --- | --- | --- |
| 男性 | 1797 | 61.6% | 61.6% |
| 女性 | 1119 | 38.4% | 100% |

未回答人数:154人。

## 二、年龄

**表2 样本单位的年龄特征**

| 年龄分组 | 有效频次 | 有效百分比 | 累计百分比 |
| --- | --- | --- | --- |
| 19岁以下 | 193 | 6.4% | 6.4% |
| 20-29岁 | 1776 | 58.9% | 65.3% |
| 30-39岁 | 679 | 22.5% | 87.8% |
| 40-49岁 | 298 | 9.9% | 97.6% |
| 50岁以上 | 71 | 2.4% | 100% |

未回答人数:53人。

## 三、婚姻状况

**表3 样本单位的婚姻状况**

| 婚姻状况分组 | 有效频次 | 有效百分比 | 累计百分比 |
| --- | --- | --- | --- |
| 未婚且无对象 | 808 | 27.3% | 27.3% |
| 未婚但有对象 | 789 | 26.7% | 54.0% |
| 已婚 | 1273 | 43.0% | 97.0% |
| 离异 | 70 | 2.4% | 99.4% |
| 丧偶 | 18 | 0.6% | 100% |

未回答人数:112人。

## 四、文化程度

表4　样本单位的文化程度

| 文化程度分组 | 有效频次 | 有效百分比 | 累计百分比 |
| --- | --- | --- | --- |
| 小学以下 | 186 | 6.3% | 6.3% |
| 初中 | 854 | 28.9% | 35.2% |
| 高中或中专 | 996 | 33.7% | 68.8% |
| 大专 | 467 | 15.8% | 84.6% |
| 本科 | 410 | 13.9% | 98.5% |
| 研究生 | 45 | 1.5% | 100% |

未回答人数：112人。

## 五、职业情况

表5　样本单位的职业情况

| 职业分组 | 有效频次 | 有效百分比 | 累计百分比 |
| --- | --- | --- | --- |
| 工人 | 387 | 12.8% | 12.8% |
| 公司、超市销售人员 | 510 | 16.9% | 29.7% |
| 摆摊者、拾荒者或司机 | 264 | 8.7% | 38.5% |
| 饭店、宾馆、美发店服务员 | 415 | 13.8% | 52.2% |
| 企事业单位管理或技术人员 | 469 | 15.5% | 67.8% |
| 个体或私营老板 | 429 | 14.2% | 82.0% |
| 其他 | 544 | 18.0% | 100% |

未回答人数：52人。

## 六、收入水平

表6　样本单位的收入水平

| 月收入（单位元）分组 | 有效频次 | 有效百分比 | 累计百分比 |
| --- | --- | --- | --- |
| 1500以下 | 265 | 8.9% | 8.9% |
| 1501–2000 | 467 | 15.6% | 24.5% |
| 2001–3000 | 917 | 30.7% | 55.2% |
| 3001–4000 | 611 | 20.4% | 75.6% |

续表

| 月收入(单位元)分组 | 有效频次 | 有效百分比 | 累计百分比 |
|---|---|---|---|
| 4001－5000 | 246 | 8.2% | 83.9% |
| 5001－6000 | 159 | 5.3% | 89.2% |
| 6001－7500 | 108 | 3.6% | 92.8% |
| 7501以上 | 215 | 7.2% | 100.0% |

未回答人数:82人。

### 七、户籍情况

表7 样本单位的户籍情况

| 户籍分组 | 有效频次 | 有效百分比 | 累计百分比 |
|---|---|---|---|
| 农业户口 | 2098 | 71.1% | 71.1% |
| 城镇非农业户口 | 852 | 28.9% | 100.0% |

未回答人数:120人。

由表1－7可见,本次问卷调查的样本特征是:性别上,男女比例接近6∶4;年龄上,以20－39岁为主体(约占81%),40－49岁有一定比例,19岁以下和50岁以上者所占比例很少;婚姻状态上,未婚和已婚大体为6∶4;文化程度上,以初中和高中学历为主体(约占63%),但大专和本科学历也有不小的比例,小学以下学历较少,研究生学历更为零星;职业上,就业多元化,公司和超市销售人员、企事业单位管理或技术人员、个体或私营老板、"饭店、宾馆、美发店"服务员、工人均占百分之十几的比例,摆摊者、拾荒者或司机等其他人员也占一定的比例;收入上,以月收入1501－4000元为主体(约占67%),1500元以下、4001－5000元也占一定比例,5001元以上相对较少;户籍上,农业户口与城镇非农业户口的比例接近7∶3。如上特征与大都市城乡结合部流动人口的成分特征基本吻合。

## 5.2 调查所见的居住特征及问题

广义居住空间不仅包含住房,而且包含住房所在的社区。广义居住情况不仅包含住房相关的情况,而且包含住房所在社区的相关情况。本节所论的居住情况是指广义居住情况,包含"租房现状及意愿①""租房程序与管理""社区服务、参与和融入"三个方面。相关调查结果如下。

一、城乡结合部流动人口的租房现状及意愿

(一)人均租房面积

表8 城乡结合部流动人口人均租房面积

| 人均租房面积分组 | 有效频次 | 有效百分比 | 累计百分比 |
| --- | --- | --- | --- |
| 3平米以下 | 184 | 6.3% | 6.3% |
| 4-7平米 | 485 | 16.5% | 22.8% |
| 8-11平米 | 649 | 22.1% | 44.9% |
| 12-15平米 | 591 | 20.1% | 65.0% |
| 16-20平米 | 461 | 15.7% | 80.7% |
| 21-30平米 | 300 | 10.2% | 90.9% |
| 31平米以上 | 268 | 9.1% | 100.0% |

未回答人数:132人。

(二)出租屋内有无厕所

表9 城乡结合部流动人口出租屋内有无厕所

| 出租屋内有无厕所分组 | 有效频次 | 有效百分比 | 累计百分比 |
| --- | --- | --- | --- |
| 有 | 1888 | 62.9% | 62.9% |
| 无 | 1115 | 37.1% | 100.0% |

未回答人数:67人。

(三)出租屋内有无厨房

表10 城乡结合部流动人口出租屋内有无厨房

| 出租屋内有无厨房分组 | 有效频次 | 有效百分比 | 累计百分比 |
| --- | --- | --- | --- |
| 有 | 1605 | 54.9% | 54.9% |
| 无 | 1318 | 45.1% | 100.0% |

未回答人数:147人。

---

① 因为流动人口城乡结合部村庄的住房几乎都是租赁房,所以本书仅以租赁房为探索对象。

## (四) 月房租

**表 11　城乡结合部流动人口月房租情况**

| 月房租分组 | 有效频次 | 有效百分比 | 累计百分比 |
| --- | --- | --- | --- |
| 200 元以下 | 167 | 5.5% | 5.5% |
| 201－400 元 | 677 | 22.2% | 27.7% |
| 401－700 元 | 1021 | 33.5% | 61.2% |
| 701－1000 元 | 442 | 14.5% | 75.8% |
| 1001－1500 元 | 244 | 8.0% | 83.8% |
| 1501－2000 元 | 111 | 3.6% | 87.4% |
| 2001－2500 元 | 61 | 2.0% | 89.4% |
| 2501 元以上 | 104 | 3.4% | 92.8% |
| 单位交房租,个人不用交 | 218 | 7.2% | 100.0% |

未回答人数:25 人。

## (五) 租住方式

**表 12　城乡结合部流动人口租住方式**

| 租住方式分组 | 有效频次 | 有效百分比 | 累计百分比 |
| --- | --- | --- | --- |
| 独立租住 | 813 | 27.0% | 27.0% |
| 与家人合租 | 854 | 28.3% | 55.3% |
| 与对象合租 | 413 | 13.7% | 69.0% |
| 与同事合租 | 413 | 13.7% | 82.7% |
| 与非同事的朋友合租 | 211 | 7.0% | 89.7% |
| 单位统一租 | 215 | 7.1% | 96.9% |
| 其他 | 94 | 3.1% | 100.0% |

未回答人数:57 人。

## (六)交通工具或方式

表13 城乡结合部流动人口上班最主要的交通工具或方式

| 交通工具(或方式)分组 | 有效频次 | 有效百分比 | 累计百分比 |
| --- | --- | --- | --- |
| 自行车 | 453 | 15.0% | 15.0% |
| 步行 | 797 | 26.4% | 41.4% |
| 地铁 | 397 | 13.1% | 54.5% |
| 公共汽车 | 837 | 27.7% | 82.3% |
| 单位班车 | 105 | 3.5% | 85.7% |
| 其他 | 431 | 14.3% | 100.0% |

未回答人数:50人。

## (七)租住原因

表14 城乡结合部流动人口租住本地的最主要原因

| 租住原因分组 | 有效频次 | 有效百分比 | 累计百分比 |
| --- | --- | --- | --- |
| 房租低 | 567 | 18.8% | 18.8% |
| 交通便利 | 770 | 25.5% | 44.3% |
| 便于子女教育 | 259 | 8.6% | 52.8% |
| 在本地做生意 | 657 | 21.8% | 74.6% |
| 亲友或老乡多 | 151 | 5.0% | 79.6% |
| 单位统一租 | 235 | 7.8% | 87.4% |
| 其他 | 381 | 12.6% | 100.0% |

未回答人数:50人。

## (八)租住满意度

表15 城乡结合部流动人口对所租房屋的满意度

| 租住满意度分组 | 有效频次 | 有效百分比 | 累计百分比 |
| --- | --- | --- | --- |
| 满意 | 568 | 18.8% | 18.8% |
| 一般 | 1748 | 57.7% | 76.5% |
| 不满意 | 546 | 18.0% | 94.5% |
| 说不清 | 165 | 5.5% | 100.0% |

未回答人数:43人。

## （九）对所租房屋最不满意项

**表 16　城乡结合部流动人口对所租房屋最不满意项**

| 最不满意项分组 | 有效频次 | 有效百分比 | 累计百分比 |
| --- | --- | --- | --- |
| 不安全 | 405 | 13.7% | 13.7% |
| 太吵 | 663 | 22.4% | 36.1% |
| 太脏 | 429 | 14.5% | 50.6% |
| 太挤 | 504 | 17.0% | 67.6% |
| 人际关系难处 | 185 | 6.2% | 73.8% |
| 其他 | 778 | 26.2% | 100.0% |

未回答人数：106人。

## （十）租房选择意愿之一

**表 17　在以下房屋中，城乡结合部流动人口最倾向租住哪一种**

| 租房选择意愿分组 | 有效频次 | 有效百分比 | 累计百分比 |
| --- | --- | --- | --- |
| 月租300元、7平米的独立单间 | 690 | 23.5% | 23.5% |
| 月租700元、15平米、内设厨卫的套房 | 1547 | 52.6% | 76.1% |
| 月租1200元、25平米、内设厨卫的套房 | 442 | 15.0% | 91.1% |
| 月租1700元、50平米、内设厨卫的套房 | 261 | 8.9% | 100.0% |

未回答人数：130人。

## （十一）租房选择意愿之二

**表 18　在以下房屋中，城乡结合部流动人口最倾向租住哪一种**

| 租房选择意愿分组 | 有效频次 | 有效百分比 | 累计百分比 |
| --- | --- | --- | --- |
| 城中村村民建的8平米、月租400元的独立单间 | 1907 | 68.2% | 68.2% |
| 政府建的12平米、4人1间、人均月租200元的集体宿舍 | 588 | 21.0% | 89.2% |
| 政府建的15平米、6人1间、人均月租150元的集体宿舍 | 301 | 10.8% | 100.0% |

未回答人数：274人。

(十二)婚姻、租住方式、性别、学历、收入、居住年限、户籍等因素与租房选择意愿之一的交叉分析

表19 婚姻、租住方式、性别、学历、收入、居住年限、户籍等因素与租房选择意愿之一的交叉分析

<table>
<tr><th colspan="2"></th><th colspan="4">在以下房屋中您最倾向租住哪一种</th><th rowspan="2">合计</th></tr>
<tr><th colspan="2"></th><th>月租300元、7平米的独立单间</th><th>月租700元、15平米、内设厨卫的套房</th><th>月租1200元、25平米、内设厨卫的套房</th><th>月租1700元、50平米、内设厨卫的套房</th></tr>
<tr><td rowspan="5">婚姻状况</td><td>未婚且无对象</td><td>21.1%</td><td>52.5%</td><td>17.0%</td><td>9.4%</td><td>100.0%</td></tr>
<tr><td>未婚但有对象</td><td>19.2%</td><td>56.1%</td><td>17.0%</td><td>7.7%</td><td>100.0%</td></tr>
<tr><td>已婚</td><td>27.0%</td><td>51.1%</td><td>13.0%</td><td>9.0%</td><td>100.0%</td></tr>
<tr><td>离婚</td><td>22.6%</td><td>50.0%</td><td>9.7%</td><td>17.7%</td><td>100.0%</td></tr>
<tr><td>丧偶</td><td>31.3%</td><td>56.3%</td><td>6.3%</td><td>6.3%</td><td>100.0%</td></tr>
<tr><td rowspan="7">租住方式</td><td>独立租住</td><td>24.4%</td><td>52.7%</td><td>13.9%</td><td>9.1%</td><td>100.0%</td></tr>
<tr><td>与家人合租</td><td>22.9%</td><td>53.6%</td><td>14.6%</td><td>8.9%</td><td>100.0%</td></tr>
<tr><td>与对象合租</td><td>20.8%</td><td>59.7%</td><td>13.9%</td><td>5.7%</td><td>100.0%</td></tr>
<tr><td>与同事合租</td><td>24.9%</td><td>45.3%</td><td>21.1%</td><td>8.7%</td><td>100.0%</td></tr>
<tr><td>与非同事的朋友合租</td><td>17.8%</td><td>60.6%</td><td>14.4%</td><td>7.2%</td><td>100.0%</td></tr>
<tr><td>单位统一租</td><td>29.7%</td><td>44.3%</td><td>15.6%</td><td>10.4%</td><td>100.0%</td></tr>
<tr><td>其他</td><td>26.5%</td><td>45.8%</td><td>9.6%</td><td>18.1%</td><td>100.0%</td></tr>
<tr><td rowspan="6">学历</td><td>小学以下</td><td>38.6%</td><td>45.2%</td><td>9.0%</td><td>7.2%</td><td>100.0%</td></tr>
<tr><td>初中</td><td>33.7%</td><td>48.1%</td><td>11.8%</td><td>6.5%</td><td>100.0%</td></tr>
<tr><td>高中或中专</td><td>21.3%</td><td>57.0%</td><td>13.8%</td><td>7.9%</td><td>100.0%</td></tr>
<tr><td>大专</td><td>13.6%</td><td>55.5%</td><td>19.5%</td><td>11.4%</td><td>100.0%</td></tr>
<tr><td>本科</td><td>11.7%</td><td>52.9%</td><td>22.1%</td><td>13.4%</td><td>100.0%</td></tr>
<tr><td>研究生</td><td>15.9%</td><td>36.4%</td><td>20.5%</td><td>27.3%</td><td>100.0%</td></tr>
<tr><td rowspan="8">月收入</td><td>1500以下</td><td>28.1%</td><td>47.0%</td><td>18.2%</td><td>6.7%</td><td>100.0%</td></tr>
<tr><td>1501-2000</td><td>33.6%</td><td>47.2%</td><td>12.0%</td><td>7.1%</td><td>100.0%</td></tr>
<tr><td>2001-3000</td><td>26.8%</td><td>57.0%</td><td>11.0%</td><td>5.1%</td><td>100.0%</td></tr>
<tr><td>3001-4000</td><td>22.1%</td><td>56.6%</td><td>15.2%</td><td>6.1%</td><td>100.0%</td></tr>
<tr><td>4001-5000</td><td>13.9%</td><td>56.7%</td><td>19.3%</td><td>10.1%</td><td>100.0%</td></tr>
<tr><td>5001-6000</td><td>13.2%</td><td>47.4%</td><td>23.0%</td><td>16.4%</td><td>100.0%</td></tr>
<tr><td>6001-7500</td><td>11.3%</td><td>55.7%</td><td>16.0%</td><td>17.0%</td><td>100.0%</td></tr>
<tr><td>7501以上</td><td>12.7%</td><td>35.1%</td><td>23.9%</td><td>28.3%</td><td>100.0%</td></tr>
</table>

续表

| | | 在以下房屋中您最倾向租住哪一种 | | | | 合计 |
|---|---|---|---|---|---|---|
| | | 月租300元、7平米的独立单间 | 月租700元、15平米、内设厨卫的套房 | 月租1200元、25平米、内设厨卫的套房 | 月租1700元、50平米、内设厨卫的套房 | |
| 职业 | 工人 | 43.9% | 41.6% | 8.9% | 5.6% | 100.0% |
| | 公司、超市销售人员 | 23.2% | 56.2% | 14.2% | 6.4% | 100.0% |
| | 摆摊者、拾荒者或司机 | 28.3% | 58.6% | 8.0% | 5.2% | 100.0% |
| | 饭店、宾馆、美发店服务员 | 28.9% | 49.8% | 13.9% | 7.5% | 100.0% |
| | 企事业单位管理或技术人员 | 13.7% | 55.6% | 18.7% | 12.0% | 100.0% |
| | 个体或私营老板 | 15.0% | 47.7% | 20.4% | 17.0% | 100.0% |
| | 其他 | 18.7% | 56.2% | 17.4% | 7.6% | 100.0% |
| 居住年限 | 不到1年 | 23.9% | 52.1% | 16.0% | 8.1% | 100.0% |
| | 1—2年 | 23.3% | 57.6% | 12.8% | 6.2% | 100.0% |
| | 3—5年 | 23.9% | 52.9% | 15.1% | 8.1% | 100.0% |
| | 6—10年 | 21.8% | 48.7% | 16.8% | 12.7% | 100.0% |
| | 11年以上 | 23.6% | 46.4% | 16.8% | 13.2% | 100.0% |
| 户籍 | 农业户口 | 25.4% | 53.4% | 13.3% | 7.9% | 100.0% |
| | 城镇非农业户口 | 17.5% | 50.7% | 20.1% | 11.7% | 100.0% |

(十三)婚姻、租住方式、性别、学历、收入、居住年限、户籍等因素与租房选择意愿之二的交叉分析

表20 婚姻、租住方式、性别、学历、收入、居住年限、户籍等因素与租房选择意愿之二的交叉分析

| | | 在以下房屋中您最倾向租住哪一种 | | | 合计 |
|---|---|---|---|---|---|
| | | 城中村村民建的8平米、月租400元的独立单间 | 政府建的12平米、4人1间、人均月租200元的集体宿舍 | 政府建的15平米、6人1间、人均月租150元的集体宿舍 | |
| 婚姻状况 | 未婚且无对象 | 67.2% | 23.1% | 9.7% | 100.0% |
| | 未婚但有对象 | 70.3% | 19.6% | 10.1% | 100.0% |
| | 已婚 | 68.2% | 21.1% | 10.7% | 100.0% |
| | 离婚 | 61.8% | 14.5% | 23.6% | 100.0% |
| | 丧偶 | 50.0% | 28.6% | 21.4% | 100.0% |
| 租住方式 | 独立租住 | 74.2% | 16.0% | 9.9% | 100.0% |
| | 与家人合租 | 66.5% | 22.8% | 10.7% | 100.0% |
| | 与对象合租 | 74.3% | 16.7% | 9.0% | 100.0% |
| | 与同事合租 | 63.2% | 26.1% | 10.7% | 100.0% |
| | 与非同事的朋友合租 | 57.5% | 30.0% | 12.5% | 100.0% |
| | 单位统一租 | 64.8% | 20.3% | 14.8% | 100.0% |
| | 其他 | 59.3% | 23.5% | 17.3% | 100.0% |
| 学历 | 小学以下 | 67.5% | 18.5% | 14.0% | 100.0% |
| | 初中 | 69.0% | 20.6% | 10.4% | 100.0% |
| | 高中或中专 | 71.0% | 18.8% | 10.2% | 100.0% |
| | 大专 | 66.6% | 22.1% | 11.3% | 100.0% |
| | 本科 | 62.6% | 26.2% | 11.3% | 100.0% |
| | 研究生 | 51.3% | 41.0% | 7.7% | 100.0% |
| 月收入 | 1500以下 | 64.0% | 26.3% | 9.7% | 100.0% |
| | 1501–2000 | 68.3% | 19.5% | 12.2% | 100.0% |
| | 2001–3000 | 69.2% | 21.7% | 9.0% | 100.0% |
| | 3001–4000 | 70.1% | 20.3% | 9.5% | 100.0% |
| | 4001–5000 | 70.5% | 18.9% | 10.6% | 100.0% |
| | 5001–6000 | 68.5% | 17.5% | 14.0% | 100.0% |
| | 6001–7500 | 65.3% | 20.8% | 13.9% | 100.0% |
| | 7501以上 | 60.7% | 21.3% | 18.0% | 100.0% |

续表

<table>
<tr><th colspan="2"></th><th colspan="3">在以下房屋中您最倾向租住哪一种</th><th rowspan="2">合计</th></tr>
<tr><th colspan="2"></th><th>城中村村民建的8平米、月租400元的独立单间</th><th>政府建的12平米、4人1间、人均月租200元的集体宿舍</th><th>政府建的15平米、6人1间、人均月租150元的集体宿舍</th></tr>
<tr><td rowspan="7">职业</td><td>工人</td><td>72.1%</td><td>16.2%</td><td>11.8%</td><td>100.0%</td></tr>
<tr><td>公司、超市销售人员</td><td>68.2%</td><td>20.6%</td><td>11.2%</td><td>100.0%</td></tr>
<tr><td>摆摊者、拾荒者或司机</td><td>64.0%</td><td>26.4%</td><td>9.6%</td><td>100.0%</td></tr>
<tr><td>饭店、宾馆、美发店服务员</td><td>66.8%</td><td>25.0%</td><td>8.2%</td><td>100.0%</td></tr>
<tr><td>企事业单位管理或技术人员</td><td>69.4%</td><td>21.2%</td><td>9.4%</td><td>100.0%</td></tr>
<tr><td>个体或私营老板</td><td>65.8%</td><td>20.7%</td><td>13.6%</td><td>100.0%</td></tr>
<tr><td>其他</td><td>68.5%</td><td>19.6%</td><td>11.9%</td><td>100.0%</td></tr>
<tr><td rowspan="5">居住年限</td><td>不到1年</td><td>66.4%</td><td>24.7%</td><td>8.9%</td><td>100.0%</td></tr>
<tr><td>1-2年</td><td>70.8%</td><td>20.1%</td><td>9.1%</td><td>100.0%</td></tr>
<tr><td>3-5年</td><td>68.4%</td><td>20.0%</td><td>11.6%</td><td>100.0%</td></tr>
<tr><td>6-10年</td><td>65.1%</td><td>21.1%</td><td>13.8%</td><td>100.0%</td></tr>
<tr><td>11年以上</td><td>69.0%</td><td>19.0%</td><td>11.9%</td><td>100.0%</td></tr>
<tr><td rowspan="2">户籍</td><td>农业户口</td><td>69.4%</td><td>20.0%</td><td>10.6%</td><td>100.0%</td></tr>
<tr><td>城镇非农业户口</td><td>65.7%</td><td>23.4%</td><td>10.8%</td><td>100.0%</td></tr>
</table>

根据表8-20,可以得出以下几点认识。

第一,城乡结合部流动人口多以家庭方式流动,人均租房面积、按月支付的房租均较低,租住方式以合租为主,所租房屋多有厨卫设施。表8-10中,65%的流动人口人均租房面积在15平米以下,约45%的流动人口人均租房面积在11平米以下,约57.9%的流动人口人均租房面积在8-20平米,分别有62.9%、54.9%的流动人口所租房屋内有厕所、厨房,表明城乡结合部流动人口居住空间虽较简陋、拥挤,但也并非媒体时常渲染的那样拥挤、简陋不堪。与高度狭小、拥挤的城区群租房相比,城乡结合部流动人口的居住空间要宽敞得多。表11中,70%的流动人口月房租为201-1000元,月房租1001元以上者为17%,月房租1501元以上者仅9%,表明城乡结合部流动人口每月房租支出相对较低。月房租支出之所以相对较低,主要原因有二:一是城乡结合部出租屋租金本身较低;二是城乡结合部流动人口租住方式以合租为主,两人或多人分摊租金的合租形式降低了个人承担的租金。表12中,独立租住的流动人口仅占27%,非独立租住的流动人口高达73%。其中,与家人或对象合租的高达42%,表明城乡结合部流动人口颇多以家庭或准家庭的方式流动。虽然流动人口由于大都市房价高企等原因就地定居意愿相对薄弱[1],但是昔日单飞式"候鸟"型流动人口日趋减少。表11中,房租400元以下者为27.7%,200元以下者仅占5.5%,表明城乡结合部出租房的租金虽然不高,但是特别廉价的出租房也较少见。

第二,流动人口选择骑自行车、步行的方式上班与选择乘坐地铁、公交的方式上班的比例相仿,租住城乡结合部的主要原因是交通近便、就地做生意、房租低等。表13中,选择骑自行车、步行上班者共计41.4%,选择乘坐地铁或公交上班者为40.8%,二者大体相等,表明城乡结合部流动人口既多就近居住、上班,也不乏乘坐公交、地铁到相对较远的地方上班者。表14中,因房租低、交通近便、便于子女教育、就地做生意、亲友或老乡多、单位统一租而租住城乡结合部的流动人口分别为18.8%、25.5%、8.6%、21.8%、5.0%、7.8%,其中因交通近便、在本地做生意、房租低而租住城乡结合部的流动人口高达66.1%,表明交通近便、房租低、就地做生意等是流动人口租住城乡结合部的主要原因,其他因素相对这些因素并不突出。

第三,流动人口对租住城乡结合部最不满意的是太吵、太挤、太脏或不安全等,总体满意程度一般。表16中,分别有13.7%、22.4%、14.5%、17.0%、6.2%、26.2%的流动人口对所租房屋最不满意项是不安全、太吵、太脏、太挤、人际关系难处、其他因素。其中,前四者相加高达67.6%,表明太吵、太挤、太脏、不安全等是城乡结合部出租屋(多为违法建设)的突出弊端。仅13.7%的流动人口对所租城乡结合部房屋的最不满意项是不安全,这与城乡结合部出租屋广为存在的建筑、消防、治安等安全隐患相比形成了很大的反差,表明在大都市城区高房价、高房租的重压下,中低收入流动人口对城乡结合部出租房广为存在的安全隐患已趋于麻木。该心态在城乡结合部流动人口对所租房屋的满意率上同样有所表露。表15中,对所租房屋自觉满意或不满意的分别只占18.8%、18.0%,而感觉一般

---

[1] 参见本书"第七章 居住因素对城乡结合部流动人口定居意愿的影响研究"。

或说不清者却高达63.2%,这些"一般"和"说不清"的背后应该同样不乏城乡结合部流动人口对住房问题的麻木与无奈。

第四,城乡结合部流动人口租房时未必一味追求低房租,相对政府提供的多人间集体宿舍而言,城乡结合部流动人口更倾向于城乡结合部村庄小微型单间出租房。表17中,愿意选择"月租700元、15平米、内设厨卫的套房"的流动人口高达52.6%,分别是选择"月租300元、7平米的独立单间"选择"月租1200元、25平米、内设厨卫的套房"选择"月租1700元、50平米、内设厨卫的套房"者的2倍多、3倍多和近6倍。将可能会对租房选择意愿产生影响的婚姻、租住方式、性别、学历、收入、居住年限、户籍等因素与租房选择意愿进行交叉(详见表19)分析,可知城乡结合部流动人口无论何种婚姻状况、租住方式、学历背景、月收入、职业以及在本地居住年限的长短,选择"月租700元、15平米、内设厨卫的套房"者几乎都显著高于选择"月租300元、7平米的独立单间""月租1200元、25平米、内设厨卫的套房""月租1700元、50平米、内设厨卫的套房"者[1],说明相对无厨卫设施的廉价单间而言,城乡结合部流动人口更倾向租住租金稍高一些、内设厨卫的迷你小套间;相对租金较高、面积较大的小套间而言,他们宁愿租住租金相对较低、面积相对较小的迷你套间。这些调查结果表明,城乡结合部流动人口虽追求低房租,但也并非全然不关心居住质量。在经济条件许可的情况下,他们同样会宁愿"花钱多一点,住得好一点"。

表19中,各种婚姻状况、租住方式、租住年限的流动人口选择"月租300元、7平米的独立单间"的比例均高于甚至显著高于选择"月租1200元、25平米、内设厨卫的套房"和选择"月租1700元、50平米、内设厨卫的套房"的比例,表明当房租高到一定程度,城乡结合部流动人口宁可牺牲居住质量,选择没有厨卫设施、面积极小的廉价单间。可见,政府和社会在为中低收入流动人口提供套间型租赁公寓时,"以牺牲单套面积的方式换取中低收入流动人口能接受的租价"乃是相对正确的选择。

表19中,高中以下的流动人口选择"月租1200元、25平米、内设厨卫的套房"和选择"月租1700元、50平米、内设厨卫的套房"的比例均低于选择"月租300元、7平米的独立单间"的比例;大专以上的流动人口选择"月租1200元、25平米、内

---

[1] 仅职业中的工人这个阶层稍有例外,选择"月租300元、7平米的独立单间"的比例比选择"月租700元、15平米、内设厨卫的套房"的比例高2.3%。

设厨卫的套房"的比例高于选择"月租300元、7平米的独立单间"的比例,选择"月租1700元、50平米、内设厨卫的套房"的比例低于选择"月租300元、7平米的独立单间"的比例;本科以上的流动人口选择"月租1200元、25平米、内设厨卫的套房"和选择"月租1700元、50平米、内设厨卫的套房"的比例均高于选择"月租300元、7平米的独立单间"的比例。月收入4000以下的流动人口选择"月租1200元、25平米、内设厨卫的套房"和"月租1700元、50平米、内设厨卫的套房"的比例均低于选择"月租300元、7平米的独立单间"的比例;月收入4001-5000的流动人口选择"月租1200元、25平米、内设厨卫的套房"的比例高于选择"月租300元、7平米的独立单间"的比例,选择"月租1700元、50平米、内设厨卫的套房"的比例低于选择"月租300元、7平米的独立单间"的比例;月收入5001以上的流动人口选择"月租1200元、25平米、内设厨卫的套房"和"月租1700元、50平米、内设厨卫的套房"的比例均高于选择"月租300元、7平米的独立单间"的比例。这些调查结果表明,随着学历和收入的增加,流动人口对居住面积、居住质量的追求相应地有所增加。

表19中,"工人""公司、超市销售人员""摆摊者、拾荒者或司机""饭店、宾馆、美发店服务员"选择"月租1200元、25平米、内设厨卫的套房"和"月租1700元、50平米、内设厨卫的套房"的比例均低于选择"月租300元、7平米的独立单间"的比例;企事业单位管理或技术人员选择"月租1200元、25平米、内设厨卫的套房"的比例高于选择"月租300元、7平米的独立单间"的比例,选择"月租1700元、50平米、内设厨卫的套房"的比例低于选择"月租300元、7平米的独立单间"的比例;个体或私营老板选择"月租1200元、25平米、内设厨卫的套房"和"月租1700元、50平米、内设厨卫的套房"的比例均高于选择"月租300元、7平米的独立单间"的比例。农业户口选择"月租1200元、25平米、内设厨卫的套房"和"月租1700元、50平米、内设厨卫的套房"的比例均低于选择"月租300元、7平米的独立单间"的比例;城镇非农业户口选择"月租1200元、25平米、内设厨卫的套房"的比例高于选择"月租300元、7平米的独立单间"的比例,选择"月租1700元、50平米、内设厨卫的套房"的比例低于选择"月租300元、7平米的独立单间"的比例。这些调查结果表明,职业和户籍对城乡结合部流动人口居住选择同样存在较突出的影响。总体而言,企事业单位管理或技术人员、个体或私营老板比工人、公司销售人员更倾向租住面积相对较大、设施相对较好、租金相对较高的迷你套间;城镇

非农业人口比农业人口更倾向租住面积相对较大、设施相对较好、租金相对较高的迷你套间。

表18中,选择"城中村村民建的8平米、月租400元的独立单间"的比例高达68.2%,分别是选择"政府建的12平米、4人1间、人均月租200元的集体宿舍"、"政府建的15平米、6人1间、人均月租150元的集体宿舍"的比例的3倍、6倍多。将可能会对租房选择意愿产生影响的婚姻、租住方式、性别、学历、收入、居住年限、户籍等因素与租房选择意愿进行交叉制表(详见表20)分析,可见无论何种婚姻状况、租住方式、学历、职业、月收入、居住年限及户籍情况,城乡结合部流动人口选择"城中村村民建的8平米、月租400元的独立单间"的比例均高于选择"政府建的12平米、4人1间、人均月租200元的集体宿舍""政府建的15平米、6人1间、人均月租150元的集体宿舍"的比例,选择"政府建的12平米、4人1间、人均月租200元的集体宿舍"的比例基本上也都高于选择"政府建的15平米、6人1间、人均月租150元的集体宿舍"的比例。这些调查结果说明,在相对廉价的前提下,城乡结合部流动人口宁愿选择价钱稍贵一些、安全状况差一些、管理乱一些的城中村小微型单间,而非政府提供的租金更低、管理更好、安全状况更好的多人间集体宿舍。可见,流动人口租住集体公寓时不仅关注租金高低问题,也在意同屋居住人数的多少,亦即居住私密性问题。

二、城乡结合部村庄流动人口租房程序与管理

(一)租房途径

**表21 城乡结合部流动人口通常通过何种途径租房**

| 通过何种途径租房分组 | 有效频次 | 有效百分比 | 累计百分比 |
| --- | --- | --- | --- |
| 自己上门找 | 1489 | 48.8% | 48.8% |
| 熟人 | 626 | 20.5% | 69.3% |
| 房屋中介 | 342 | 11.2% | 80.5% |
| 网络 | 259 | 8.5% | 89.0% |
| 单位统一租 | 220 | 7.2% | 96.2% |
| 其他 | 115 | 3.8% | 100.0% |

未回答人数:19人。

## (二)租房合同

**表22　城乡结合部流动人口签订租房合同情况**

| 签订租房合同情况分组 | 有效频次 | 有效百分比 | 累计百分比 |
| --- | --- | --- | --- |
| 常签 | 1124 | 39.0% | 39.0% |
| 偶尔签 | 806 | 28.0% | 67.0% |
| 不签 | 950 | 33.0% | 100.0% |

未回答人数：190人。

## (三)不签租房合同的原因

**表23　城乡结合部流动人口不签租房合同的原因**

| 不签租房合同原因分组 | 有效频次 | 有效百分比 | 累计百分比 |
| --- | --- | --- | --- |
| 感到没必要 | 545 | 18.3% | 18.3% |
| 维权意识弱 | 842 | 28.3% | 46.6% |
| 嫌麻烦 | 617 | 20.7% | 67.3% |
| 房东不签 | 625 | 21.0% | 88.3% |
| 其他 | 350 | 11.7% | 100.0% |

未回答人数：91人。

## (四)房租交付凭证

**表24　城乡结合部流动人口房租交付凭证**

| 房租交付凭证分组 | 有效频次 | 有效百分比 | 累计百分比 |
| --- | --- | --- | --- |
| 有收条为证 | 1550 | 55.7% | 55.7% |
| 有发票为证 | 465 | 16.7% | 72.4% |
| 无凭证 | 636 | 22.9% | 95.3 |
| 其他 | 131 | 4.7% | 100.0% |

未回答人数：288人。

## (五)房东是否侵犯权益

**表25　城乡结合部流动人口权益是否常被房东侵犯**

| 权益是否常被房东侵犯分组 | 有效频次 | 有效百分比 | 累计百分比 |
| --- | --- | --- | --- |
| 经常 | 208 | 6.9% | 6.9% |
| 偶尔 | 791 | 26.2% | 33.1% |
| 没有 | 2023 | 66.9% | 100.0% |

未回答人数:48人。

## (六)遭遇租房纠纷的几率

**表26　城乡结合部流动人口遭遇租房纠纷的几率**

| 遭遇租房纠纷分组 | 有效频次 | 有效百分比 | 累计百分比 |
| --- | --- | --- | --- |
| 经常 | 175 | 5.9% | 5.9% |
| 偶尔 | 715 | 24.2% | 30.1% |
| 没有 | 2067 | 69.9% | 100.0% |

未回答人数:113人。

## (七)遭遇租房纠纷时的表现

**表27　城乡结合部流动人口遭遇租房纠纷时的最常见表现**

| 遭遇租房纠纷时的表现分组 | 有效频次 | 有效百分比 | 累计百分比 |
| --- | --- | --- | --- |
| 忍气吞声 | 831 | 28.1% | 28.1% |
| 找亲友帮忙 | 473 | 16.0% | 44.1% |
| 找政府或其他组织调解 | 461 | 15.6% | 59.7% |
| 通过法律解决 | 518 | 17.5% | 77.2% |
| 其他 | 673 | 22.8% | 100.0% |

未回答人数:114人。

## （八）转租房屋时是否告诉房东

表28　城乡结合部流动人口转租房屋时是否告诉房东

| 转租房屋时是否告知房东分组 | 有效频次 | 有效百分比 | 累计百分比 |
| --- | --- | --- | --- |
| 会告知 | 1804 | 60.9% | 60.9% |
| 不会告知 | 492 | 16.6% | 77.5% |
| 看情况 | 667 | 22.5% | 100.0% |

未回答人数：107人。

## （九）是否配合流动人口信息登记工作

表29　城乡结合部流动人口配合管理人员上门登记流动人口信息情况

| 配合情况分组 | 有效频次 | 有效百分比 | 累计百分比 |
| --- | --- | --- | --- |
| 会配合 | 2328 | 79.3% | 79.3% |
| 不会配合 | 276 | 9.4% | 88.7% |
| 看情况 | 333 | 11.3% | 100.0% |

未回答人数：133人。

## （十）暂住证或居住证办理情况

表30　城乡结合部流动人口暂住证或居住证办理情况

| 办理暂住证或居住证情况分组 | 有效频次 | 有效百分比 | 累计百分比 |
| --- | --- | --- | --- |
| 办过 | 1916 | 64.3% | 64.3% |
| 没办过 | 837 | 28.1% | 92.4% |
| 正在办 | 226 | 7.6% | 100.0% |

未回答人数：91人。

## （十一）不办暂住证或居住证的原因

表31　城乡结合部流动人口不办暂住证或居住证的原因

| 原因分组 | 有效频次 | 有效百分比 | 累计百分比 |
| --- | --- | --- | --- |
| 不知道要办 | 466 | 16.4 | 16.4% |
| 感到没必要 | 933 | 32.8 | 49.2% |
| 嫌麻烦 | 893 | 31.4 | 80.6% |
| 其他 | 552 | 19.4 | 100.0% |

未回答人数：266人。

## （十二）年龄、性别、学历、收入、职业、居住年限、户籍与租房途径的交叉分析

表32 年龄、性别、学历、收入、职业、居住年限、户籍与租房途径的交叉分析

| | | 租房途径 | | | | | | 合计 |
|---|---|---|---|---|---|---|---|---|
| | | 自己上门找 | 熟人 | 房屋中介 | 网络 | 单位统一租 | 其他 | |
| 年龄 | 19岁以下 | 41.7% | 28.1% | 9.4% | 4.2% | 8.9% | 7.8% | 100.0% |
| | 20-29岁 | 47.1% | 19.8% | 11.2% | 10.8% | 7.6% | 3.4% | 100.0% |
| | 30-39岁 | 51.5% | 21.2% | 11.3% | 6.7% | 5.6% | 3.7% | 100.0% |
| | 40-49岁 | 58.0% | 19.3% | 13.2% | 2.4% | 5.1% | 2.0% | 100.0% |
| | 50岁以上 | 47.1% | 11.4% | 7.1% | 5.7% | 17.1% | 11.4% | 100.0% |
| 性别 | 男 | 50.5% | 19.6% | 9.6% | 8.8% | 7.6% | 3.9% | 100.0% |
| | 女 | 44.3% | 22.4% | 13.5% | 8.4% | 7.5% | 3.9% | 100.0% |
| 学历 | 小学以下 | 59.0% | 17.5% | 7.1% | 2.2% | 8.2% | 6.0% | 100.0% |
| | 初中 | 56.4% | 22.8% | 9.3% | 2.7% | 6.4% | 2.5% | 100.0% |
| | 高中或中专 | 51.5% | 21.4% | 11.8% | 5.8% | 6.1% | 3.3% | 100.0% |
| | 大专 | 42.0% | 17.5% | 13.1% | 13.4% | 8.6% | 5.4% | 100.0% |
| | 本科 | 31.7% | 18.3% | 13.2% | 23.4% | 9.0% | 4.4% | 100.0% |
| | 研究生 | 26.7% | 20.0% | 15.6% | 22.2% | 4.4% | 11.1% | 100.0% |
| 月收入 | 1500以下 | 44.1% | 22.4% | 12.2% | 4.9% | 7.6% | 8.7% | 100.0% |
| | 1501-2000 | 49.2% | 24.2% | 11.2% | 4.3% | 6.9% | 4.1% | 100.0% |
| | 2001-3000 | 51.3% | 20.7% | 10.4% | 6.8% | 7.9% | 2.9% | 100.0% |
| | 3001-4000 | 48.8% | 20.1% | 9.7% | 11.0% | 7.7% | 2.6% | 100.0% |
| | 4001-5000 | 50.0% | 19.5% | 11.8% | 10.6% | 5.3% | 2.8% | 100.0% |
| | 5001-6000 | 51.0% | 18.5% | 9.6% | 10.8% | 5.1% | 5.1% | 100.0% |
| | 6001-7500 | 48.1% | 13.0% | 14.8% | 12.0% | 9.3% | 2.8% | 100.0% |
| | 7501以上 | 39.9% | 15.0% | 15.5% | 17.4% | 6.6% | 5.6% | 100.0% |

续表

|  |  | 租房途径 |  |  |  |  |  | 合计 |
|---|---|---|---|---|---|---|---|---|
|  |  | 自己上门找 | 熟人 | 房屋中介 | 网络 | 单位统一租 | 其他 |  |
| 职业 | 工人 | 53.6% | 23.2% | 4.4% | 2.9% | 12.5% | 3.4% | 100.0% |
|  | 公司、超市销售人员 | 44.4% | 22.2% | 15.0% | 8.5% | 6.1% | 3.8% | 100.0% |
|  | 摆摊者、拾荒者或司机 | 59.4% | 20.3% | 8.8% | 5.0% | 3.8% | 2.7% | 100.0% |
|  | 饭店、宾馆、美发店服务员 | 51.8% | 20.0% | 13.5% | 4.8% | 6.3% | 3.6% | 100.0% |
|  | 企事业单位管理或技术人员 | 40.6% | 19.0% | 10.0% | 17.9% | 9.8% | 2.6% | 100.0% |
|  | 个体或私营老板 | 57.3% | 12.7% | 16.7% | 7.7% | 2.6% | 3.1% | 100.0% |
|  | 其他 | 42.5% | 24.5% | 9.0% | 9.2% | 8.3% | 6.4% | 100.0% |
| 居住年限 | 不到1年 | 38.7% | 24.2% | 11.1% | 11.4% | 11.4% | 3.1% | 100.0% |
|  | 1-2年 | 47.4% | 21.7% | 11.4% | 8.6% | 7.6% | 3.4% | 100.0% |
|  | 3-5年 | 50.8% | 20.4% | 10.8% | 7.9% | 6.2% | 4.0% | 100.0% |
|  | 6-10年 | 56.2% | 18.5% | 9.5% | 7.6% | 4.7% | 3.5% | 100.0% |
|  | 11年以上 | 54.8% | 15.8% | 14.4% | 5.5% | 4.1% | 5.5% | 100.0% |
| 户籍 | 农业户口 | 51.5% | 20.7% | 10.3% | 6.8% | 7.2% | 3.5% | 100.0% |
|  | 城镇非农业户口 | 40.7% | 19.7% | 14.0% | 13.4% | 8.0% | 4.2% | 100.0% |

(十三)年龄、性别、学历、收入、职业、居住年限、户籍与租房合同的交叉分析

表33 年龄、性别、学历、收入、职业、居住年限、户籍与租房合同的交叉分析

| | | 租房合同 | | | 合计 |
|---|---|---|---|---|---|
| | | 常签 | 偶尔签 | 不签 | |
| 年龄 | 19岁以下 | 35.4% | 29.2% | 35.4% | 100.0% |
| | 20-29岁 | 44.0% | 30.0% | 25.9% | 100.0% |
| | 30-39岁 | 33.6% | 26.1% | 40.3% | 100.0% |
| | 40-49岁 | 28.6% | 22.9% | 48.5% | 100.0% |
| | 50岁以上 | 31.1% | 4.9% | 63.9% | 100.0% |
| 性别 | 男 | 38.0% | 27.6% | 34.4% | 100.0% |
| | 女 | 42.0% | 27.5% | 30.4% | 100.0% |
| 学历 | 小学以下 | 26.7% | 25.5% | 47.9% | 100.0% |
| | 初中 | 33.1% | 25.8% | 41.2% | 100.0% |
| | 高中或中专 | 38.9% | 29.1% | 32.1% | 100.0% |
| | 大专 | 44.1% | 30.6% | 25.3% | 100.0% |
| | 本科 | 54.2% | 25.6% | 20.1% | 100.0% |
| | 研究生 | 44.2% | 18.6% | 37.2% | 100.0% |
| 月收入 | 1500以下 | 40.7% | 25.8% | 33.5% | 100.0% |
| | 1501-2000 | 37.8% | 29.4% | 32.8% | 100.0% |
| | 2001-3000 | 32.9% | 31.4% | 35.6% | 100.0% |
| | 3001-4000 | 41.3% | 28.3% | 30.4% | 100.0% |
| | 4001-5000 | 48.5% | 24.7% | 26.8% | 100.0% |
| | 5001-6000 | 38.3% | 24.8% | 36.9% | 100.0% |
| | 6001-7500 | 49.0% | 21.6% | 29.4% | 100.0% |
| | 7501以上 | 43.0% | 24.0% | 33.0% | 100.0% |
| 职业 | 工人 | 23.6% | 24.5% | 51.9% | 100.0% |
| | 公司、超市销售人员 | 41.2% | 32.4% | 26.4% | 100.0% |
| | 摆摊者、拾荒者或司机 | 23.9% | 35.7% | 40.3% | 100.0% |
| | 饭店、宾馆、美发店服务员 | 41.9% | 28.8% | 29.3% | 100.0% |
| | 企事业单位管理或技术人员 | 48.4% | 28.4% | 23.2% | 100.0% |
| | 个体或私营老板 | 47.1% | 22.3% | 30.6% | 100.0% |
| | 其他 | 39.5% | 27.0% | 33.5% | 100.0% |

续表

|  |  | 租房合同 |  |  | 合计 |
|---|---|---|---|---|---|
|  |  | 常签 | 偶尔签 | 不签 |  |
| 居住年限 | 不到1年 | 43.4% | 29.8% | 26.8% | 100.0% |
|  | 1—2年 | 39.4% | 33.2% | 27.4% | 100.0% |
|  | 3—5年 | 37.0% | 28.0% | 35.1% | 100.0% |
|  | 6—10年 | 38.3% | 21.5% | 40.2% | 100.0% |
|  | 11年以上 | 38.3% | 22.7% | 39.0% | 100.0% |
| 户籍 | 农业户口 | 36.5% | 28.3% | 35.2% | 100.0% |
|  | 城镇非农业户口 | 45.4% | 27.4% | 27.2% | 100.0% |

根据表21-33,可以得出以下几点认识。

第一,城乡结合部流动人口主要通过自己上门找、熟人介绍的方式租房,租房时常签租房合同的属少数,不签租房合同的主要原因是维权意识弱、嫌麻烦、房东不愿意签等,交房租时多有收条或发票为证。表21中,分别有48.8%、20.5%的流动人口通过自己上门找、熟人介绍的方式租房,分别有11.2%、8.5%、7.2%、3.8%的流动人口通过房屋中介、网络、单位统一租或其他方式租房,表明城乡结合部流动人口大多以自己上门找、熟人介绍的方式(尤其是前者)租房,通过房屋中介、网络、单位统一租赁等方式租房者不占多数。将可能会对租房方式产生显著影响的年龄、性别、学历、收入、职业、户籍等因素与租房途径进行交叉制表(详见表32)分析,可见除本科以上学历、月收入7501以上、居住1年以下者外,无论何种年龄、性别、学历、收入、职业、居住年限、户籍状况,亲自上门寻找出租房者高达40%以上,而且即使没达到40%,也多接近40%。该调查结果表明,自己上门寻找出租房是城乡结合部流动人口最常见的租房途径之一。该租房方式与城区流动人口经常通过网络、中介方式寻找出租房形成了鲜明对比。本科以上学历、月收入7501以上、居住1年以下或19岁以下者较少亲自上门寻找出租房,说明随着学历、收入的增高,城乡结合部流动人口采用该方式租房者有所减少;新一代较老一代城乡结合部流动人口采用该方式租房者有所减少。除了亲自上门寻找出租房外,通过"熟人"介绍租房在其他各种租房方式中尤显突出;通过"网络"租房则在20-29岁年龄段、大专以上(尤其是本科以上)学历、月收入3001以上(尤其是7001以上)的流动人口中相对突出。这些调查结果也印证了学历、月收入的提升和人口的年轻化对城乡结合部流动人口租房方式存在如上影响。女性亲自上门寻找出租房的比例低于男性、通过熟人和中介寻找出租房比例高于男性,与女性戒备心理一般高于男性是一致的。城镇非农业人口亲自上门寻找出租房的比例明显低于农业人口而通过熟人和中介寻找出租房比例高于农业人口,与非农业人口的文化程度、收入总体上高于农业人口是一致的。"单位统一租"的方式普遍不显突出,与用人单位多不在城乡结合部村庄为外来务工人员租房是一致的。

表22中,分别有39%、28%、33%的流动人口租房时常签、偶尔签、不签租房合同;表24中,分别有55.7%、16.7%、22.9%、4.7%的流动人口租房时有收条为证、有发票为证、无凭证或其他。不常签租房合同者属多数的调查结果表明城乡结合部流动人口的法治意识、权利意识比较淡薄。与不常签租房合同不同的是,流动人口交房租时多会以收条甚至发票为证。不签租房合同而只在交房租时留有收条或发票为证,甚至既不签租房合同也不在交房租时留有收条或发票为证,为日后的租房纠纷埋下了种子。将可能对租房方式产生影响的年龄、性别、学历、收入、职业、户籍等因素与是否经常签订租房合同进行交叉制表(详见表33)分析,可知39岁以下(尤其是20－29岁)的流动人口经常签订租房合同的比例高于40岁以上的流动人口,高中以上(尤其是大专以上)的流动人口经常签订租房合同的比例高于初中以下的流动人口,月收入3001以上的流动人口经常签订租房合同的比例大体上高于月收入3000以下的流动人口,城镇非农业人口经常签订租房合同的比例高于农业人口,企事业单位管理或技术人员经常签订租房合同的比例高于其他职业的流动人口。该特征与前者的权利意识、法制意识总体上高于后者是一致的。女性经常签订租房合同的比例高于男性与女性相对谨慎的特征是吻合的。"工人""摆摊者、拾荒者或司机""公司、超市销售人员""饭店、宾馆、美发店服务员"经常签租房合同的比例低于甚至显著低于"企事业单位管理或技术人员",与企事业单位管理或技术人员文化素质相对较高、法治及权利意识相对较强是一致的;"个体或私营老板"常签租房合同的比例高于甚至显著高于"工人""摆摊者、拾荒者或司机""公司、超市销售人员""饭店、宾馆、美发店服务员",可能与前者常利用出租房进行经营活动、与房东签订租房合同有利于经营稳定有关。表23中,分别有18.3%、28.3%、20.7%、21.0%、11.7%的流动人口认为流动人口之所以不签合同的最主要原因是感到没必要、维权意识弱、嫌麻烦、房东不签或其他因素,表明流动人口不常签租房合同既有自身方面的原因,也有房东方

面的原因,但自身权利意识淡薄和嫌麻烦才是主要原因。

第二,流动人口经常遭遇房东侵权或租房纠纷的现象并不突出;遭遇租房纠纷时,大多不会找政府及其他组织调解,或者借助法律手段解决;有一定比例的流动人口将所租房屋转租时会不告知房东或看情况告知房东。表25中,66.9%的流动人口表示没有遭遇过房东侵权,分别有26.2%、6.9%的流动人口表示偶尔或经常遭遇房东侵权;69.9%的流动人口表示没有遭遇过租房纠纷,分别有24.2%、5.9%的流动人口表示偶尔或经常遭遇租房纠纷。这些调查结果表明,虽然多数流动人口不曾遭受房东侵权或租房纠纷,但仍有一定比例的流动人口偶尔遭受房东侵权或租房纠纷。分别有28.1%、38.8%的流动人口认为流动人口遇到租房纠纷时最经常的表现是忍气吞声、找亲友帮忙或其他手段解决,只有33.1%的流动人口认为流动人口最经常的表现是通过法律手段解决、找政府或其他组织调解,可见流动人口租房时法治意识、维权意识的相对薄弱。该方面的薄弱既会使流动人口的租房权益得不到合理保护,也会增加解决租房纠纷时的暴力风险。分别有16.6%、22.5%的流动人口将所租房屋转租时会不告知房东或看情况告知房东,二者共计近40%,虽非多数,但也足以反映流动人口自身守法意识和规则意识的相对欠缺。

第三,管理人员上门登记流动人口信息时,多数流动人口会配合;多数流动人口办过暂住证或居住证,流动人口不办暂住证或居住证的主要原因是感到没必要、嫌麻烦和不知道要办等。表30中,分别有64.3%、7.6%的流动人口表示办过或正在办暂住证或居住证,28.1%的流动人口表示没办过暂住证或居住证,表明在政府一再号召、鼓励和督促下,虽有较多流动人口已办理或正在办理暂住证或居住证,但仍有相当一部分流动人口尚未办理暂住证或居住证,该项工作有待进一步加强。表31中,分别有32.8%、31.4%、16.4%的流动人口认为流动人口不办暂住证或居住证的最主要原因是感到没必要、嫌麻烦、不知道要办,三者共计80.6%,表明政府既要加强暂住证、居住证方面的宣传力度,更要简化暂住证、居住证的办理程序,增加暂住证、居住证背后的公共服务和福利,吸引并方便流动人口办理暂住证或居住证。

## 三、城乡结合部村庄流动人口社区服务、参与及融入

### (一)最需本地政府提供的服务

表34 城乡结合部流动人口最需本地政府提供哪一种服务

| 最需本地政府提供的服务分组 | 有效频次 | 有效百分比 | 累计百分比 |
| --- | --- | --- | --- |
| 住房服务 | 986 | 33.7% | 33.7% |
| 子女教育服务 | 694 | 23.7% | 57.4% |
| 就业服务 | 636 | 21.7% | 79.1% |
| 医疗服务 | 337 | 11.5% | 90.6% |
| 其他 | 274 | 9.4% | 100.0% |

未回答人数:143人。

### (二)对本地流动人口居住服务工作满意度

表35 城乡结合部流动人口对本地流动人口居住服务工作满意度

| 对本地流动人口居住服务工作满意度分组 | 有效频次 | 有效百分比 | 累计百分比 |
| --- | --- | --- | --- |
| 满意 | 486 | 16.0% | 16.0% |
| 一般 | 1626 | 53.6% | 69.6% |
| 不满意 | 597 | 19.7% | 89.3% |
| 说不清 | 325 | 10.7% | 100.0% |

未回答人数:36人。

### (三)对本地流动人口医疗服务工作满意度

表36 城乡结合部流动人口对本地流动人口医疗服务工作满意度

| 对本地流动人口医疗服务工作满意度分组 | 有效频次 | 有效百分比 | 累计百分比 |
| --- | --- | --- | --- |
| 满意 | 366 | 12.1% | 12.1% |
| 一般 | 1419 | 46.8% | 58.9% |
| 不满意 | 859 | 28.3% | 87.2% |
| 说不清 | 389 | 12.8% | 100.0% |

未回答人数:37人。

## (四)对本地流动人口子女教育服务工作满意度

表37 城乡结合部流动人口对本地流动人口子女教育服务工作满意度

| 对本地流动人口子女教育服务工作满意度分组 | 有效频次 | 有效百分比 | 累计百分比 |
| --- | --- | --- | --- |
| 满意 | 348 | 11.5% | 11.5% |
| 一般 | 1335 | 44.2% | 55.7% |
| 不满意 | 856 | 28.3% | 84.0% |
| 说不清 | 483 | 16.0% | 100.0% |

未回答人数:48人。

## (五)对本地流动人口治安管理工作满意度

表38 城乡结合部流动人口对本地流动人口治安管理工作满意度

| 对本地流动人口治安管理工作满意度分组 | 有效频次 | 有效百分比 | 累计百分比 |
| --- | --- | --- | --- |
| 满意 | 434 | 14.4% | 14.4% |
| 一般 | 1422 | 47.2% | 61.6% |
| 不满意 | 872 | 28.9% | 90.5% |
| 说不清 | 285 | 9.5% | 100.0% |

未回答人数:57人。

## (六)社会管理或服务参与频率

表39 城乡结合部流动人口是否经常参加本地社会管理或服务工作

| 社会管理或服务参与频率分组 | 有效频次 | 有效百分比 | 累计百分比 |
| --- | --- | --- | --- |
| 经常参与 | 249 | 8.3% | 8.3% |
| 偶尔参与 | 923 | 30.9% | 39.3% |
| 没有参与 | 1812 | 60.7% | 100.0% |

未回答人数:86人。

## (七)社会管理或服务参与愿望

**表40　城乡结合部流动人口是否想参加本地社会管理或服务工作**

| 社会管理或服务参与愿望分组 | 有效频次 | 有效百分比 | 累计百分比 |
| --- | --- | --- | --- |
| 想参与 | 867 | 29.4% | 29.4% |
| 不想参与 | 1030 | 35.0% | 64.4% |
| 说不清 | 1047 | 35.6% | 100.0% |

未回答人数：126人。

## (八)与本地人打交道的频率

**表41　城乡结合部流动人口是否常与本地人打交道**

| 与本地人打交道频率分组 | 有效频次 | 有效百分比 | 累计百分比 |
| --- | --- | --- | --- |
| 经常 | 944 | 32.4% | 32.4% |
| 偶尔 | 1392 | 47.8% | 80.2% |
| 没有 | 575 | 19.8% | 100.0% |

未回答人数：159人。

## (九)与本地人结交朋友的情况

**表42　城乡结合部流动人口与本地人结交朋友的情况**

| 本地朋友多少分组 | 有效频次 | 有效百分比 | 累计百分比 |
| --- | --- | --- | --- |
| 多 | 341 | 11.3% | 11.3% |
| 较多 | 362 | 12.0% | 23.3% |
| 一般 | 1162 | 38.6% | 61.9% |
| 较少 | 587 | 19.5% | 81.4% |
| 少 | 315 | 10.5% | 91.8% |
| 没有 | 246 | 8.2% | 100.0% |

未回答人数：57人。

## (十)在本地是否常有"家"的感觉

表43 城乡结合部流动人口在本地是否常有"家"的感觉

| "家"的感觉分组 | 有效频次 | 有效百分比 | 累计百分比 |
|---|---|---|---|
| 经常有 | 515 | 17.4% | 17.4% |
| 偶尔有 | 1106 | 37.3% | 54.6% |
| 没有 | 1347 | 45.4% | 100.0% |

未回答人数:102人。

## (十一)定居意愿

表44 城乡结合部流动人口将来的定居意愿

| 定居意愿分组 | 有效频次 | 有效百分比 | 累计百分比 |
|---|---|---|---|
| 在本地定居 | 764 | 26.1% | 26.1% |
| 回老家定居 | 1602 | 54.8% | 80.9% |
| 到其他地方定居 | 559 | 19.1% | 100.0% |

未回答人数:145人。

## (十二)在本地定居的最大困难

表45 城乡结合部流动人口在本地定居的最大困难

| 在本地定居的最大困难分组 | 有效频次 | 有效百分比 | 累计百分比 |
|---|---|---|---|
| 买房子 | 1072 | 35.9% | 35.9% |
| 本地户口 | 313 | 10.5% | 46.4% |
| 稳定的工作 | 580 | 19.4% | 65.8% |
| 子女上学 | 430 | 14.4% | 80.2% |
| 社会保障 | 323 | 10.8% | 91.0% |
| 其他 | 268 | 9.0% | 100.0% |

未回答人数:84人。

## (十三)本地买房意愿

**表46　城乡结合部流动人口在本地买房意愿**

| 本地买房意愿分组 | 有效频次 | 有效百分比 | 累计百分比 |
|---|---|---|---|
| 没考虑买 | 892 | 30.5% | 30.5% |
| 考虑但没条件 | 1460 | 50.0% | 80.5% |
| 一定买 | 295 | 10.1% | 90.6% |
| 其他 | 274 | 9.4% | 100.0% |

未回答人数:149人。

## (十四)租房定居意愿

**表47　如果在本地一直能租到合适的房子,城乡结合部流动人口愿不愿就地定居**

| 租房定居意愿分组 | 有效频次 | 有效百分比 | 累计百分比 |
|---|---|---|---|
| 会定居 | 1001 | 35.9% | 35.9% |
| 不会定居 | 989 | 35.5% | 71.4% |
| 看情况 | 799 | 28.6% | 100.0% |

未回答人数:281人。

## (十五)年龄、性别、学历、收入、职业、居住年限、户籍与租房定居意愿的交叉分析

**表48　年龄、性别、学历、收入、职业、居住年限、户籍与租房定居意愿的交叉分析**

| | | 租房定居意愿 | | | 合计 |
|---|---|---|---|---|---|
| | | 会定居 | 不会定居 | 看情况 | |
| 年龄 | 19岁以下 | 35.6% | 28.2% | 36.2% | 100.0% |
| | 20-29岁 | 35.4% | 36.3% | 28.4% | 100.0% |
| | 30-39岁 | 38.0% | 35.2% | 26.8% | 100.0% |
| | 40-49岁 | 36.1% | 33.1% | 30.8% | 100.0% |
| | 50岁以上 | 31.7% | 43.3% | 25.0% | 100.0% |
| 性别 | 男 | 37.0% | 35.0% | 28.0% | 37.0% |
| | 女 | 34.8% | 34.0% | 31.1% | 34.8% |

续表

|  |  | 租房定居意愿 |  |  | 合计 |
|---|---|---|---|---|---|
|  |  | 会定居 | 不会定居 | 看情况 |  |
| 学历 | 小学以下 | 31.0% | 44.1% | 24.8% | 100.0% |
|  | 初中 | 34.6% | 34.2% | 31.2% | 100.0% |
|  | 高中或中专 | 33.8% | 35.9% | 30.3% | 100.0% |
|  | 大专 | 39.9% | 33.8% | 26.3% | 100.0% |
|  | 本科 | 40.8% | 33.2% | 26.0% | 100.0% |
|  | 研究生 | 50.0% | 27.3% | 22.7% | 100.0% |
| 月收入 | 1500以下 | 33.7% | 40.2% | 26.1% | 100.0% |
|  | 1501–2000 | 34.5% | 32.6% | 32.9% | 100.0% |
|  | 2001–3000 | 34.9% | 35.7% | 29.4% | 100.0% |
|  | 3001–4000 | 35.0% | 35.5% | 29.5% | 100.0% |
|  | 4001–5000 | 38.9% | 39.4% | 21.7% | 100.0% |
|  | 5001–6000 | 33.7% | 40.2% | 26.1% | 100.0% |
|  | 6001–7500 | 34.5% | 32.6% | 32.9% | 100.0% |
|  | 7501以上 | 34.9% | 35.7% | 29.4% | 100.0% |
| 职业 | 工人 | 33.0% | 36.2% | 30.8% | 100.0% |
|  | 公司、超市销售人员 | 37.5% | 37.1% | 25.4% | 100.0% |
|  | 摆摊者、拾荒者或司机 | 33.3% | 47.2% | 19.4% | 100.0% |
|  | 饭店、宾馆、美发店服务员 | 33.6% | 34.9% | 31.5% | 100.0% |
|  | 企事业单位管理或技术人员 | 40.0% | 32.6% | 27.5% | 100.0% |
|  | 个体或私营老板 | 42.8% | 31.8% | 25.4% | 100.0% |
|  | 其他 | 30.5% | 33.9% | 35.6% | 100.0% |
| 居住年限 | 不到1年 | 29.0% | 41.9% | 29.1% | 100.0% |
|  | 1–2年 | 31.7% | 37.0% | 31.4% | 100.0% |
|  | 3–5年 | 35.1% | 37.0% | 27.9% | 100.0% |
|  | 6–10年 | 42.9% | 30.1% | 27.0% | 100.0% |
|  | 11年以上 | 52.8% | 21.8% | 25.5% | 100.0% |
| 户籍 | 农业户口 | 34.0% | 36.6% | 29.4% | 100.0% |
|  | 城镇非农业户口 | 40.8% | 33.2% | 26.0% | 100.0% |

根据表34-48,可以得出以下几点认识。

第一,流动人口对本地居住服务、医疗服务、子女教育服务、治安管理满意率较低,最需要本地政府提供的是住房、子女教育和就业等服务。表35-38中,流动人口对本地居住服务、医疗服务、子女教育服务和治安管理满意者分别为16%、12.1%、11.5%、14.4%,均未超过20%,表明流动人口对本地居住服务、医疗服务、子女教育服务和治安管理的不尽满意。流动人口对本地居住服务、医疗服务、子女教育服务和治安管理明确表示不满意者分别仅占19.7%、28.3%、28.3%、28.9%,均未超过30%;对本地居住服务、医疗服务、子女教育服务和治安管理感觉一般或说不清者分别为64.3%、59.6%、60.2%、56.7%,均为60%左右。如此众多的流动人口对本地居住服务、医疗服务、子女教育服务和治安管理感觉一般或说不清,可能的原因有二:一是流动人口虽对本地居住服务、医疗服务、子女教育服务和治安管理不尽满意,但在高房价、高房租的重压下对这些方面的属地化服务管理也不敢心存奢望——能在城乡结合部找到一个遮风避雨的地方,就已经心满意足了,哪敢心存奢望!这种"一般"和"说不清"的背后其实是某种无言的痛楚和无奈,而非真正地感到"一般"或"说不清"。二是被调查者面对调查者的反应性心理行为,一些被调查者出于常有的警惕和自我保护心理,既不愿意违心地说"满意",也不敢明确表示"不满意",因而选择"一般"或"说不清",这种"一般"或"说不清"的背后其实与"差""很差"并无太大区别。表34中,住房、子女教育、就业类服务位居城乡结合部流动人口最需要本地政府提供的服务的前三位,分别占33.7%、23.7%、21.7%,合计近80%,表明住房、子女教育、就业服务是城乡结合部流动人口最需要本地政府提供的服务。

第二,流动人口很少参与本地社会管理服务工作(甚至连参与本地社会管理服务工作的愿望都很缺乏),较少与本地人打交道,结交的本地人朋友不多,在本地缺乏"家"的归属感,社会参与明显不足。表39中,选择没有参加本地社会管理服务者高达60.7%,偶尔参加本地社会管理服务者达30.9%,仅8.3%的流动人口表示经常参与本地社会管理服务;表40中,分别有35%、35.6%的流动人口表示不想或说不清是否想参与本地社会管理服务,明确表示想参加本地社会管理服务者仅为29.4%,说明城乡结合部流动人口就地参与社会管理服务的愿望不强,动力不足,很少参与本地社会管理服务。

表41-43中,选择与本地人经常打交道的流动人口占32.4%,选择与本地人

偶尔打交道、不打交道的流动人口分别占47.8%、19.8%;选择结交本地朋友多、较多的流动人口分别占11.3%、12%,二者相加仅为23.3%,选择结交本地朋友数量一般、较少、少或没有结交本地朋友的流动人口分别占38.6%、19.5%、10.5%、8.2%,四者相加近80%(其中,选择结交本地朋友数量较少、少或没有结交本地朋友的流动人口共计近40%);选择在本地没有或偶尔有"家"的感觉的流动人口分别为45.4%、37.3%,二者相加超过80%,选择在本地经常有"家"的感觉的流动人口仅为17.4%。这些调查结果表明,流动人口与本地人打交道、结交本地朋友都较有限,在本地较少有"家"的归属感,社会参与的深度和广度明显不足。但就社会参与程度而言,流动人口与本地人打交道、结交本地朋友的情况胜于参与本地社会管理服务方面的情况。

第三,流动人口就地定居意愿不足,影响其就地定居的最大障碍是无力在本地购房,流动人口就地购房意愿和租房定居意愿均有待加强。表44-45中,选择将来回老家定居的流动人口高达54.8%,选择在本地定居、到其他地方定居的流动人口分别为26.1%、19.1%,说明将来回老家定居仍是一线大都市城乡结合部流动人口的主要选择,选择就地定居或再次流动到其他地方定居的现象均不突出。分别有35.9%、10.5%、19.4%、14.4%、10.8%、9%的流动人口认为就地定居的最大困难是买房子、本地户口、稳定的工作、子女上学、社会保障、其他因素,说明导致流动人口就地定居意愿较低的最主要原因是购房困难,其次是工作稳定性、随迁子女上学困难,而被社会舆论一再强调的户口、社会保障等因素并不突出。

表46中,想买房但是没有条件买房、没考虑买房、一定买房者分别为50%、30.5%、10.1%,表明在高房价的重压下,城乡结合部流动人口只有很少一部分人有能力就地买房定居,大多数人均是"想买房而没有这个能力",甚至压根就没考虑过就地买房定居。

表47中,仅35.9%的流动人口明确表示在本地若能一直租到合适的房子,则会就地定居,表明流动人口买房定居的传统意愿仍较浓厚,租房定居意愿有待进一步加强。表48中,将可能对租房定居意愿产生影响的年龄、性别、学历、收入、职业、居住年限、户籍与租房定居意愿进行交叉分析,可见50岁以上的流动人口租房定居意愿相对其他年龄段的流动人口而言租房定居意愿最弱,男性租房定居意愿强于女性,这与年岁较长的流动人口常想叶落归根、女性相对男性更渴望安居、定居的特征是一致的。不同收入的流动人口的租房定居意愿未显现某种规律

性分布,说明时下不同收入流动人口的租房定居意愿不仅都很低,而且不同收入阶层之间亦无较大区别。企事业单位管理或技术人员的租房定居意愿高于其他职业者的租房定居意愿、学历越高者租房定居意愿越高、居住时间越长者租房定居意愿越强,表明随着流动人口素质和能力的提升、居住时间的延长,他们的租房定居意愿会相应增强。

众所周知,在房价高企的大都市,流动人口租房定居意愿对他们就地市民化至关重要。如上调查结果隐约地告诉我们,政府和社会要想提升流动人口的租房定居意识,就必须增强他们的素质和能力,让他们拥有开放、务实的胸襟。同时,随着流动人口在城市居住时间的延长,个人素质和能力的提升,他们的租房定居意识也必然会有所提升。

## 5.3 境内相关探索及其得失

### 5.3.1 相关政策文本及其特征

迄今为止,我国各级政府尚未专门针对城乡结合部流动人口住房问题发布过任何政策文件,更谈不上专门针对大都市城乡结合部流动人口住房问题发布过任何政策文件。不过,因为城乡结合部流动人口基本上都是中低收入流动人口(或称外来务工经商人员),而中低收入流动人口又以农民工为主,所以中央和地方政府专门针对农民工或外来务工人员颁布的住房政策文件即是与城乡结合部流动人口居住问题相关的政策文件。

一、政策变迁

从国家政策层面来看,改革开放以来我国农民工(或称外来务工人员、流动人口等)住房政策大体可分三个时期。

一是政策空窗期——1978年–2002年。尽管我国中低收入流动人口居住难题逐渐凸显,但该问题并未引起决策层的足够重视,中央政府并未专门针对中低收入流动人口居住问题颁发专门政策文件,甚至在解决城镇低收入人口住房保障问题的政策文件中亦未明确提及中低收入流动人口居住问题。

二是政策密集期——2003年–2011年。由于工业化、城镇化的深入,农民进城务工经商更加普遍,住房需求骤增,加上城市房价、房租日益高企,以农民工为主体的中低收入流动人口住房问题日趋严峻,在科学发展观和和谐社会的执政理念指引下,中央政府先后颁布了多个有关农民工住房问题的政策文件。例如,2003年1月,国务院办公厅发布了《关于做好农民进城务工就业管理和服务工作的通知》(国办发〔2003〕1号),强调要建立农民工聚居区的环境卫生和食物安全检查制度,用人单位为农民工安排的宿舍须具备起码的卫生条件,本地政府要为农民工聚居区提供必要的基础设施,努力改善其交通和环境状况。2005年1月,建设部、财政部、中国人民银行《关于住房公积金管理若干具体问题的指导意见》(建金管〔2005〕5号)规定:"有条件的地方,城镇单位聘用进城务工人员,单位和职工可缴存住房公积金";进城务工人员购买自住住房或在户口所在地购建自住住房的,可凭证明材料,"提取本人及其配偶住房公积金账户内的存储余额。"2006年1月,国务院《关于解决农民工问题的若干意见》(国发〔2006〕5号)强调要多渠道改善农民工居住条件:一是招用农民工较多的企业,在符合规划的前提下,可在企业合法用地内规划建设外来员工集体宿舍;二是农民工集中的开发区和工业园区,可规划建设统一管理、供企业租用的员工宿舍;三是加强对城乡结合部农民工聚居区的规划、建设和管理,改善其基础设施;四是把长期在城市谋生的农民工的住房纳入城市住房建设规划。

2007年8月,国务院《关于解决城市低收入家庭住房困难的若干意见》(国发〔2007〕24号)进一步强调要多渠道改善农民工居住条件,与国发〔2006〕5号文件相比,该文件有以下几点变化:一是明确规定用工单位要向农民工提供卫生、安全的居住场所,而不仅是国发〔2006〕5号文件中的"招用农民工数量较多"的企业可在企业合法用地范围内建设农民工集体宿舍;二是明确规定农民工集中的开发区、工业园区要集中建设农民工集体宿舍,但该类集体宿舍不得按商品房出售;三是明确规定城中村改造要兼顾农民工居住需要,在符合规划的前提下,可集中建设农民工集体宿舍,而不再像国发〔2006〕5号文件那样,仅强调要加强城乡结合部农民工聚居区的规划、建设和管理;四是增加了面向农民工的出租型经济适用房的规定:"有条件的地方,可比照经济适用住房建设的相关优惠政策,政府引导,市场运作",建设符合农民工特点的住房,以其可承受的合理租金向其出租。

为了落实如上国发〔2006〕5号文件和国发〔2007〕24号文件的精神,2007年12月建设部、发改委、财政部等联合发布了《关于改善农民工居住条件的指导意见》(建住房〔2007〕276号),规定了因地制宜、循序渐进、用工单位负责、满足基本居住需求等政策原则,将多渠道解决农民工居住问题的政策进一步具体化。与前两个"国发"文件相比,该文件有以下几点变化:第一,首次明确规定用工单位是改善农民工居住条件的责任主体,要求用工单位应积极主动地为农民工提供符合基本卫生和安全条件的寓所,逐步改善其居住条件。第二,首次明确规定劳动合同中可约定农民工居住问题的具体解决路径——用工单位采用无偿或廉价租赁等方式向农民工提供寓所;若农民工自行解决居住问题,则用工单位应予以一定的租金补助。第三,规定招用农民工较多的企业可在企业合法用地范围内,规划建设农民工集体宿舍,充分利用自有职工宿舍等解决农民工居住问题。第四,细化了农民工集中的开发区、工业园区等集中建设农民工集体宿舍的用途和注意事项:既可由园区用工单位承租后向农民工提供,也可由园区农民工直接承租;按照规划建设的农民工集体宿舍不得按商品房出售或出租。第五,规定了城中村改造时建设农民工公寓的注意事项:不得采取以租代征方式获取建设用地,不得变相地借此搞房地产开发。第六,增加了引导、鼓励城乡结合部居民向农民工出租自有住房等规定。

此后,全国各省市纷纷出台了落实国发〔2007〕24号文件等的实施意见,强调要以用工单位为主体,加强农民工集体宿舍建设,多渠道解决农民工居住问题。例如,中共北京市委、北京市人民政府《关于贯彻落实〈国务院关于解决城市低收入家庭住房困难的若干意见〉的实施意见》(京发〔2007〕22号)规定,应由用工单位负责,多渠道改善农民工居住条件。用工单位要向农民工提供具有基本居住品质的寓所。在农民工集中的地方,可集中建设向他们出租的集体宿舍,但是该类宿舍不得按商品住房出售,规划建设时须遵守集约用地的原则。上海市人民政府《贯彻国务院关于解决城市低收入家庭住房困难若干意见的实施意见》(沪府发〔2007〕45号)规定,根据政府主导、单位负责、市场运作等原则,在产业园区、开发区等外来员工集中的地区,规划建设或改建一批外来员工集体宿舍、集体公寓,定向出租给外来员工居住。进一步明确了用工单位在改善外来员工居住条件方面应承担的责任,要求各区县政府积极拓宽房源,加强对外来务工人员的属地化服务、管理。广东省人民政府《关于切实解决城镇低收入家庭住房困难的实施意见》(粤府〔2008〕3号)规定,市、县主管部门要督促用工单位向农民工提供具备基本住房品质和卫生条件的寓所;农民工集中的产业园区和开发区,可配建农民工集中居住的集体宿舍,但需遵循集约用地原则,且所建宿舍不得按商品房出售。城中村改造时,应兼顾农民工居住需求,在符合规划的前提下,集中建设面向他们出租的集体宿舍;"有条件的地区可探索农民工廉租住房政策"。南京市人民政府《关于解决城市低收入家庭住房困难的实施意见》(宁政发〔2007〕302号)规定,区县政府及相关部门要加大规划、土地、税收等政策支持力度,积极引导产业园区、开发区及大型企业等农民工集中的单位规划建设农民工宿舍,保证农民工基本居住品质。产业园区、开发区配套建设的农民工宿舍可免费提供,也可以不高于廉租房的租金出租。享受政府优惠政策支持、集中建设的农民工宿舍,只能面向农民工出租,不得向农民工以外的对象出租,不得改变使用用途,不能按商品房出售。南京市人民政府《关于改善农民工居住条件的指导意见》(宁政发〔2009〕18号)再重申宁政发〔2007〕302号文件中有关农民工住房政策规定的同时,进一步细化了"以用工单位为主体,多渠道改善农民工居住条件"的具体路径与办法。

2010年6月、2011年9月,住房和城乡建设部等七部委、国务院办公厅相继发布了《关于加快发展公共租赁住房的指导意见》(建保〔2010〕87号)、《关于保障性安居工程建设和管理的指导意见》(国办发〔2011〕45号),二者均谈及流动人口住房保障问题。与先前的政策文件相比,这两个文件在流动人口住房方面有以下两个变化。

第一,在措辞上用"外来务工人员"代替"农民工"。该提法虽比农民工相对准确一些[①],却仍然不尽准确,原因之一是农民工也好,外来务工人员也罢,内部都有阶层分化,在中低收入人口占绝大多数的同时,也确实存在少数高收入者,这些高收入者不应被纳入住房保障体系。原因之二是流动人口中除了外来务工人员外,还有外来经商人员,"外来务工人员"这一提法依旧无法涵盖外来经商人员。

二是试图把流动人口住房保障逐步纳入城镇公租房体系。住房和城乡建设部等七部委《关于加快发展公共租赁住房的指导意见》(建保〔2010〕87号)规定,在外来务工人员集中的开发区或工业园区,市、县政府应按集约用地的原则,统筹规划,引导各类投资主体建设公租房,面向园区用工单位或就业人员个人出租。国务院办公厅《关于保障性安居工程建设和管理的指导意见》(国办发〔2011〕45号)肯定了该做法,重申外来务工人员集中的开发区或产业园区,应采用上述办法集中建设、出租单元型或宿舍型公租房。由于国发〔2006〕5号文件、国发〔2007〕24号文件、建住房

---

[①] 农民工不能涵盖外来务工人员的全部,随着经济、社会发展,农民工在外来务工人员中所占的份额将越来越小。因此,外来务工人员比农民工更准确一些。

〔2007〕276号文件均已有类似的规定在先,所以建保〔2010〕87号文件、国办发〔2011〕45号文件实质上是重申以前有关政策规定,而无太多实质性政策创新,只是在措辞上把"农民工"换成了相对准确的"外来务工人员",将"农民工集体宿舍"换成了户型具体、多元一些的"公共租赁房"而已。不过,这些细微变化倒也揭示了政府试图把外来务工人员的住房纳入城镇住房保障体系的大方向。

可惜的是,由于外来务工人员住房问题的艰巨性和复杂性,无论中央政策还是地方政府政策在朝着这个正确方向行进的过程中,都显得过于"审慎""模糊"与"灵活",缺乏应有的刚性。例如,住房和城乡建设部等七部委《关于加快发展公共租赁住房的指导意见》(建保〔2010〕87号)规定:"有条件的地区,可以将新就业职工和有稳定职业并在城市居住一定年限的外来务工人员纳入供应范围。"这里,"有条件的地区"的"条件"究竟是什么?文件并无明说。既无明说,一些地方政府即使事实上已具备"条件",也可以无所作为,因为中央文件中规定的是"可以"而非"必须"。可见,这样的中央政策规范对地方政府的约束力是非常有限的。又如,国务院办公厅《关于保障性安居工程建设和管理的指导意见》(国办发〔2011〕45号)虽明确规定公租房应向在城镇稳定就业的外来务工人员开放,租金标准应由市、县政府根据本地实情,按"略低于市场租金的原则合理确定",但在怎样向外来务工人员开放公租房、如若不向或不按规定向外来务工人员开放公租房则会遭到哪些惩罚等问题上,同样缺乏具体、明确的规定。很明显,这样的政策文件对地方政府同样缺乏应有的约束力。质言之,在向外来务工人员开放公租房问题上,该文件与国办发〔2011〕45号文件相比并无实质变化,本质上只是重申一些过去的类似做法①而已。

为了落实国务院办公厅《关于保障性安居工程建设和管理的指导意见》(国办发〔2011〕45号)、住房城乡建设部等部门《关于加快发展公共租赁住房的指导意见》(建保〔2010〕87号),各地政府纷纷结合本地实际情况,出台了加强公租房建设和管理的政策文件,对外来务工人员申请公租房问题予以不同程度的具体规范。总体而言,北京市公租房体系向外来务工人员开放程度相对有限,有关文件在措辞上也相当审慎。例如,2011年10月,北京市人民政府《关于加强本市公共租赁住房建设和管理的通知》(京政发〔2011〕61号)规定,外省市来京连续稳定工

---

① 如前述国办发〔2011〕45号文件规定,外来务工人员集中的开发区、产业园区应集中建设单元型或宿舍型公共租赁住房,该类公租房应向开发区、产业园区的外来务工人员开放。

作一定年限，具有完全民事行为能力，有稳定收入，能够提供同期暂住证明、缴纳住房公积金证明或参加社会保险证明，本人及家庭成员在本市均无住房的人员可以在本市申请公租房。同时，又规定具体条件由各区、县政府结合本地经济发展、人口资源环境承载力和住房保障能力等实际情况来确定。而各区县一般又在人口资源和环境承载力过大、住房保障能力有限的口实下较少向外来务工人员实质性开放公租房。同时，京政发〔2011〕61号文件虽像国办发〔2011〕45号文件一样规定产业园区的公租房应向区内就业的流动人口开放，但措辞似比〔2011〕45号文件更显含蓄与灵活：产业园区的公租房主要用于解决引进人才和在园区就业的住房困难人员，"具体申请条件由产业园区管理机构确定并报区县人民政府批准后实施。"至于具体条件究竟是什么？文件并无明说。

与北京市相比，上海市公租房向流动人口开放的程度要大一些。2010年12月，上海市住房管理部门颁布的《贯彻〈本市发展公共租赁住房的实施意见〉的若干规定》（沪房管保〔2010〕436号）规定，持有《上海市居住证》二年以上且连续缴纳社会保险金（含城镇社会保险）一年以上者只要住房困难，不论收入高低，都可申请上海公租房。此后，准入条件进一步放宽为与上海市单位签订二年以上（含）劳动合同，对居住证和缴纳社会保险金的年限均没有要求。只是，上海市公租房的租金仅"略低于市场租金"，在房租异常高企的上海市，租金"略低于市场租金"的公租房恐怕不是中低收入流动人口能够或愿意承受的。这或许正是上海市政府敢于如此"开明"地向广大流动人口开放公租房的"底气"所在吧。

广东省城镇公租房向流动人口的开放程度尽管与北京市相似，但是广东省政府在面向流动人口出租的开发园区公租房建设上比北京市政府要重视得多。2010年12月，广东省人民政府办公厅《关于加快发展公共租赁住房实施意见》（粤府办〔2010〕65号）虽然也是笼统地规定，有条件的地区可以将有稳定职业并在就业地居住满一定年限、符合保障条件的外来务工人员逐步纳入保障范围，但是在面向外来务工人员租赁的开发园区公租房方面做出了具体明确的规范。诸如，公租房房源可以通过"各类产业园区集中配套建设的职工公寓和集体宿舍"等方式筹集，对于外来务工人员集中的开发园区或工业园区，各市、县政府应积极引导各类投资主体采用独资、集资或股份制方式投资建设公租房，面向园区单位或者员工个人出租；政府给予相关投资主体以公租房建设和运营类的优惠政策。

三是政策平台期——2012年至今。2012年以后，我国流动人口住房政策进入了平台期,该时期不仅中央政府再也没有出台专门针对流动人口住房问题的政策文件,而且地方政府在解决流动人口住房问题的具体探索上亦多原地踏步。一方面各地在既有办法之外似乎再也找不到更好、更可行的解决办法,因而延续"以用工企业为主,多渠道解决外来务工人员的居住问题"这一既有政策;另一方面依然尝试把外来务工人员的住房问题纳入城镇公租房体系。但是,由于我国城乡二元体制没有发生根本性改变、地区差异悬殊、流动人口规模超大、保障房历史欠账太多、潜在的"洼地效应"、城市政府既财力有限又压力和动力双重不足等原因,各地政府在将外来务工人员纳入城镇公租房体系上多显得格外"谨慎",以致某些"可以""应该"之类的政策规定终成名副其实的"正确的空话",中低收入流动人口依然很难通过公租房来有效解决日趋严峻的安居难题。

二、政策特征

总体而言,2003年以来,我国中低收入流动人口住房政策有如下四个特征。

第一,政策文件多为指导性而非规范性文件。主要表现是相关政策文件规定的流动人口住房保障措施多是有关行为主体"应如何""可如何"(或"有条件的地方,可如何")、"要如何"或"不得如何",而非"必须如何"[1]。这种"可以"(或"应该""要"等)而非"必须"之类的政策表述对有关行为主体的行为缺乏应有的规范

---

[1] 诸如,国务院《关于解决农民工问题的若干意见》(国发〔2006〕5号)规定,在符合规划的前提下,"可"在依法取得的企业用地范围内建设农民工集体宿舍;农民工集中的开发区和工业园区"可"建设统一管理、供企业租用的员工宿舍;各地"要"把长期在城市就业与生活的农民工居住问题,纳入城市住宅建设发展规划。"有条件的地方",城镇单位聘用农民工,用人单位和个人"可"缴存住房公积金,用于农民工购买或租赁自住住房。国务院《关于解决城市低收入家庭住房困难的若干意见》(国发〔2007〕24号)规定,用工单位"要"向农民工提供符合基本卫生和安全条件的居住场所;农民工集中的开发区和工业园区"应"按照集约用地的原则,集中建设向农民工出租的集体宿舍,但"不得"按商品住房出售;城中村改造时"要"考虑农民工的居住需要,在符合城市规划和土地利用总体规划的前提下,集中建设向农民工出租的集体宿舍。"有条件的地方""可"比照经济适用住房建设的相关优惠政策,政府引导,市场运作,建设符合农民工特点的住房,以农民工可承受的合理租金向农民工出租。此外,北京市《关于贯彻落实〈国务院关于解决城市低收入家庭住房困难的若干意见〉的实施意见》(京发〔2007〕22号)、上海市《贯彻国务院关于解决城市低收入家庭住房困难若干意见的实施意见》(沪府发〔2007〕45号)、广东省《关于切实解决城镇低收入家庭住房困难的实施意见》(粤府〔2008〕3号)、南京市《关于解决城市低收入家庭住房困难的实施意见》(宁政发〔2007〕302号)、住房和城乡建设部等七部委《关于加快发展公共租赁住房的指导意见》(建保〔2010〕87号)、国务院办公厅《关于保障性安居工程建设和管理的指导意见》(国办发〔2011〕45号)等众多政策文件都有类似的文字表述特征。

性和约束力,只能为实践探索者提供某些政策肯定、引导、支撑,而非规范。

第二,政策文件倡导的解决办法既是各地实践经验的肯定和总结,又对各地进一步探索提供了指导和保障。外来务工人员、用工企业、地方政府三者之间相互依存,三者对于解决外来务工人员居住问题有各自不同的需求。同时,面向外来务工人员出租的房屋还可为相关企业和个人带来不同程度的出租收益。因此,早在2006年国务院出台专门针对农民工住房问题的政策文件之前,各地即已自发地摸索出多种解决外来务工人员住房问题的现实路径与办法。诸如,企业把闲置的房屋改造为面向社会出租的公寓,典型如重庆市南岸区南坪步行街附近正扬大市场的棒棒公寓;企业建设集体宿舍自我安置外来务工人员,典型如南京市建邺区雨润集团投资800万元建成的可供3000人居住的外来人口公寓、无锡市锡山区红豆集团先后投资4500万元建造的十余个外来务工人员居住区等;政府投资建设农民工公寓,典型如长沙市江南公寓、重庆市南岸区采取"政府投入、社区管理、市场运行、以寓养寓"的模式投资250多万元建设的七个阳光公寓等;政府搭台、市场化运作、社区化管理的流动人口公寓,典型如上海市马陆镇永盛公寓等;村民合作或村民和村集体合作建设外来人口出租公寓,典型如昆山市富民合作社投资建设的打工楼等;政府建成公寓后把大多数股权转让给开发商、由开发商经营、政府监督、周边用工企业包租的流动人口公寓,典型如宁波力邦村等①。至于城乡结合部村民自发安置模式,早从20世纪80年代末、90年代初开始,即已在各大城市如同雨后春笋一般不断涌现,乃至京、沪、穗、深等各大城市均出现声名远播的城中村。可见,2006年国务院《关于解决农民工问题的若干意见》(国发〔2006〕5号)及其后的系列相关政策文件确立并沿袭至今的"用工企业为主,多渠道解决外来务工人员住房问题"的基本路线及相关具体解决办法②,实际上早在国发〔2006〕5号文件颁布以前即已广为出现,而国发〔2006〕5号及其以后相关文件在很大程度上只是对这些实践探索的肯定和支持,让实践探索者吃上一剂"安心丸",使他们能够朝着既定的目标探索下去。

第三,相关政策重在解决外来产业工人而非服务业外来员工的临时居住问

---

① 以上实例详见本书"5.3.2 相关实践探索及其得失"的"流动人口安置公寓模式及其得失"部分。
② 诸如,企业可在自有用地范围内依法建设农民工集体宿舍;农民工集中的开发区和工业园区可建设供企业租用的员工宿舍;村集体可利用集体建设用地建设流动人口租赁公寓;城乡结合部居民向流动人口出租自有住房等。

题。由于服务业尤其是低端服务业用工企业多在城区且规模较小,大多不具备为外来员工集中建设租赁公寓的现实条件。因此,以"用工企业解决为主"的流动人口住房政策所针对的主要是外来产业工人,而非服务业外来员工。

第四,政策着眼点是解决外来务工人员个体的临时居住而非家居、定居和市民化问题。尽管中央和地方政府都在大力推进农民工市民化,但是在外来务工人员住房方面,迄今为止,无论中央和地方均未做好真正的政策准备。既有政策强调的企业、政府、开发商、村集体、村民等独自或合作建设的外来员工公寓基本上都是以满足外来务工人员个人的暂住而非其家居、定居需要的集体宿舍为主,外来务工人员租住在集体宿舍、城中村、城边村、群租房、地下室的心态也是暂住而非定居,甚至中央和地方文件普遍认可的解决途径也与国家土地法律法规相冲突。诸如,利用城乡结合部农民集体土地、工厂闲置土地、出让工业用地、划拨土地兴建农民工宿舍,分别与现行集体建设用地流转、土地收购储备、工业用地、划拨土地等政策相矛盾等(对此,知名土地管理专家吕萍等早有详细论述[1]),充分反映了该政策的临时性和过渡性特征。

近年来,中央和地方虽不乏把外来务工人员住房问题统一纳入城市公租房体系的政策意图,但是由于外来务工人员住房问题的复杂性和艰巨性,即使是中央政府对该做法的落实与普及也显得信心不足,因而只好在措辞上不无灵活地规定"有条件的地方""可以"(而非"必须")把外来务工人员的住房问题统一纳入城市公租房体系。有些地方政府虽然宣布向外来务工人员敞开公租房,但公租房租金与市场租金相差无几,让中低收入流动人口很难接受,自觉走开。很明显,这样的公租房很大程度上并不是为广大中低收入流动人口准备的。而更多的地方政府则像中央政府一样,在是否把中低收入流动人口纳入城市公租房体系上只做一些"可以""有条件的地方,可以"之类的政策宣誓,实际作为很少。质言之,无论中央和地方政府,目前做好的仅是以满足流动人口在城市打工类暂住需要为目标的住房政策准备,而非以满足流动人口家居、定居和市民化需要为目标的住房政策准备。

---

[1] 吕萍,周滔,高仁航. 农民工住房解决方式与现行土地政策之冲突[J]. 中国房地产,2007(3)49–51.

### 5.3.2 相关实践探索及其得失①

尽管多数地方政府并未真正地把中低收入流动人口纳入城镇住房保障体系，但是各地在长期实践中也探索出了多种解决中低收入流动人口住房问题的有效办法，以具体行动落实了中央和地方政府以用工企业为主、多渠道解决外来务工人员住房问题的方针、政策。

一、城乡结合部模式及其得失

在城区商品房房租高企的背景下，农民工进城后很自然地会租住廉价而又似曾相识的城乡结合部民房。在越来越大的租房需求刺激下，城乡结合部村民、村集体等为了追逐利润，纷纷在未经政府批准的情况下在宅基地、村内空地甚至耕地、林地上大搞违法建设，租给以农民工为主体的中低收入流动人口。于是，租住城乡结合部便成了各大城市中低收入流动人口最通行的居住模式之一。

由于各大城市严控违法建设的程度以及违法建设存量有别，所以该模式在不同城市的通行程度有所不同。广州市、深圳市、西安市、郑州市、昆明市等地城乡结合部村庄存留较多，违法建设存量较多，建筑体量较大，该模式是这些城市中低收入流动人口主要的居住模式之一。北京市、上海市、天津市、重庆市、大连市、成都市、南京市、苏州市等市政府对违法建设防控较严，城中村拆迁改造力度较大，城乡结合部违法建设存量较少，该模式虽仍是其中低收入流动人口通行的居住模式之一，但非主要模式。至于在个别违法建设严重失控、被誉为"城市就在城中村中"的城市，该模式几乎是中低收入流动人口唯一的居住模式。

该模式的主要优点是：第一，城乡结合部违法建设的户型设计多为独立小单间和迷你小套间，比较适宜既不愿意租住集体宿舍而又租不起城区商品房的中低收入流动人口的需要，且房租和生活费用相对低廉，生活设施相对齐全，管理比较宽松，交通多较便利，生活环境有城乡结合的特征，中低收入流动人口尤其是刚到城市谋生的农民工比较容易适应。因此，城乡结合部很自然地成为农民工进城后首选的落脚地，以及收入不高的新入职大学生们走进社会、谋求独立时的一根"救

---

① 本节中有关城乡结合部、群租房、流动人口安置公寓三种模式的利弊分析（不含对三种模式的描述）的内容，曾以《中低收入流动人口居住问题的解决路径》（作者是谢宝富）为题，公开发表于《城市问题》2015年5期，本节在阶段性成果的基础上做了很多充实和完善，与原作相比有很大差异。

命草",成为他们"讨厌而又无法逃离"的地方。① 在实地调查中,我们发现,在北京、上海、广州、深圳等一线大都市,城乡结合部村庄的出租房都十分抢手,几乎没有空置的。

第二,城乡结合部违法建设既为中低收入流动人口解决了居住难题,也为失地村民带来了不菲的经济收入,简便而有效地统筹解决了中低收入流动人口居住难题和失地村民生存发展难题。

第三,客观上为政府分担了中低收入流动人口居住问题之重,减少了政府的相关财政支出。

正因为如此,所以不少研究城乡结合部的学者都对城乡结合部给予了相对正面的评价。其中,尤以蓝宇蕴、陈双等的评价最为生动、典型。蓝宇蕴曾将城乡结合部形象化地喻为一座"桥"——一座可让农民工立足城市、可使本地农民融入城市、可替政府分担社会治理之重的"桥",尽管它浑身上下充满了抹不掉的"土"味。② 陈双等研究发现,城乡结合部不仅是流动人口赖以栖身城市的"重要驿站",而且还衍生出多种"副产品",成为他们"低门槛的创业基地"。③

该模式的主要缺点是:第一,城乡结合部安全形势严峻。城乡结合部违法建设多由无资质的小建筑队违法抢建、违法偷建而成,不少二三层、四五层的楼房都是在一层的平房上直接加盖而成;由于违法建设密集,大型挖掘机械很难进场作业,新建楼房的地基也常只有几十厘米,加上建材质量较差、施工队以次充好、房主把关不严等原因,城乡结合部建筑安全隐患十分突出。同时,城乡结合部供电、供气设施大多欠完善,私拉乱搭电线现象非常普遍,很多村庄仍以使用煤火为主,存在较多用电、用火安全隐患,且缺乏必要的消防设施和逃生通道,一旦发生火灾,消防车很难驶入,很易导致火烧连营,群死群伤。城乡结合部低端流动人口云集,鱼龙混杂,管理薄弱,治安较差,无照经营和假冒伪劣商品充斥,流动人口生命、财产安全存在潜在威胁。

第二,城乡结合部基础设施薄弱,环境脏乱,流动人口居住质量较低。诸如,

---

① 佚名. 住在广州的城中村,会是一种怎样的体验?[EB/OL]. http://www.jianshu.com/p/7a0049c0d7d9,2015 - 07 - 31.
② 蓝宇蕴. 城市化中一座"土"的"桥"——关于城中村的一种阐释[J]. 开放时代,2006(3):145 - 151.
③ 陈双,赵万民,胡思润. 人居环境理论视角下的城中村改造规划研究——以武汉市为例[J]. 城市规划,2009(8):37 - 42.

经常停水停电,路面未完全硬化,垃圾乱扔,脏水横流,楼间距太小,通风、采光及私密性欠佳,室内拥挤、吵闹、阴暗、潮湿、闷热等,令寄身于其间的流动人口对城乡结合部难免既爱又恨。一位栖身广州城中村的青年曾这样描绘道:"在这住什么都没法讲究了,人们白天在附近公司上班,是白领;晚上回到这里,住在黑漆漆的小房子里,甚至连说话都得小声,因为隔壁屋手机振动都能听到。"①城乡结合部虽是年轻人走进社会时的一根"救命草",但也是一根"慢性毒草"。租住城乡结合部对很多年轻人来说,乃是一种发自内心的无奈、煎熬与挣扎。

第三,违法建设为城乡结合部改造增加了障碍。城乡结合部改造时,最易成为"钉子户"的就是那些投入了巨额资金搞违法建设而又尚未收回成本的村民或单位②。

第四,随着城市扩张,旧的城中村日渐消失,新的城中村又因政府严控违法建设而难生成,该模式越来越难承载解决大都市中低收入流动人口居住问题的"时代"重任。

## 二、群租房和地下室模式及其得失

众多流动人口既无力承租城区昂贵的整套或整间商品房,又无合适的城乡结合部民房和流动人口安置公寓可租,很多大都市都存在着巨大的中低收入流动人口住房需求"洪峰"和同样巨大的中低端房屋租赁需求"洪峰"。一些房产中介、二房东、房东和物业产权单位瞄准该需求,违反政府规定的房屋租赁标准,将一套房分割为众多小单间分别对外出租,或在一套或一间房屋内设置众多床位,按床位对外出租,这便是所谓的都市群租房③;有的中介、物业产权单位等甚至把政府明令禁止住人的地下空间改造成寓所对外出租经营。

由于群租房和地下室住人被政府明令禁止,北京、上海、广州、深圳等城市究竟有多少群租房和地下住人空间很难有确切的数字。但是,可以肯定地说,这些城市群租房都很多,北方城市地下空间住人现象亦很常见。近年来,不少城市一方面存在几百万无力承租整套或整间商品房的中低收入流动人口,另一方面大拆城中村、城边村,严禁城乡结合部新增违法建设,且在人口调控的要求下又不为中

---

① 兰洁."公寓"大院重回唐家岭[EB/OL]. http://news.ifeng.com/a/20150608/43930690_0.shtml,2015-06-08.
② 谢宝富.中国城市化进程永久的痛[N].联合早报,2010-12-31(9).
③ 群租房在广州、深圳等地被称为"房中房""笼屋"。

低收入流动人口建设租赁公寓,以承接城中村、城边村转移出来的流动人口,那么城市发展离不开的中低收入流动人口究竟向哪里"疏解"呢? 答案不言而喻,只能向群租房、地下室"疏解"。2013年上半年,北京市公安部门摸排查出的群租房共计3.8万户、11.9万间。[1] 2013年10月,朝阳区双井地区百环家园1200余户出租房中就有450户是群租房,首城国际小区1450户出租房中有155户是群租房,其中共住了4000余流动人口。[2] 2014年4月,北京市经过摸查发现,全市违法群租房约有3.7万户、11.9万间。[3] 西城区右安门街道一次摸排出111处群租房。[4] 西直门北站东墙外铁路危改小区800余户中有约300户群租房,其中两套私自打通的两居室约180平方米,竟被隔出了22个小房间,如同蜂窝一般,一共住了30余人。[5] 朝阳区东三环某80平米两居室竟住25人之多。[6] 2015年6月,北京市一个月内摸排发现有违法群租房共3063户、10206间。其中,前期治理后反弹的群租房共计632户、1759间。[7] 2014年7月,上海市漕河泾街道排查辖内所有小区,初步认定涉嫌群租的房屋约600套。[8] 2015年10月,号称上海市最大的群租房小区的康城小区内经过多年的群租整治后仍有群租户1601户之多。[9] 2014年7-12月,广州市摸排发现群租房近2.7万套,整改2.2万余套。[10] 2012年,北京市丰台区某1000余平米的地下防空洞被承租人擅自改装为150间小屋对外出租,

---

[1] 刘洋,王万春. 北京明年基本杜绝群租[N]. 新京报,2013-11-27(A12).
[2] 左颖. 劲松地区明年清除全部群租[EB/OL]. http://news.163.com/13/1017/17/9BDF3KSV00014AED.html,2013-10-17.
[3] 习楠. 北京3.7万户违法群租 九成是房产中介干的[EB/OL]. http://www.chinanews.com/cj/2014/04-29/6119338.shtml,2014-04-29.
[4] 张雷. 出租房居住人数要公示[EB/OL]. http://money.163.com/14/0422/15/9QEO-REB000253B0H.html,2014-04-22.
[5] 金可. 180平米隔出22间"蜂窝"房[EB/OL]. http://house.ifeng.com/news/society/detail_2014_04/22/35941772_0.shtml,2014-04-22.
[6] 闫雪静. 北京东三环80平米两居室住25人 月租金2万[EB/OL]. http://gongyi.ifeng.com/news/detail_2013_07/15/27507567_0.shtml,2013-07-15
[7] 钱卫华. 一个月查处违法群租房万余间[N]. 京华时报,2015-06-18(10).
[8] 张骏. 漕河泾排查涉群租房600套[N]. 解放日报,2014-08-10(2).
[9] 吴洁瑾,朱伟辉. 上海最大小区群租疯狂:整治多年还有千余户,拟明年彻底清除[EB/OL]. http://www.thepaper.cn/newsDetail_forward_1400076_1,2015-11-23.
[10] 陈翔. 广州群租房整治初显成效 出租屋将建"电子档案"[EB/OL]. http://house.china.com.cn/newscenter/view/795307.htm,2015-07-21.

每间不足5平米,内部脏乱不堪。① 2013年12月,北京市朝阳区查出安立路8号院某地下群租房307间,密密麻麻排列在一起,上面是普通住宅,下面是海鲜市场,安全隐患十分严重,一旦发生火灾,极易群死群伤。② 2015年1月,北京市石景山区衙门口查出一处地下违法建设,总面积约2400平米,层高约3.2米,共有10排,170余间房屋。③ 整个地下空间仅有一个宽约4米的隧道通向地面,无任何通风设备,安全隐患极大。北京市民防局和北京市住建委的统计数据显示,在北京城区地下空间中住着近百万流动人口。在非正式的语境里,他们被形象地称为"鼠族"。④

群租房和地下室模式主要优点是:第一,"高效"利用了城区商品房和地下设施等陈量建筑资源,为中低收入流动人口提供了廉价住所。一些城市实际上并不缺租赁房,而是缺中低收入流动人口租得起的租赁房,群租房和地下室以牺牲流动人口居住质量和生命财产安全等非法方式,弥补了城市廉价租赁房的缺口,满足了中低收入流动人口的租住需求。

第二,就近为中低收入流动人口解决了住房问题。租赁群租房和地下室的中低收入流动人口一般都是在附近上班,他们之所以选择群租房和地下室,主要原因不仅在其廉价,还在其近便。

第三,缓解了大都市城区中低端服务业流动人口廉租房短缺问题。近年来,上海、广州、深圳、南京等众多城市均建立了流动人口集中安置公寓,这些公寓一般都建在开发区、产业园区周边,旨在安置园区外来产业工人而非城区中低端服务业流动人口;与此同时,随着城乡结合部改造的加速,城中村、城边村越来越少,适合城区中低端服务业流动人口租住的廉价租赁房越来越少,群租房、地下室在一定程度上弥补了城区服务业流动人口廉价租赁房的不足。

该模式的主要缺点是:第一,流动人口生命财产安全隐患突出。群租房一般都用易燃建材将整套房分割成众多微小的单间,内部通风状况欠佳,私拉电线、乱

---

① 王彬. 150平米地下室变身33间出租屋 承租人被判腾退房屋并获装修补偿[EB/OL]. http://news.xinhuanet.com/local/2012-10/30/c_113537623.htm,2012-10-30.
② 孙雪梅. 地下室拦腰隔出307间群租房[N]. 京华时报,2013-12-03(14).
③ 毛伟豪. 北京查出一处地下违建群:废旧鱼塘挖成170多间地下室[EB/OL]. http://news.xinhuanet.com/politics/2015-01/30/c_127442229.htm,2015-01-30.
④ 费丽婷. 地下北京:上百万人的生存迷宫和"北漂"梦[EB/OL]. http://life.rmlt.com.cn/2014/0718/293693.shtml,2014-07-18.

接插头现象严重,且一般都未配备消防设施。群租房内租客鱼龙混杂,人员变动频繁,不乏男女混居,流动人口生命财产安全堪忧。有报道指出,群租房内,"有群租户因为私拉电线着火的……有群租户打架斗殴的,还有一位群租客出现了猝死情况。""甚至我们发现一个盗窃团伙也群租住在……一套房子中"。① 2008年4月,北京市朝阳区某小区某群租房内发生一氧化碳中毒事故,9名女租客不幸身亡。2011年1月,西城区某小区某群租房失火,一名男租客跳楼逃生时不幸身亡。2013年1月,丰台区某小区某群租房租客连续被盗,损失高达4万余元。2013年11月,朝阳区某小区某群租房失火,火势猛烈,持续50多分钟,租客财产损失严重,所幸无人身亡。2014年2月,海淀区某小区某群租房发生火灾,2名租客当场身亡。②

第二,居住环境恶劣,有碍流动人口的身心健康。群租房普遍存在空间狭小、通风不畅、空气混浊、环境脏乱、排队如厕、隔音欠佳、男女混居、租客变动频繁、二房东欺诈盘剥等问题,地下室普遍存在阴暗潮湿、通风不畅、环境脏乱等问题,栖身于其间的流动人口居住质量很低。

第三,损害临近居民的利益。群租房常会给附近的居民带来吵闹、治安恶化、环境脏乱、电梯拥挤、小区公共资源紧张等系列问题,影响周边居民的生活质量和物业升值。个别二房东为了获取高额出租利益,甚至在阳台上改建厕所,导致下水道堵塞,脏水横溢,将邻居家的地板泡烂。③ 足见群租房扰民之一斑。

第四,肥了少数不法中介和二房东。群租房多是不法中介和二房东所为,旨在谋取暴利。据测算,2014年,北京市西直门北站东墙外铁路危改小区6单元202室之类的两室一厅,若整租,则每套月租金约六七千元;若群租,则每套月租金可达20000余元之巨,除去给大房东的10000余元,二房东每月可净赚10000元左右。④ 深圳市某职业二房东手下有四套房,从房主那里承租的租金是每套每月平均约2500元,租金合计约10000元,分割群租后,旺季时四套房月租金总计约

---

① 吴洁瑾,朱伟辉. 上海最大小区群租疯狂:整治多年还有千余户,拟明年彻底清除[EB/OL]. http://www.thepaper.cn/newsDetail_forward_1400076_1, 2015-11-23.
② 习楠. 北京3.7万户违法群租 九成是房产中介干的[EB/OL]. http://www.chinanews.com/cj/2014/04-29/6119338.shtml, 2014-04-29.
③ 吴洁瑾,朱伟辉. 上海最大小区群租疯狂:整治多年还有千余户,拟明年彻底清除[EB/OL]. http://www.thepaper.cn/newsDetail_forward_1400076_1, 2015-11-23.
④ 金可. 180平米隔出22间"蜂窝"房[EB/OL]. http://house.ifeng.com/news/society/detail_2014_04/22/35941772_0.shtml, 2014-04-22.

26000万元,淡季每月总租金约18000万元。除掉水电费等开支,四套房每月纯收入达10000余元之多。① 至于手下有十几套、几十套房的二房东、黑中介,收入就更加可观。北京市朝阳区百环家园某不法房产中介拥有群租房60套,一年营利高达300万元之巨。②

第五,屡禁不止,久治不愈。群租房和地下室住人由于存在众多安全隐患、有碍租客身心健康、扰民等原因而被很多城市政府明文禁止,坚决取缔。只是,由于经营群租房和地下租赁房存在巨大的利益空间,该现象在流动人口密集的大都市大多屡禁不止,每一次大规模重点打击和集中整治后,一般都会死灰复燃。群租房违法成本很低,大多只是几个简单的隔板,政府组织众多相关部门费尽力气将其整治完后,二房东和不法中介们就将隔板重新装上,继续出租经营。2012年,北京市朝阳区劲松街道开展群租房整治运动,发现并清理百环家园内群租房400余套。整治行动结束后不到一个月的时间里,百环家园的群租房就迅速反弹。"只是隔断的面积大了一些,不过房租也水涨船高"。③ 到了2013年,北京市朝阳区劲松街道又在该小区内摸排、整治群租房450套。④ 不过,该次整治后,好景依然不长。2014年3月,该小区群租房即已全面反弹,以致中央电视台"东方时空"栏目都对该小区的群租房问题进行了曝光和批评。⑤ 2015年6月,北京市摸排发现的3063户、10206间违法群租房中,前期治理后反弹的群租房即有632户、1759间之多。⑥ 群租房和地下室出租之所以屡禁不止,个中原因不仅在于二房东和黑中介等的目无法纪、狡猾多端,更在于政府政策本身存在矛盾,在商品房普遍户型偏大、租金过高而又缺乏可供城区中低收入流动人口廉租的城中村和流动人口公寓的情况下,若不租住群租房和地下室,"蚁族""鼠族"将何处安放青春?

---

① 佚名.深圳"宿舍式公寓"火爆 职业"二房东"月入过万[N].南方日报,2014-08-01(A5).
② 佚名.北京百环家园中介拥群租房60套1年利300万[EB/OL].http://ucwap.ifeng.com/house/jszx/news?aid=60765247&all=1&p=1,2013-05-15.
③ 沈念祖,陈哲,王雪薇.女白领谈北京群租生活:90平米房住了52人[EB/OL].http://learning.sohu.com/20130721/n382189539.shtml,2013-07-21.
④ 左颖.劲松地区明年清除全部群租[EB/OL].http://news.163.com/13/1017/17/9BDF3KSV00014AED.html,2013-10-17.
⑤ 佚名.群租房乱象·北京百环家园:群租房拥挤暗藏危险[EB/OL].http://news.cntv.cn/2014/03/28/VIDE1396021559706175.shtml,2014-03-28.
⑥ 钱卫华.一个月查处违法群租房万余间[N].京华时报,2015-06-18(10).

### 三、流动人口安置公寓模式及其得失

妥善解决流动人口居住问题,可以为企业提供相对稳定的劳动力,可以促进本地经济发展和社会稳定。同时,巨大的流动人口租房需求本身也意味着巨大的商机。因此,在流动人口众多而廉价租赁房短缺的地方,政府、用工企业、开发商、村集体或村民合作社等积极行动起来,独自或联合建设流动人口安置公寓,以相对低廉的价格面向流动人口出租。这类公寓一般都建在开发区、产业园区等产业工人密集的地区,以集体宿舍为主,配有少量小型套房;内部配套设施常随其规模的大小、社会关注度的高低而有所区别。通常情况下,公寓规模越大,社会关注度越高,生活及公益配套设施越齐全,内部管理服务越到位。根据建设主体的不同,该类公寓大体可分以下几种类别。

#### (一)村集体及村民股份合作社安置模式

该模式主要有以下四种情况:一是村集体把旧厂房、旧办公楼、旧校舍等改造成流动人口出租公寓,由村集体统一对大院进行管理。例如,无锡市东港镇勤新村利用多余的办公楼,翻建、扩建、新建了6个流动人口出租大院,使数千名外来务工人员租住在一起。每户30平米,每层楼有卫生间,内有小卖部、菜市场、浴室、理发店等生活设施。[①] 这类公寓的生活环境和居住质量大多取决于村集体的管理态度及能力,一些规模较小的这类出租大院,普遍存在管理不善、环境恶劣、居住质量较差等问题。

二是村民将闲置的住宅合资入股,委托村集体统一投资改造,由周边企业或个人租赁。城乡结合部民房质量良莠不齐,环境及治安相对较差,村民私自将房屋出租给陌生的房客难免有麻烦、纠纷甚至人身安全隐患,流动人口不乏短期租住,收益欠稳定,政府难以借助房屋租赁来加强流动人口管理(即所谓"以房管人")。由村集体统一改造闲置住宅、统一出租给周边企业或个人,既可保障居民拥有稳定的租金收益,也可方便流动人口工作与生活,还可引导流动人口就近就业,加强管理。例如,北京市朝阳区崔各庄乡何各庄村、奶东村(崔各庄乡新农村建设的试点村)以村民住宅改造为突破口,改善村庄投资和居住环境,实行产业化经营。其具体做法是,村集体成立村民住宅改造运营公司,在村民自愿的基础上,由村运营公司与村民签订房屋委托改造运营合同,村民将自己的宅基地及地上建

---

[①] 邵源. 江苏无锡市实施流动人口"双集中"管理[J]. 人口与计划生育,2006(12):16.

筑委托给村运营公司进行改造经营,村民可获得每年不低于6万元的租金,租金每三年递增10%,合同期限为10年,10年后宅基地及经过改造的地上建筑全部归村民所有,归还的面积不少于原建筑面积。村运营公司在得到村民的宅基地后,进行特色改造,吸引高端人群租赁居住或从事经营活动,从而使全村的整体环境得以提升,村民收入有所提高。奶东村几乎都是排房,许多村民想通过翻建房屋,增加租房收入,乡政府及时引导该村保持原房屋结构及村貌,成立村物业公司,按略高于现房屋出租价格统一收管、招租村内出租房,使该村既保持了原有风貌,改善了村内环境,又增加了村民租房收入。① 又如,上海市嘉定区南翔镇浏翔村由村委会牵头,组织农民家中的空置房,统一改造,统一增加设施,统一维护,统一出租给附近企业,参与农户以年终分红等形式获取经济回报,村集体根据企业所在位置,就近提供出租房,以便入住者就近上班。同时,严加管理,要求入住者"来有登记,去有备案"。在妥善解决外来务工人员居住问题的同时,也有效地改善了社区居住环境和社会秩序。②

三是村集体土地被征用时,政府允许村集体预留一定的产业发展用地,村集体和村民获得一定数额的土地和地上物补偿金。村集体主动或在政府要求下将部分补偿金集中起来,在村集体建设用地上,投资建设流动人口租赁公寓,由村集体负责经营,村民按照股份分得红利。例如,为了避免村民卖地分钱、坐吃山空,广州市萝岗区政府规定,村集体必须把征地款的一部分集中起来,在村集体产业发展自留地上修建外来员工楼等,面向开发区的企业和外来务工人员出租,村民按股份分红。③ 萝岗区科学城片区建成的该类员工楼有创丰公寓(萝岗社区)、黄陂村自留地员工楼、玉树员工楼、瑞仪员工楼等;永和片区已建的该类员工楼有永和贤江村员工楼、娄元员工楼、新安员工楼等;东区已建的该类员工楼有笔村员工综合楼、火村赵溪公寓等,可供十余万外来员工租住。④ 黄腰、玉树等村集体建成

---

① 朝阳区流动人口与出租房屋管理委员会办公室. 朝阳区流动人口相关情况及结构分析[Z]. 流动人口与出租房屋管理委员会办公室内部资料,2007.
② 罗仁朝,王德. 上海流动人口聚居区类型及其特征研究[J]. 城市规划,2009(2):31-37.
 罗仁朝,王德. 上海市流动人口不同聚居形态及其社会融合差异研究[J]. 城市规划学刊,2008(6):92-99.
③ 倪明,纪晨璐. 外来工公寓洗衣机宽带样样有[N]. 广州日报,2007-09-06(A2).
④ 曾妮,吴如萍. 员工住宿难 萝岗独立员工楼项目可安置约13万人[EB/OL]. http://finance.chinanews.com/house/2013/08-21/5188191.shtml,2013-08-21.

该类流动人口出租公寓7万多平米。[1] 该模式既可解决流动人口居住问题,又可解决村集体及失地农民长期发展问题。但是,如若村民对村集体监督不力或者村集体经营不善,该模式也会导致公寓管理不善、经营欠佳、村集体腐败等问题,未必真能将外来员工居住问题与失地村民及村集体发展问题一并解决。

四是村民自愿组成股份合作社,村民与村集体经济组织联合成立股份合作社,廉价租用村集体建设用地、村内空地甚至耕地等,集资建设流动人口公寓,整租给周边用工企业,或零租给附近流动人口,村民、村集体经济组织根据所占的股份比例分红。例如,上海市嘉定区马陆镇樊家村村集体与村民合作成立上海育绿股份制公司(其中村集体股权为51%),集资建设育绿小区,面向周边企业出租,按股分红。[2] 上海市闵行区七宝镇联明村村民集资9300万元建设"联明雅苑",出租给附近企业的外来务工人员,村民按股分红。既解决了附近企业外来务工人员的居住问题,为政府分担了保障房建设管理重任,也为村民带来了不菲的收益。[3] 不过,在该类模式中,最典型、最有影响的不是上海市嘉定、闵行等区的村民股份合作社及其开发的出租公寓,而是昆山市富民合作社及其开发的"打工楼"。

早在2000年,昆山市陆家镇车塘村6户农民就联合成立了"富民合作社"(原名"民间投资协会"),租用村集体1.3亩集体建设预留地,集资建成了450平米的"打工楼",面向周边外来务工经商人员出租。当年即获得丰厚的租金回报,年收益率高达14%。该做法很快被村民们所效仿。截至2003年,仅陆家镇村民自发成立的富民合作社就有9家之多,主要业务都是建设"打工楼"、厂房、商铺等,分别出租给外来务工人员、中小企业和小商贩。对于富民合作社、"打工楼"之类的新生事物,昆山市政府一开始是默许而不提倡。2003年起,该市开始全面推行"三有工程"[4],富民合作社被视为该工程之一——"家家有物业"的载体,被广泛提倡,政府为此专门颁发文件,"允许各村在有项目支撑的情况下,申请最多不超过

---

[1] 戎明昌. 外来工每月花90元可住公寓宿舍[N]. 南方日报,2008-04-07(A2).
[2] 罗仁朝,王德. 上海流动人口聚居区类型及其特征研究[J]. 城市规划,2009(2):31-37.
   罗仁朝,王德. 上海市流动人口不同聚居形态及其社会融合差异研究[J]. 城市规划学刊,2008(6):92-99.
[3] 陆一波,沈轶伦. 外来务工者如何安居——外来常住人口融入上海发展系列报道[N]. 解放日报,2011-07-26(1).
[4] 即"个个有技能,人人有工作,家家有物业"。

该村耕地面积5%的村级经济发展预留地",建设"打工楼"和厂房出租。当时政府的政策相当优惠,不仅村集体可免费使用预留地,而且满50户以上的富民合作社还可获得市、镇两级财政奖励。在政府的扶持下,昆山市富民合作社及其"打工楼"雨后春笋般地发展起来。凭借富民合作社的"打工楼",昆山市解决了17万外来务工人员的居住问题。① 根据建设地点和建设规模,"打工楼"大体可分两种类型:一类是由镇级统筹规划建设的"打工楼",如张浦镇在镇工业区边上,统一规划了占地157亩的"外来人口居住中心"(后更名为"新张浦人居住中心"),远离镇工业区的村庄可将本村经济发展预留地复耕后,再把集体建设用地指标转移到镇里,用于统一建设"打工楼"等,镇政府负责道路、水、电等基础设施建设,富民合作社负责"打工楼"建设及经营。该类"打工楼"一般规模较大,设施齐备,环境相对较好。另一类是由各村富民合作社向村集体申请用地指标,在本村集体建设预留地上建设"打工楼"。例如,距张浦镇四五公里的吴家村就选择了自主建设"打工楼",该村富民合作社投资1900多万,先后建设了四期"打工楼",年均收益率达18%。② 村富民合作社建设的"打工楼"普遍存在缺乏规划、建筑规模小、配套设施不足、易被大股东操控等弊端,在土地指标越来越紧缺的情况下,昆山市逐渐收紧富民合作社建设"打工楼"政策,限制大股东占股比例,鼓励成立富民合作社合作联社,扩大规模,提升质量。例如,昆山市花桥经济开发区星利富民合作社即是联合了周边十余家富民合作社成立的"航空母舰",所建"星光创业园"内的标准厂房和员工宿舍等多达20万余平米,规模很大,质量甚佳。③

(二)政府安置模式

所谓政府安置模式,指流入地政府规划新建流动人口出租公寓或对闲置的学校、厂房、仓库、烂尾楼以及其他闲置的建筑物,进行整修加固,配建必要的生活设施,以较低的租金专门提供给符合一定条件的流动人口。这类公寓多以集体宿舍为主,同时配有少量家庭房。内部配套设施和居住环境多随公寓规模大小、建设时序、经营好坏等而有较大区别。好的公寓生活、娱乐、文体设施一应俱全,管理严格,服务到位;差的公寓生活设施匮乏,卫生脏乱,治安很差,与城中村居住环境

---

① 韦黎兵. 昆山:小产权房变"打工楼"[EB/OL]. http://www.infzm.com/content/50376? g, 2010-09-23.
② 韦黎兵. 昆山:小产权房变"打工楼"[EB/OL]. http://www.infzm.com/content/50376? g, 2010-09-23.
③ 杨健. 富民合作社如何规范运作?[N]. 解放日报,2012-10-25(7).

并无本质区别。根据建设和经营情况的不同,该模式又可分为以下几种情况。

一是政府将闲置物业改建为廉价出租公寓,安置流动人口。例如,重庆市南岸区龙门浩街道采取"政府投入、社区管理、市场运行,以寓养寓"的模式,将一座废弃图书馆改造为农民工公寓(俗称"棒棒公寓"),被龙门浩街道加以利用,将其分割成数十个房间,以集体宿舍为主,同时配有家庭房、探亲房,配备了生活、卫生、文化、安全等设施,以极低廉的价格面向附近的农民工出租,深受底层农民工欢迎。[①]

二是政府规划建设流动人口出租公寓,面向全市符合一定条件的低收入流动人口出租。例如,2005年初,长沙市政府在城乡结合部划拨地块,投资七千余万元,建成面向低收入流动人口出租的廉价公寓——江南公寓。该公寓占地46亩,建筑面积5000平米,可解决数千名低收入流动人口居住问题。公寓以集体宿舍为主,配备少量小型套房。内设公共食堂等,物业管理规范,租金低廉,单层床、双层床每月租金分别仅70元、50元。入住对象是月收入800元以下、在长沙务工一年以上、非长沙市五区户籍且在本市无自有住房或无其他承租房的农民工。江南公寓建成后,实际租赁效果很不理想。原因之一是租赁、交通等综合成本偏高,公寓所处的位置离多数农民工工作地点较远,入住该公寓,农民工居住和交通成本之和并不低于他们在工作地点就近租房的居住成本。同时,入住江南公寓的农民工必须月均收入在800元以下、在市区无自有房屋、被用工单位录用在岗一年以上且劳动合同经劳动和社会保障部门备案。可是,能够拿得出备案合同的农民工并不多,有的农民工根本就没签劳动合同。此外,江南公寓"集体宿舍"的定位,也使不少拖家带口的农民工望而却步。[②]

三是政府投资建设流动人口公寓后,将公寓的大部分股权转让给民营企业,由民营企业负责公寓的租赁和管理,政府保留适当的监督权。例如,为了解决招商引资所需的配套后勤项目问题,浙江省奉化市(现宁波市奉化区,下同)西坞镇政府于2001年7月投资建设民工村(即"力邦村"),工程竣工后镇政府以竞价招标方式出卖股权和经营权,奉化市力邦投资公司中标。2002年8月,力邦公司以1000余万元购买了民工村90%的股权,镇政府保留10%的股权,并且对公寓的食

---

[①] 郭立,李永文.重庆:建农民工"一元公寓"[J]瞭望新闻周刊,2007(28):22-23.
[②] 张江涛.农民工住房问题研究[D].西安建筑科技大学硕士学位论文,2009:29.
吕萍等.农民工住房理论、实践与政策[M].北京:中国建筑工业出版社,2012:165-169.

宿价格变动拥有否决权。该公寓以集体宿舍为主,一个大间住10人,室内配有床、衣柜、电话、有线电视终端等设施,小区内设超市、浴室、快餐店、食堂、灯光球场、溜冰场、文化广场、电子阅览室、医务室、邮政所等,环境优美,治安良好,食宿费十分低廉。"力邦村"投入运行后很快受到周边企业及农民工的广泛欢迎,产生了"一石多鸟"的效果:农民工获得了价廉物美、安全有序的廉租公寓,减轻了经济负担;投资商获得了稳定的回报和社会美誉;政府借此优化了招商环境,加强了流动人口管理服务,有效地促进了本地经济发展和社会稳定。①

四是政府在开发园区周边规划建设流动人口公寓,面向附近企业出租,租赁方式多以园区企业为其外来员工整体租赁为主,外来务工人员个体租赁为辅。例如,1993年、1998年,广州经济技术开发区管委会投资1300多万元,在企业比较集中的开发区西区、东区分别规划建设了广州开发区第一员工大厦、第二员工大厦,面向开发区内员工出租,以区内用工企业整体包租为主。② 公寓总建筑面积近7万平米,共有一千多个房间,入住外来务工人员1.3万余人。公寓专门成立员工服务中心,由开发区总工会统筹管理。③ 2007年,上海市浦东新区高东镇政府投资4500万元建设高东公寓,由高东工业园区及附近企业为其员工包租,该公寓以集体宿舍为主,配有少量探亲房,可容纳近两千人租住。④ 每个房间配有衣柜、储藏室、摇头扇、空调、宽带、有线电视等,每层楼均有盥洗室、开水间,小区内设有餐厅、洗衣房、警务室、医务室、文体活动室、小型篮球场等生活、文体及安全设施,附近有饭店、超市、自助银行等,聘请专业化物业公司进行社区管理,入住人员使用"一卡通",可享受智能化系统服务。⑤

五是政府在开发园区周边规划建设流动人口出租公寓,由园区内符合特定条件的企业为其符合特定条件的外来务工人员统一租住。例如,深圳市光明新区先后投资8亿多元,为入驻高新园区的企业配套建设高新东、高新西员工宿舍,用地面积分别为29160多平米、28920多平米,建筑面积分别为125000平米、138190平

---

① 何伟. "力邦模式"让民工顺利成村民[J]. 人民日报,2005 – 06 – 05(6).
林平海. 力邦村:破解农民工居住难题[J]. 宁波经济,2006(6):42 – 43.
② 倪明,纪晨璐. 外来工公寓洗衣机宽带样样有[N]. 广州日报,2007 – 09 – 06(A2).
③ 戎明昌. 外来工每月花90元可住公寓宿舍[N]. 南方日报,2008 – 04 – 07(A2).
④ 曹莹. 高东新模式:让外来人员有个温馨的家[J]. 浦东开发,2010(7):53 – 55.
⑤ 佚名. 高东公寓[EB/OL]. http://baike. baidu. com/link? url = gJuLftyjNN6wEN2eOoidA8RoiwD0ks_ – otqe – RZYzkY5TNVM93 – 6ONrReWlRIfwEeLhH_JeztVBaBw7YnF – GKq,2016 – 03 – 23.

米,共计 4600 余套住房可供出租,户型分单房、一室一厅、两室一厅等。[①] 配套宿舍按照绿色建筑标准进行建设,建筑质量很高。其中,高新西产业配套宿舍工程更是一举获得了国家建设工程质量最高荣誉的"鲁班奖"。[②] 该公寓配套宿舍建有商业、娱乐、体育、医疗、文化、教育等众多配套设施,环境优美,秩序井然。光明新区政府规定,只有属于园区内无宿舍规划用地指标的企业、在园区投资建设孵化器等创新载体的企业、以租赁方式入住园区且注册地在新区的纳税额较高的企业、经新区有关部门批准入住的为园区提供相关配套服务的企事业单位以及经新区管委会认可的属于重大投资项目的企业等,才可向政府申请产业配套宿舍。同时,具体承租产业配套宿舍的企业员工还必须是本企业在职职工,在深圳市无任何形式自有住房和住宅建设用地,在深圳市未享受过住房优惠政策。这类产业配套员工宿舍在分配上具有鲜明的公租房特征。

(三)企业安置模式

该模式主要有三种情况:一是企业自我安置型。指用工企业在企业内部或附近投资建设员工宿舍,或者租用附近房子,整修后成为廉价方便的员工公寓,以单身多人住的集体宿舍为主,配以一定的迷你小套间,免收租金或以较廉价的租金供员工居住,以解决企业外来务工人员的居住问题。该模式可以降低流动人口的居住成本和通勤成本,便于流动人口集中管理,消除流动人口的住房之忧,还可作为优惠条件吸引流动人口前来工作。例如,南京市建邺区雨润集团投资 8 百万元,建成可供 3000 人居住的外来员工公寓,配有阅览室、录像厅、浴室、洗衣房等生活及文化设施,入住者须凭 IC 卡进出,管理严格,治安良好。[③] 无锡市锡山区红豆集团先后投资 4500 百万元,建设了十几个外来员工居住区,分集体宿舍、夫妻宿舍等居住形式,入住外来员工 7000 余人,居住区配有食堂、健身房、图书室、计生之家等生活、娱乐及文化设施,生活方便,管理有序。[④] 常州市天宁经济技术开发区旭荣纺织有限公司在企业内部建有员工宿舍楼,以多人间集体宿舍为主,配有电话、空调等,治安良好,员工上下班极为便利。只是,由于宿舍楼设在企业大

---

① 张连城. 光明新区 8 亿元建高新园配套住房[N]. 深圳特区报,2010 - 11 - 11(A22).
② 大田,牟盛如. 光明新区高新西产业配套宿舍 工程荣膺"鲁班奖"[N]. 深圳特区报,2015 - 11 - 25(A9).
③ 李强. 共享一片蓝天——南京市建邺区做好流动人口工作的体会[J]. 求是,2004(17):58 - 59.
④ 邵源. 江苏无锡市实施流动人口"双集中"管理[J]. 人口与计划生育,2006(12):16.

院内,生活设施相对不足。① 昆山市纬创电子公司在园区之内、企业之外规划建设了员工宿舍区,以多人间集体宿舍为主,室内设有独立卫生间、电话、有线电视、空调等,小区内建有食堂、浴室、运动场、活动中心等,实行封闭式管理,秩序井然,颇受外来员工欢迎。②

为了鼓励用工企业自我安置外来务工人员,一些城市政府还常对企业自主投资建设员工公寓予以土地、税收、容积率等方面的优惠。例如,2013 年,深圳市人民政府办公厅《关于加快发展产业配套住房的意见》(深府办〔2013〕4 号)规定,对于产业单位在自有土地上配建的产业配套住房,可给予适当提高容积率、功能改变等政策优惠。广州市经济技术开发区则采用廉价供地、限制土地用途等方式支持用工企业自主建设员工公寓,安置本企业外来员工。2015 年 5 月 13 日,京信通信技术(广州)有限公司以 6900 万元的底价(折合楼面价仅 3470 元/平米)获得萝岗科学城生活区一宗专门用于兴建员工宿舍及配套设施、面积为 6628 平方米的住宅用地,规划建设 1.99 万平方米的外来员工公寓。③ 2015 年 5 月 22 日,广州印钞有限公司以 1.54 亿元的底价(折合楼面价仅 3121 元/平米)拿下萝岗科学城一宗专门用于兴建员工宿舍及配套设施、面积为 1.97 万平米的住宅用地,规划建设约 4.94 万平米的外来员工公寓。④ 二者的用地价格均远低于本地商品房建设的用地价格,可见政府对企业自我安置外来务工人员的支持。

二是房地产开发商主导的开发区配套安置型。由于外来务工人员住房缺口巨大,投资流动人口公寓需要大笔资金且资金回收较慢,政府在投资建设流动人口公寓建设的同时,也积极引导、支持开发商等投资建设流动人口公寓。常见做法是,政府选取开发区内或附近交通便捷、区位优越、配套完善的地块,以优惠的地价出让给开发商,由开发商自主建设、经营流动人口公寓,面向工业园区及其附近的企业整体出租。该类公寓规模一般都比较大,内部管理相对完善,环境较好。例如,广州市萝岗区佳大时代公寓即是先由区政府在开发区优越地段规划员工公

---

① 高军军,吴晓. 苏南开发区制造业外来务工人员的居住空间类型及特征研究[A]. 规划创新:2010 中国城市规划年会论文集[C]. 2010 年:1 - 10.
② 高军军,吴晓. 苏南开发区制造业外来务工人员的居住空间类型及特征研究[A]. 规划创新:2010 中国城市规划年会论文集[C]. 2010 年:1 - 10.
③ 魏晓晴. 京信通信 6900 万拿下萝岗宅地 将建员工宿舍[EB/OL]. http://news. focus. cn/gz/2015 - 05 - 13/10116939. html,2015 - 05 - 13.
④ 魏晓晴. 广州印钞公司 1.5 亿拿下萝岗宅地 将兴建员工宿舍[EB/OL]. http://news. focus. cn/gz/2015 - 05 - 22/10138707. html,2015 - 05 - 22.

寓性质的专门建设用地、再由民营开发商郑加强以楼面价每平米330元的超低价格投得该用地、自主建设而成的。该公寓由开发商自主经营,面向开发区内企业自由出租,一般以园区企业为其外来员工整体租赁为主,外来员工个体租赁为辅。占地5万余平方米,建筑面积约12万平方米,总投资2亿多元。① 公寓分集体公寓、白领公寓、高级管理层公寓三种形式,内有卫生间、衣橱、电话及24小时热水供应等,楼层内配有投币式洗衣机,社区内有食堂、饭店、超市、运动场、医疗中心、娱乐中心、培训中心等,生活设施一应俱全,员工可以拎包入住。公寓实行封闭式IC卡管理,治安良好,秩序井然。② 再如,上海市嘉定区马陆镇永盛公寓也是由马陆镇政府提供廉价土地、开发商负责土建投资、企业分片包租的流动人口出租公寓。2005年,马陆镇政府招商3亿元建设永盛公寓等流动人口公寓。该公寓由嘉波水利工程有限公司投资建设,建筑面积61320平米,可容纳10000人居住。户型有集体宿舍和家庭套房,而以集体宿舍为主,内设卫生间、电话等,小区建有超市、食堂、浴室、卫生所、篮球场、邮政所、乒乓球室、储蓄所、警务站、医务站等配套设施。小区内设有电子监控,24小时保安值勤,实行封闭式管理。日常事务由物业、包租企业、流动人口和政府组建的小区管理委员会管理。③ 又如,中新苏州工业园区内的青年公社也是政府规划协调、私营开发商投资建设、园区企业申请入住的外来务工人员公寓。该公社位于苏州工业园区三区钟园路以南、星龙街以东。公社占地面积近23公顷,建筑面积近25万平米,其中一期为连廊式公寓、套间式公寓、食堂和商业街;二期是居家式公寓、便利中心、区域公园。社区规模很大,各类生活、娱乐、文化、安全设施一应俱全,立足园区,服务企业,较有效地解决了苏州工业园区外来务工人员的居住问题。④

三是开发区国有管理企业主导的开发区配套安置型。具体做法是,由具有政府性质的开发区管理企业负责建设流动人口公寓,面向附近企业出租,租赁方式多以园区企业为其外来员工整体租赁为主,流动人口个体租赁为辅。例如,上海

---

① 戎明昌. 外来工每月花90元可住公寓宿舍[N]. 南方日报,2008-04-07(A2).
② 倪明,纪晨璐. 外来工公寓洗衣机宽带样样有[N]. 广州日报,2007-09-06(A2).
③ 罗仁朝,王德. 上海流动人口聚居区类型及其特征研究[J]. 城市规划,2009(2):31-37.
罗仁朝,王德. 上海市流动人口不同聚居形态及其社会融合差异研究[J]. 城市规划学刊,2008(6):92-99.
④ 佚名. 青年公社优秀企业后勤的制胜之道[EB/OL]. http://newhouse.suzhou.fang.com/2009-02-17/2401664.htm,2009-02-17.

市闵行区莘庄工业区鑫泽阳光公寓即是由带有政府主导性质的莘庄工业区实业股份有限公司全额投资,该公寓占地58亩,建筑面积60000多平米,设计入住人数8000人,内设经济型、温馨型、小康型三种户型,以前者为主。① 小区内设有食堂、超市、篮球场、羽毛球场、乒乓球室、健身房、图书室及网吧等生活、文体设施。公寓公共服务中心可提供全方位服务。企业在申请租住时需向公寓管理部门递交营业执照复印件、入住员工身份证复印件、劳务合同等,但对园区内企业资质和员工个人情况,不设入住门槛。②

四是市场配套安置型。指结合农贸市场、专业市场等,由同一家经济主体为市场经营者配套建设居住用房。这类流动人口安置区一般都工作、生活十分近便,配套设施相对完善,管理服务比较到位,而且租金不高。但这类安置区一般都是前厂(或店)后居(居室),存在一定消防及财产安全隐患,且常与噪音和浑浊的空气为伍,生活环境相对较差。例如,上海市闵行区七宝镇九星市场,依托市场,聚集大量营销、搬运、物流以及各类生活服务人员,市场投资者在市场规划用地的一角,建设简易房屋,供本市场经营者租赁。③

五是开放式廉租型。开发商投资建设的外来员工公寓大多位于开发区和工业园区内部或其附近,面向区内企业整租,对入住的员工不设资产、年收入等方面的条件限制。但也有个别开发商投资建设的员工公寓并非建于开发区、工业园区内部或其附近,亦非面向区内企业整租,且对入住者的住房、年收入等条件有一定要求,不以营利为目的,在配租上具有类似政府所有的公共租赁房特征。万科公司在广州市投资建设的万汇楼即是这样的一个流动人口安置公寓。2006年,广州市政府将10万平米的城南项目用地转让给万科公司,条件是在建设商品房的同时,必须配建1.2万余平米的公租房,利润只能从商品房开发中来。万科公司自

---

① 陆一波,沈轶伦. 外来务工者如何安居——外来常住人口融入上海发展系列报道[N]. 解放日报,2011 - 07 - 26(1).
② 佚名. 上海市各区蓝领公寓政策特色[EB/OL]. http://wenku. baidu. com/link? url = OomBGkuZDw7ZbPJ_NOZAeoEZsX2WOjUdgrUqqIT9UjXCkW5vehpwX1luubwY7BcqfN3WN1aT3FsBfU0_JnvDf2_zrd5NGtPIWS0UQhULXd3,2010 - 11 - 03.
③ 罗仁朝,王德. 上海流动人口聚居区类型及其特征研究[J]. 城市规划,2009(2):31 - 37.
罗仁朝,王德. 上海市流动人口不同聚居形态及其社会融合差异研究[J]. 城市规划学刊,2008(6):92 - 99.

筹资金在该地块上分别建设了商品房小区四季花城和具有公租房性质的万汇楼。[①] 其内有285套居住单元,最多可容纳1800人居住,户型有单间、一室一厅、两室一厅等,单套面积有24平米、30平米、40平米、50平米等多种形式,配有独立的厨房、卫生间、热水器、床、衣柜、电扇、书桌等,小区内设有超市、篮球场、乒乓球室、网络室、图书室、培训室、展览室等,生活设施相对齐全,能满足租户的基本生活需要。[②] 与普通商品房配建的公租房不同的是,万汇楼建成后并没有转让给政府、由政府负责配租,而是由万科公司所有并独自负责面向低收入人口廉价出租,租金定位在低于城区城中村、高于郊区城边村同类住房的租金。租户需在广州或佛山没有购买住房和汽车,年收入低于三万,没有户籍限制,无论是何种户籍,只要他符合租赁条件均可租住。这是对政府主导的公租房大多只向本地户籍人口开放的突破,万汇楼因此被誉为"开放式廉租房"。但在实际操作中,万汇楼的入住程序比较简捷,对租户入住条件的审查一般只限于要求租户填一个申请表,进行大致的审查,看他是否符合租住条件而已,基本没有实质性审查。[③] 就入住结果来看,租住万汇楼的客户主要是来自外省、中专以上学历、从事营销类工作的低收入群体。[④]

以上是各地有关流动人口安置公寓方面的实践探索情况,为了清晰起见,兹将各类情况整理成表49。

---

① 张耀凯. 政企合作开发公租房项目运作模式的研究—以广州万科万汇楼项目为例[D]. 西南交通大学硕士学位论文,2009:29.
② 易乔. 广州市"万汇楼"开放式廉租住房研究[D]. 华南理工大学硕士学位论文,2010:63-74.
③ 陶杰,易乔."万汇楼"开放式廉租住房的探索[J]. 南方建筑,2010(3):51-53.
④ 易乔. 广州市"万汇楼"开放式廉租住房研究[D]. 华南理工大学硕士学位论文,2010:79.

表49　流动人口安置公寓的主要模式及其典型案例①

| 大类 | 小类 | 典型 |
| --- | --- | --- |
| 村集体及村民股份合作社安置模式 | a. 村集体把旧厂房、旧办公楼、旧校舍等改造成流动人口出租公寓，由村集体统一对公寓进行管理。 | 无锡市东港镇勤新村流动人口出租大院等。 |
| | b. 村民将闲置的住宅合资入股，委托村集体统一投资改造，由周边企业或个人租赁。 | 北京市朝阳区崔各庄乡何各庄村、奶东村；上海市嘉定区南翔镇浏翔村等。 |
| | c. 村集体将土地补偿金集中起来，在村集体建设用地上，投资建设流动人口租赁公寓，由村集体负责经营，村民按股分红。 | 广州市萝岗区创丰公寓、黄陂员工楼、玉树员工楼、瑞仪员工楼、贤江员工楼、娄元员工楼、新安员工楼、笔村员工楼、火村赵溪公寓等。 |
| | d. 村民自愿组成股份合作社或村民与村体经济组织联合成立股份合作社，集资建设、经营流动人口公寓，按股分红。 | 上海市嘉定区马陆镇樊家村育绿小区、闵行区七宝镇"联明雅苑"；昆山市富民合作社开发的"打工楼"等。 |
| 政府安置模式 | a. 政府将闲置物业改建为廉价出租公寓，安置流动人口。 | 重庆市南岸区龙门浩街道将废弃图书馆改造为"棒棒公寓"等。 |
| | b. 政府规划建设流动人口出租公寓，面向全市符合一定条件的低收入流动人口出租。 | 长沙市政府投资建设的流动人口租赁公寓——江南公寓等。 |
| | c. 政府投资建成流动人口公寓后，将其大部分股权转让给民营企业，由民营企业负责其租赁和管理，政府保留少量的股份和适当的监督权。 | 浙江省奉化市"力邦村"等。 |
| | d. 政府在开发园区及其周边规划建设流动人口公寓，面向附近企业出租，以园区企业为其外来员工整租为主，流动人口个体租赁为辅。 | 广州开发区第一员工大厦、广州开发区第二员工大厦；上海市浦东新区高东镇高东公寓等。 |
| | e. 政府在开发园区周边规划建设流动人口公寓，由园区内符合特定条件的企业为其符合特定条件的外来员工统一租住。 | 深圳市光明新区为入驻高新园区的企业配建的高新东、高新西员工宿舍等。 |

---

① 本表是作者根据自己掌握的各地流动人口公寓情况编制而成，可能会有遗漏，仅供参考。

续表

| 大类 | 小类 | 典型 |
|---|---|---|
| 企业安置模式 | a. 企业自我安置：企业在企业内部或附近投资建设员工宿舍，免收租金或者以较廉价的租金供员工居住。 | 南京市建邺区雨润集团外来人口公寓、无锡市锡山区红豆集团外来务工人员安居区、常州市天宁经济技术开发区旭荣公司员工宿舍楼等。 |
| | b. 开发区配套安置之一：政府选取开发区内或附近地块，以优惠价出让给开发商，由开发商自主建设、经营流动人口公寓，面向工业园区企业及外来员工出租。 | 广州市萝岗区佳大时代公寓、上海市嘉定区马陆镇永盛公寓、苏州工业园青年公社等。 |
| | c. 开发区配套安置之二：开发园区的国有企业投资建设流动人口公寓，面向附近企业出租，以园区企业为其外来员工整租为主，流动人口个体租赁为辅。 | 上海市闵行区莘庄工业区鑫泽阳光公寓等。 |
| | d. 市场配套安置：指结合农贸市场、专业市场等，由同一家经济主体为市场经营者配套建设居住房屋。 | 上海市闵行区七宝镇九星市场等。 |
| | e. 开放式廉租：在政府给予地价优惠的情况下，开发商投资建设租赁公寓，面向流动人口出租，对租赁者的住房、年收入等条件有一定要求。 | 万科公司在广州投资建设的万汇楼等。 |

(四)流动人口安置公寓的优缺点

流动人口安置公寓模式的主要优点：第一，流动人口公寓建筑质量多有保证，安全隐患较少，一些规模较大的该类公寓通常生活、文娱、体育、卫生设施齐备，社区管理服务到位，入住者多能就近上班，工作、生活安全便利。只要能够习惯集体宿舍的生活方式，入住者大体都能过上一份相对舒心的生活。从这个角度看，流动人口安置公寓堪称都市异乡人远在他乡的"家"，尽管这个"家"像其他一切集体宿舍一样，只把温馨送给快乐的单身汉！

第二，有效地解决了产业工人聚集区外来员工的临时居住问题，既为企业提供了相对稳定的劳动力，也为企业减轻了社会负担，使企业经营者不再担心外来员工的"八小时之外"，能够轻装上阵，集中精力，把企业经营管理工作做得更好。

第三，减轻了政府管理负担，加强了流动人口属地化管理服务，改善了本地社会治安状况,减轻了流动人口家属的后顾之忧。早在2008年,广州市萝岗区政府就做过这样的统计:该区15万外来务工人员散居于村庄或居民小区出租屋,需配置300多名出租屋管理员,集中管理后,仅工资一项,政府每年就节约成本近1000万元。① 同时,流动人口公寓管理者纷纷反映,流动人口集中居住后,政府可对流动人口进行有效登记、管理和服务,本地社会治安情况明显有所好转:"几年来,公寓里没有发生过大的案件和火灾"②。刚开始时,入住的外来务工人员之间发生过一些"小偷小摸现象",加强保安巡逻、实行智能监控等措施之后,"这些现象就基本消失了"③。"我们这里(上海市浦东新区高栋公寓)都是年轻人,但是这两年的治安事件几乎为零"④。公寓(广州市增城区佳大公寓)内24小时保安巡逻,"治安刑事案件零发案"⑤。"本来不放心,现在看她住的地方(上海市马陆镇来沪人员集居中心),总算放心了!"⑥

第四,有利于解决外来务工人员的恋爱、婚姻问题。对外来务工人员,政府和社会不仅要关心他们的"钱袋子",更要关心他们的"被窝子"。外来务工人员大多是未婚男女青年,一年到头除了春节期间短暂返乡外,基本上都在异乡漂泊,在家乡解决婚恋问题的几率越来越小,可是很多企业由于产业性质的原因,所雇员工要么是清一色的男性,要么是齐刷刷的女性,企业内部很难寻觅合适的婚恋对象。流动人口公寓将不同企业的外来员工集中在一起居住,为单身男女青年提供了相知、相爱的平台,增加了彼此接触的机会,有利于解决他们的婚恋问题。

第五,有利于提高流动人口的素质和能力。外来务工人员入住安置公寓后,可以在公寓开展的文化娱乐、体育比赛、志愿服务和职业培训等活动中汲取精神营养,不断提高综合素质、职业能力和参与意识,丰富心灵世界,提高文明程度。有企业反映,外来员工入住安置公寓后,"惹是生非的少了,……组织纪律观念增强了,各方面素质都有不同程度的提高。"⑦

---

① 戎明昌. 外来工每月花90元可住公寓宿舍[N]. 南方日报,2008-04-07(A2).
② 刘颖. 外来务工者宁可多花钱外出租房 农民工公寓为啥魅力不再[EB/OL]. http://www.ce.cn/cysc/fdc/fc/200907/12/t20090712_19427469.shtml,2009-07-12.
③ 戎明昌. 外来工每月花90元可住公寓宿舍[N]. 南方日报,2008-04-07(A2).
④ 陈志强,杨帆,张澜. 上海民工公寓已使用2年 按大学生宿舍标准建造[N]. 辽沈晚报,2010-07-11(A7).
⑤ 阮沛云,朱翠妍. 永宁街:引入企业打造新型出租公寓[N]. 增城日报,2015-12-18(8).
⑥ 靳伟华. 家在上海——访嘉定马陆镇来沪人员集居中心[J]. 检察风云,2007(1):42-43.
⑦ 倪明,纪晨璐. 外来工公寓洗衣机宽带样样有[N]. 广州日报,2007-09-06(A2).

第六,有利于城中村、城边村改造,推进城市化进程。建设流动人口安置公寓可有效承接城中村、城边村拆迁转移来的流动人口,减少城中村、城边村的拆迁阻力;同时,引导、支持村集体或村民股份合作社利用村集体建设预留地等建设流动人口安置公寓,还可以将流动人口居住问题和失地村民生存发展问题一并解决,推动城市化进程向前发展。

该模式的主要缺点是:第一,部分流动人口公寓远离市区,生活比较单调,有碍流动人口城市融入。流动人口公寓多建在工业园区内或附近,有的公寓甚至前厂后居、前店后居,空气和噪音污染严重。一些建在工业园区内(尤其是企业内部)的小规模员工公寓不仅自身生活、教育、邮电、金融、文化、体育、医疗服务设施匮乏,而且远离居民区,公交路线少,与繁华的市区相隔绝,成为漂浮在都市生活之外的"孤岛",既有碍外来务工人员的身心健康,也不利于其城市融入与市民化。正因为如此,所以一些被"隔离"的流动人口公寓即使设施齐全,管理有序,入住率很高,也会令年轻人常感"'生活单调'是居住在此(流动人口公寓)的最大困扰"①。也正是因为这样的原因,深圳市富士康公司不得不将公司自建自管、入住22万员工的33栋员工宿舍改由社会企业管理。②

第二,缺乏私密空间,拥挤嘈杂,影响休息,未必比城中村更受中低收入流动人口欢迎。流动人口安置公寓多由企业、开发商、村集体、村民合作社等建设、经营,很少由政府经营、管理。企业、开发商、村集体、村民合作社等一般以追逐利润为首要目标,为了在满足流动人口居住成本最小化需要的同时实现自身利润最大化,他们一般采用多人间集体宿舍的方式安置流动人口。集体宿舍的最大弊端之一是不能给居住者以起码的"私密空间",室友之间几乎是完全"透明"的。任焰、潘毅直指该类公寓是"宿舍劳动体制",是将全新的工厂工作及生活"软件"置入外来员工的灵魂,通过对外来员工的全方位控制,实现外来员工劳动产出及剩余

---

① 上海市各区蓝领公寓政策特色[EB/OL]. http://wenku. baidu. com/link? url = pvdGsCxD-cijea_eFCo7KrP9n5IId5GK1EvCd6xppOQNSNXDPZE5ZSvT1fff6dT42rhUiTWMWGchMFzbL0vW_rjY3S - 0oM_kKJ_VxcSJumYu,2010 - 11 - 03.
② 彭勇. 富士康将深圳22万员工宿舍交由社会机构管理[EB/OL]. http://tech. sina. com. cn/it/2010 - 06 - 25/20544352586. shtm,2010 - 06 - 25.

价值的最大化,本质上是为了获得廉价的单身青年农民工。① 同时,集体宿舍人多拥挤,若经常倒班、作息时间不统一的人同居一室,则会严重影响彼此休息。大抵因为缺乏私密空间、拥挤嘈杂等原因,所以流动人口安置公寓虽在设施和管理上远胜城中村,却未必比城中村更受流动人口欢迎。2012年11月初,本课题组在上海市马陆镇永盛公寓所做的近800份问卷调查结果显示,流动人口愿意租住"城中村村民建的8平米、月租400元的独立单间""政府建的12平米、4人1间、人均月租200元的集体宿舍""政府建的15平米、6人1间、人均月租150元的集体宿舍"的百分比分别是48.2%、28.3%、23.5%。② 2012年10月–2013年8月,本课题组在北京市、上海市、广州市30余个城中村所做3000余份问卷调查结果显示,流动人口宁愿选择"城中村村民建的8平米、月租400元的独立单间""政府建的12平米、4人1间、人均月租200元的集体宿舍""政府建的15平米、6人1间、人均月租150元的集体宿舍"的比例分别是68.2%、21%、10.8%。③ 无论流动人口公寓内流动人口,还是城中村内流动人口,选择租住城中村廉价独立小单间者的比例均远高于选择政府提供的更廉价的4人间、6人间集体宿舍者的比例。

第三,既僧多粥少,又难免经营风险。流动人口安置公寓是产业聚集、外来员工廉价租赁房稀缺的城市政府和用工企业的应急之举,也是开发商、村民合作社等的牟利之举。就全国而言,流动人口安置公寓仅在珠三角、长三角等产业密集而外来员工廉价租赁房稀缺的城市较多,其他地区则相对较少;就行业而言,该类公寓解决的主要是产业工人的临时居住问题,而非城市服务业流动人口的临时居住问题。即使在珠三角、长三角等产业密集的城市,该类公寓相对外来产业工人巨大的居住需求而言,正常情况下也是僧多粥少,供不应求。例如,上海市闵行区从2008年开始规划来沪务工人员的居住点,拟到2015年前建设200万平方米廉

---

① 任焰,潘毅. 宿舍劳动体制:劳动控制与抗争的另类空间[J]. 开放时代,2006(3):124–134.
任焰,潘毅. 跨国劳动过程的空间政治:全球化时代的宿舍劳动体制[J]. 社会学研究,2006(4):21–32.
② 谢宝富,孙晶,吴琼,肖丽,李超,李阳等. 上海市马陆镇永盛公寓流动人口居住问题问卷调查统计表[Z]. 北京航空航天大学公共管理学院"大都市城乡结合部流动人口居住服务管理问题研究"课题组,2012–11–08.
③ 谢宝富,孙晶,吴琼,肖丽,李超,李阳等. 北京市、上海市、广州市城乡结合部流动人口居住问题问卷调查统计表[Z]. 北京航空航天大学公共管理学院"大都市城乡结合部流动人口居住服务管理问题研究"课题组,2013–08–08.

价出租公寓,解决22万闵行区外来务工人员居住问题。可是,"规划赶不上变化",到2011年7月,闵行区外来常住人口即已超过120万。2011年7月,上海市松江区建成78个流动人口安置公寓,解决了近6.4万流动人口居住问题。拟到2016年底,再建320万平方米安置公寓,解决三四十万流动人口居住问题。可是,到2011年7月,松江区常住流动人口就已近100万人。① 尽管产业集聚的发达城市正常情况下流动人口安置公寓缺口很大,但是一旦遭遇经济危机,这类公寓也难免经营风险。2008年金融危机时,上海市嘉定区马陆镇永盛公寓的入住率一下子就"从顶峰时候的90%下降到了60%左右",可在前一年,"(周边)企业需要排队等待(该公寓的)空房"。②

第四,与现行土地政策相冲突。利用城乡结合部农民集体土地、工厂闲置土地、出让工业用地、划拨土地兴建流动人口公寓分别与现行集体建设用地流转、土地收购储备、工业用地、划拨土地等政策相矛盾。同时,一些建在工业用地上的公寓还存在水、电、气等费用过高问题。例如,上海市闵行区鑫泽阳光公寓建在工业用地上,导致该公寓水、电、气等均无法按照民用性质定价收取,公寓居民用水、用气、用电价格均比本地居民用水、用气、用电价格高出许多。③

第五,临时而非永久性解决中低收入流动人口居住问题。因为政府无力或无心解决中低收入流动人口永久性居住问题、用工企业通常不愿意在外来员工居住问题上投入太多、外来员工无力或无心负担过高的居住成本、流动人口公寓的投资商需在公寓廉价出租中赚取利润等原因,所以集体宿舍成了各方的最大公约数。而集体宿舍显然不是为家庭式流动人口准备的:"像小田这样的单身汉,现在住住集体宿舍还可以",成家以后,恐怕就不行了。"大家都是单身,住在集体宿舍里没觉得什么",成家以后就需要"多一点的私人空间"。④ 同时,该类公寓绝大多数是企业自建或由开发商、村集体、村民合作社等提供的,很少有政府直接投资建设、管理,尽管一些地方也将该类公寓视为保障房,实则该类公寓离真正的保障房

---

① 陆一波,沈轶伦. 外来务工者如何安居——外来常住人口融入上海发展系列报道[N]. 解放日报,2011-07-26(1).
② 刘颖. 外来务工者宁可多花钱外出租房 农民工公寓为啥魅力不再[EB/OL]. http://www.ce.cn/cysc/fdc/fc/200907/12/t20090712_19427469.shtml,2009-07-12.
③ 陆一波,沈轶伦. 外来务工者如何安居——外来常住人口融入上海发展系列报道[N]. 解放日报,2011-07-26(1).
④ 曹莹. 高东新模式:让外来人员有个温馨的家[J]. 浦东开发,2010(7):53-55.

差之甚远。突出的表现是,企业自建的流动人口公寓一般都与流动人口的工作直接挂钩,流动人口一旦不在该企业务工,就会相应地失去公寓的居住权;开发商、村集体、村民合作社、政府等投资建设管理的公寓也常以用工企业包租为主,外来员工一旦失去了工作,同样也会失去相应的居住机会。

因为流动人口安置公寓只能解决流动人口暂住而非定居问题,所以入住该类公寓者的就地定居意愿并不高。2012年11月初,本课题组在上海市马陆镇永盛公寓所做的近800份问卷调查结果显示,入住该公寓的外来员工拟在上海就地定居的仅占14.1%,拟回老家定居、到其他地方定居的分别占67.7%、18.2%。[①] 2012年10月–2013年8月,本课题组在北京市、上海市、广州市城中村所做的3000余份问卷结果显示,城乡结合部流动人口就地定居意愿为26.1%,拟回老家定居、到其他地方定居的分别占54.8%、19.1%。[②] 流动人口安置公寓内流动人口的就地定居意愿比城中村内流动人口的就地定居意愿低12个百分点。管理服务远胜城中村的流动人口安置公寓在促进中低收入流动人口就地定居、就地市民化上并无突出表现。

### 5.3.3 中低收入流动人口住房问题难解的原因

中低收入流动人口住房问题难解的原因是多方面的,既有市场失灵方面的原因,也有政府失灵方面的原因。

#### 一、中低收入流动人口住房供给上的市场失灵

所谓市场失灵,指的是通过"看不见的手"——市场价值规律无法实现资源最佳配置和效率最优的情况。在一些场合里,市场机制会导致资源不适当配置,无法实现资源配置的帕累托效率,或者虽然实现了帕累托效率,但是无法满足其他必须达成的社会目标,进而产生其他不良后果和社会问题。

人类社会始终存在着一个深刻的悖论:尽管机会对大家是平等的,但结局总是不平等;尽管大家在出发时是一样的,结果却总是要分化。市场经济信奉货币

---

[①] 谢宝富,孙晶,吴琼,肖丽,李超,李阳等. 上海市马陆镇永盛公寓流动人口居住问题问卷调查统计表[Z]. 北京航空航天大学公共管理学院"大都市城乡结合部流动人口居住服务管理问题研究"课题组,2012–11–08.

[②] 谢宝富,孙晶,吴琼,肖丽,李超,李阳等. 北京市、上海市、广州市城乡结合部流动人口居住问题问卷调查统计表[Z]. 北京航空航天大学公共管理学院"大都市城乡结合部流动人口居住服务管理问题研究"课题组,2013–08–08.

选票,即使在充分竞争的市场环境里,机会的均等也决不意味分配结果的均等,人与人之间的财富分配总会因资本、技能、劳动、机会等因素而有显著区别,总难免出现"富者田连阡陌,贫者无立锥之地"之类的分化局面,否则市场经济就不成其为市场经济了。这或许就是市场机制的最大缺陷或者说是市场失灵的最主要表现。从这个角度来看,单凭市场机制是无法破解中低收入者的住房难题的。简言之,效率优位的市场机制与公平优位的住房保障之间存在天然矛盾。更何况我国房地产市场上垄断性特征明显,市场竞争并不充分。

首先,政府垄断了土地市场,土地的"进"(土地收储)、"出"(建设用地供应)均完全掌握在政府手中,土地供给的数量、节奏、用途等均由政府单方面说了算。

其次,房地产开发集中度高。房地产开发常需大规模资金投入。2004年,国家提高了房地产开发资本金比例,小开发商很难从金融机构获得资金。同时,土地出让实行"招、挂、拍"后,中小开发商在与大开发商的激烈竞争中越来越难获得土地,房地产开发的集中度越来越高。

再次,房地产产品具有天然垄断性。城市土地区位差距巨大,建立在土地之上的房地产产品具有不可复制、不可移动等特点,此地楼宇无法位移到彼地参与市场竞争,位置的固定性决定了房地产产品具有异质性特点,"产品异质性越强则垄断的可能性就越大,生产者对价格的操控能力也越强"。[①]

此外,我国商品房开发和销售上还具有供给方式单一(开发商为唯一供给主体)、信息不对称等特征。

以上垄断性特征决定了我国商品房价格一定程度上是垄断价格。为了追求垄断利润,开发商们常常抱团取暖,采用各种手段操纵房价,加上我国区域之间经济、社会发展差距巨大,发达地区流动人口高度聚集,人地矛盾突出,商品房供求失衡,这些都使人口净流入较大的大都市的商品房价格居高不下,甚至"没有最高,只有更高",令中低收入流动人口望而却步,很难通过市场途径解决住房问题,只能寄望于政府提供住房保障。

二、中低收入流动人口住房供给上的政府失灵

所谓政府失灵,指的是政府为了弥补市场失灵而对经济、社会活动进行必要干预,但是因为受到政府行为动机、能力和其他客观因素的制约,干预措施失效,

---

[①] 林素钢,崔秀芹. 我国房地产市场垄断性分析[J]. 当代经济,2007(6上):80-81.

没有实现预定的经济、社会发展目标，或者虽然达到了预定目标，但是干预成本昂贵，或干预带来了负外部性等。

如上所述，中低收入流动人口住房供给上市场失灵现象突出，需要政府进行必要的干预。但是，像其他组织和个人一样，政府及其官员并非"完全纯粹"，也有自身利益追求和理性算计，且他们的利益追求还常与公众的利益追求有较大的差异。政府机构及其官员追求自身利益而非社会公共利益的现象被称为内部效应或内部性。内部性是导致政府失灵的基本原因之一。

如何解决中低收入者的住房保障问题，我国并没有全国性统筹规划和上下一盘棋的解决方案。各地中低收入者的住房保障问题主要由本地政府统筹解决，中央政府只在必要的时候下派保障房建设任务，酌情给予不同程度的财政转移支付，是所谓"中央请客，地方买单"。在"发展就是硬道理"的大背景下，经济发展指标通常被视为地方治理好坏和官员政绩高低的集中体现。简言之，经济指标一旦上去了，即可"一俊遮百丑"！以经济发展指标作为核心考核标准与官员任期制的结合，使地方官员在做决策时不得不把短期经济发展指标置于优先位置。在这样的管理理念支配下，地方官员在中低收入流动人口住房问题上的理性算计是，中低收入流动人口住房问题必须解决，但又不能为之投入太多，甚至不能将该问题解决得太好。比较现实的解决办法是为流动人口建设集体宿舍式租赁公寓（而非家庭套房）或者默许"脏、乱、差"的城中村和城边村的广泛存在，供中低收入流动人口自由租住。具体来说，有以下几个方面。

首先，中低收入流动人口住房问题必须解决。若不解决该问题，外来务工经商人员没有落脚地，则企业无法获得相对稳定的劳动力，本地经济就无法稳定、发展。

其次，城市政府不能或不愿为中低收入流动人口住房问题投入太多，甚至不愿把流动人口住房问题解决得太好。主要原因是：1) 住房属大宗商品，在中低收入流动人口聚集的大都市，为中低收入流动人口提供像本籍中低收入者一样的保障房，需要巨大的财政投入，在中央政府没有较多财政转移支付的情况下，地方政府并不一定具备这样的财力。2) 中低收入流动人口保障房建设属长线投资，不仅很难产生短期经济效益，而且该方面财政投入过多，势必影响其他经济领域的财政投入。3) 各地建设用地指标有限，保障房建设用地过多，势必影响政府的卖地收入；反之，不把中低收入流动人口纳入本地住房保障系统，还可将更多的流动人口推向商品房市场,有利于扩大商品房的市场需求,进而提升房价、地价,增加政府的卖地收入。4)为中低收入流动人口提供像本籍中低收入人口一样的保障房,让他们就地定住而非暂住,会带来流动人口本人及其家属的一系列后续社会保障和公共服务问题,势必进一步加重政府财政负担,影响经济建设投入。5)任何一个国家和地区保障房政策的成功都无一例外地建立在严格到位的监管、服务之上,严格到位的监管、服务自然少不了政府巨大的人力、财力投入。此方面的投入增多,其他方面的投入势必相应减少。6)在缺乏全国性统筹安排和严格监管的背景下,某一个地方率先将中低收入流动人口纳入本地住房保障体系,提供与本地人一样的住房保障服务,势必会产生所谓"洼地效应",激励众多流动人口因为"房子"而流动,令城市政府不堪重负。7)中低收入流动人口住房保障问题复杂而严峻,中央政府并没有硬性要求各地必须将中低收入流动人口纳入本地住房保障体系,而只是提出了一些弹性极强的指导性意见①;同时,我国公民社会既不成熟,更不发达,流动人口公民参与不足,即使城市政府不把他们纳入本地住房保障体系,而只向他们提供临时居住的集体宿舍等,他们也不可能有足够的影响政府政策的渠道和力量。既如此,城市政府当然很难把中低收入流动人口真正纳入本地住房保障体系。8)户籍制度和地方行政切块管理体制不仅导致了我国住房保障的细碎化和不平等,而且使该不平等合法化、凝固化,使流动人口住房保障仿佛成了流入地政府的"分外"之责,为他们逃避相关责任和舆论监督提供了口实与方便。

最后,为外来务工人员提供集体宿舍是政府、用工企业、开发商等的"一致共识"和"最大公约数"。为外来务工人员提供集体宿舍式租赁公寓,解决其暂住而非定居问题,对中央政府来说,不仅省去了与保障房建设、管理、维护相关的组织和制度建设的麻烦和负担,而且可以节省财政转移支付;对地方政府来说,建设集体宿舍,既可节省较多建设用地指标,省下的建设用地指标可用于扩张土地财政,又可省下建设保障房所需的巨幅资金②,省下来的资金可用来推动本地经济建设。对用工企业来说,尽管投资建设集体宿舍需要花费不菲的资金,但这些资金可从相应地降低外来员工的工资中获得补偿。对建设、经营流动人口公寓的开发

---

① 详见本书"5.3.1 相关政策文本及其特征"部分。
② 因集体宿舍性质的流动人口出租公寓多是政府给用工企业、园区管理企业、开发商或村集体提供廉价土地,企业、开发商、村集体等出资建设而成,而无需政府出资。

商、村集体经济组织而言,因为政府提供了廉价甚至免费的土地,省去了昂贵的土地成本,建设、经营该类公寓也有不菲的利润空间。对于流动人口而言,可以就近廉价租赁甚至"免费"获得相对安全的寓所。于此看来,该政策似乎真正实现了难得的"多赢"效果。只是,在该政策下,外来务工人员一般只能在集体宿舍过单身生活,只能"暂住",而非"定居"。因此,该政策的所谓"多赢"效果,实质上是以牺牲中低收入流动人口的居住利益和市民化进程为代价的。从更深的层次来看,该政策本质上是发达城市对来自落后地区的务工人员的"不尽道义"——廉价使用青壮年时期的"他们"后,毫不留情地将年老多病的"他们"扔回其落后的老家。面对发达城市的"不尽道义",落后地区不仅要勉力做好留守儿童、妇女及老人的关爱和教育工作,还要尽力做好返乡老人的养老善后工作[1]。这几乎是中国特殊城市化背景下所有人口净流出地区的共同宿命!

## 5.4　境外相关经验及其借鉴

### 5.4.1　新加坡组屋政策的成功之道与题外之意——兼谈对中国保障房建设的启示[2]

新加坡建成了世界上保障范围最广的公共住房体系,让80%以上公民住在宜居的政府组屋(以下简称组屋),被誉为"世界公共住房政策最成功的典范"。[3] 我国学界对新加坡组屋政策一般评介较多,深入研究偏少,且所用数据资料多过早,未及组屋政策的新变化。已有的研究集中在四个方面:一是组屋政策的内涵及意义,二是组屋规划、设计、建设、管理及启示;三是中央公积金制度及其在组屋融资方面的作用;四是组屋对促进国家稳定、社会融合的意义。[4] 对组屋政策的成功关键及"题外之意"——住房保障以外的延伸意义虽有不同侧面或不同程度的涉

---

[1] 谢宝富. 干部管理要因地制宜、对症下药[J]. 人民论坛,2016(10):36-37.
[2] 本部分内容曾以《新加坡组屋政策的成功之道与题外之意——兼谈对中国保障房政策的启示》(作者是谢宝富)为题,公开发表于《中国行政管理》2015年5期,本章在阶段性成果的基础上略有修改.
[3] 杨沐. 新加坡的住房政策和对中国城镇化的借鉴意义[R]. 新加坡国立大学李光耀公共政策学院亚洲竞争力研究所,2013.
[4] 详见"2.2.3 有关我国住房保障问题的研究"的"境外保障房政策及其启示"部分.

及,但无系统归纳;对组屋政策的启发意义尚欠深入剖析。鉴此,本节拟对新加坡组屋政策的成功诀窍、延伸意义及其对中国保障房建设的启示进行探讨。

一、组屋政策的成功之道

组屋政策的成功既取决于新加坡国家袖珍富裕、政府廉洁高效、法治健全严明、社会透明有序等政策环境,更取决于其独到的具体政策安排。

第一,组屋政策的成功在于新加坡政府将其定为基本国策,为之颁布了系列法律,成立了专门机构,配足了人力物力。组屋政策的成功不在其有较好的基础。1947年,英国房屋委员会的报告称:"新加坡有一个世界上最糟糕的贫民窟,是文明社会的耻辱"。[1] 1959年新加坡自治时仍是东南亚最大的城市贫民窟之一。为了解决"房荒"问题,新加坡政府提出了"居者有其屋"计划,并将其定为基本国策。时任总理李光耀明言:"建屋,是我们的基本国策。"[2] "我们的新社会……居者有其屋……是关键。"[3] 为此,新加坡颁布了《建屋与发展法》《建屋局法》《土地征用法》《拆置法》《特别物产法》等系列法律,成立了专门负责组屋建设管理工作的政府机构——建屋发展局,为之配足了人力物力。目前,国土716平方公里、人口331万的新加坡的建屋发展局竟有5000多雇员,是新加坡政府系统最大的法定机构,足见新加坡政府对组屋建设管理的高度重视。由于组屋常以低于成本的价格出售,所以建屋局不免年年亏损,政府每年都给建屋发展局以高额财政补贴。据统计,1965-2010年间,政府给予建屋发展局的财政补贴共计160亿新元。2011-2012、2012-2013财政年度,政府给建屋发展局的财政补贴分别为4.43亿新元、7.97亿新元。[4] 若无政府制度建设及人力物力支持作铺垫,组屋政策是难能成功的。

第二,以低价将大多数土地收归国有,为大规模建设组屋提供了土地保障。20世纪60年代以来,新加坡政府一直重视征地工作。迄今为止,新加坡政府所有的土地面积已由1960年约占全国土地面积的40%增长到87%,政府是新加坡名副其实的最大地主,有足够的能力调控土地供应,保障组屋建设用地需要。新加坡政府获取土地的办法有二:一是强制征收。1966年,新加坡政府制定了《土地征

---

[1] 孙喜. 新加坡的变与不变[N]. 联合早报,2013-07-29(5).
[2] 张永和. 李光耀传[M]. 广州:花城出版社,1993:352-353.
[3] 李光耀. 李光耀回忆录——经济腾飞路1965-2000[M]. 北京:外文出版社,2001:103.
[4] 杨沐. 新加坡的住房政策和对中国城镇化的借鉴意义[R]. 新加坡国立大学李光耀公共政策学院亚洲竞争力研究所,2013.

用法》，授权政府可以强制征收任何私人土地，用来兴建公共房屋、工业厂房、基础设施及社会公益设施等，且以未开发的地价征收①。2006年以前，新加坡政府征地价格都是政府所定价格，而非市价。例如，1973-1988年，《土地征用法》将政府征地价格"定为有关土地截至1973年11月30日或在宪报公告刊登当日的市值，以较低者为准。"由于1973年全球石油危机使新加坡地价大跌，建屋发展局得以低价购买了大量的土地。② 1988年、1993年、1995年，新加坡政府修订《土地征用法》，提高政府征地价格，规定以土地在某个特定时间的价值计算。2007年，该法修正案规定，政府征地须以土地现行市值征收，但仍以未开发的地价征收。二是填海。新加坡政府从20世纪60年代开始大规模填海，截至2012年底新加坡填海获得的土地总面达134.3平方公里，约占国土总面积的23%。在填海所得土地中，有37.3平方公里用来发展政府组屋。无论征收还是填海获得的土地，土地管理局都会根据组屋建设需要，以较低的市价卖给建屋发展局。土地国有化政策抑制了土地投机倒卖，保障了组屋的土地供应，使政府可以低成本建造组屋。

第三，中央公积金制度既为政府建设组屋提供了资金上的源头活水，又为个人购买组屋提供了资金保障。1955年，新加坡建立了中央公积金制度，该制度本质上是强制储蓄制度，令雇员为自己和家人进行预防性储蓄和投资，所有新加坡公民和永久居民都须参与该储蓄，雇主和雇员都须以雇员每个月收入的规定比例缴纳公积金，存入中央公积金局的个人账户，公积金会员账户分为普通账户、医疗账户和特别账户，其中普通账户资金可用于购买组屋等。中央公积金局把公积金归集起来后，除留足会员提款外，其余全部用于购买政府为组屋建设贷款和补贴而发行的债券，等于在资金方面间接支持了组屋建设。二是居民购买组屋的资金。这部分资金也主要来自中央公积金。1968年中央公积金法修正后，中央公积金会员可动用公积金存款支付组屋的部分购房款，后来放宽管制，组屋的全部房款都可用公积金普通户头的存款支付。公积金会员动用公积金储蓄购买组屋，以现金支付或抵押支付房款，使更多的款项转入政府手中，为组屋建设提供了资金保障。

第四，量力而行、循序渐进地为公民分层次提供不同类别的组屋，为少数低收

---

① 新加坡认为国家对基础设施的投资带来的土地增值应该属于国家。
② 香港立法会秘书处资料研究组．新加坡的公共房屋[EB/OL]．http://www.legco.gov.hk/yr12-13/chinese/sec/library/1213in26-c.pdf,2013-06-24.

入者提供额外或特别中央公积金津贴,保证大多数公民有能力购买租屋。组屋建设本着量力而行、循序渐进、分类提供的原则进行。早期组屋以中小户型为主且以廉租为主,旨在解决"房荒"问题。随着经济发展,政府财力和公民购买力不断增强,组屋由廉租为主转变为购买为主(目前约7%的组屋用于廉租),由中小户型为主转变为大中户型为主,旨在提高居住品质。为了保证大多数公民买得起组屋,新加坡政府采取了三项措施:一是规定组屋售价不以建设成本而以不同层次购买者4-6年家庭收入之和来确定,亏损部分由政府财政补贴。二是规定购买不同类别组屋的家庭月收入上线,迫使购买者量力而买,不至于成为"房奴"。三是给少数低收入购房者提供额外或特别中央公积金购房津贴。额外中央公积金购房津贴,申请人除须符合适用于所有中央公积金购屋津贴申请人的基本资格外,自己或另一名或多于一名联名申请人须在申请购买组屋前12个月连续受雇,递交申请时在职。申请人过往12个月每月平均家庭总收入不超过5000新元。特别中央公积金购房津贴是除了额外中央公积金购房津贴外向低收入家庭提供的另一种津贴,以协助其购买组屋。特别中央公积金购屋津贴申请人除须符合额外中央公积金购房津贴的所有资格条件且正在申请额外中央公积金购房津贴外,申请人12个月内每月平均家庭总收入不超过2250新元。申请人获得特别中央公积金购房津贴的金额取决于其过去12个月每月平均家庭总收入,总收入水平为2001-2250新元、1500新元及以下的家庭可分别获得5000新元、20000新元津贴。

第五,规定组屋"以自住为主",严禁造假、炒作行为,确保组屋政策健康运行。新加坡政府将组屋定性为"以自住为主",规定一个家庭向建屋局购买组屋不超过两次,且只能拥有一套组屋,若购买新组屋,旧组屋须在二手市场上出售,以防炒作。已购组屋可在公开市场上转售,但须居满规定期限。直接向建屋局购买三至五房式组屋,住满5年后可转售,若确需5年内出售,须到政府部门登记,不得自行在市场上出售。老人去世,组屋可留给子女,但是若子女已有组屋或其他住房,则须将老人留下的组屋在二手市场出售,出售所得在缴纳规定的税款后归子女所有。买卖组屋都须提供翔实的资料,弄虚作假者将面临5000新元罚款或6个月监禁或两者兼施。只有在最低居住年限过后,屋主才能出租整套组屋。组屋未过最低居住年限,三房式或更大的组屋可出租个别房间。近年来,建屋局不断加大对组屋非法出租的查处力度。2010年,建屋局检查了约7000套组屋,共查出95

名屋主违规出租,分别处以2500新元及22000新元之间罚款,其中39个严重违规者,其组屋被强制收回。政府强制收回组屋后,屋主只能获约市价9成的款项,还须另缴一笔罚金。① 2011年、2012年,分别有18套、8套严重违规出租的组屋被强制收回。② 到位的监管和严厉的处罚有效保障了组屋政策的成功实施。

总之,新加坡政府将"居者有其屋"定位为基本国策为组屋政策的成功准备了前提;土地国有化和中央公积金为组屋建设提供了土地和资金保障;循序渐进地为公民分层次提供不同类别组屋,既使国家不因建屋而债台高筑,也使公民不因购屋而成"房奴";严防严惩造假、炒作行为,确保组屋建设管理诸环节上的公正,有效地保障了组屋政策的健康运行。正是这些匠心独具的政策措施形成了一个完备的政策系统,才使组屋政策不断走向成功。

二、组屋政策的题外之意

在温饱已解决的社会里,对多数生活在城里的人来说,都是"民以住为天",住房问题堪称"第一民生"。既然80%以上公民的"第一民生"都捏在政府手里,那么一向精明的新加坡政府自然会借此大做文章,以发掘组屋政策的"题外之意"——住房保障以外的延伸功能与意义。

第一,组屋政策被赋予了提升国家意识、促进社会融合及加固执政党执政地位的政策意蕴。新加坡是多民族国家,刚独立时华人把中国当祖国,印度人把印度当祖国,马来等族群也有相似的国家认同,缺乏起码的新加坡国家意识。如何增强新加坡国家意识?新加坡政府采取的关键做法之一便是实行"居者有其屋"。李光耀认为,人们不仅需要住的地方,而且需要真正属于自己的家。政府为人民解决好住房问题,会让人民对政府产生"永久的感恩"③,有利于执政稳定。他写道:"我深信,如果每个家庭都有自己的住房,国家将会更加稳定……(会)让那些儿子必须履行国民服役义务的父母觉得新加坡有他们的份,值得他们的孩子去捍卫。"④新加坡规划之父刘太格指出,每个市民都有自己的房子,"每个人就是这个

---

① 佚名. 新加坡强制收回违规房子[EB/OL]. http://www.sginsight.com/xjp/index.php?id=6076,2011-04-11.
② 佚名. 新加坡"保障房"不允许房主擅自出租[EB/OL]. http://news.xinhuanet.com/house/bj/2013-07-15/c_125009884.htm,2013-07-15.
③ LEE K Y. From Third World to First:The Singapore Story:1965-2000[M]. London:Times Media Private Ltd,2000:116-118.
④ 李光耀. 李光耀回忆录(下)[M]. 新加坡:新加坡联合早报,2000:111.

国家的股东"!① 为了促进民族及社会阶层融合,新加坡政府详细规定了每一栋组屋购房者的民族比例,在建设规划上让组屋与私人物业交叉分布,以保证不同民族、不同收入的居民生活在一起。尽管这种混居政策难免会导致些许磕碰,但这些磕碰相对社会融合效果而言毕竟是次要的。人是有感情的动物,只要语言相通,彼此能交流,天长日久就会相互友爱,产生相近的价值观,进而走向融合。正如文泉指出,不同种族的居民同住组屋,无明显的富人区、穷人区之别,既为民族和谐和社会稳定打下了基础,又为形成相近的价值观提供了"社会物质条件。"②

第二,组屋被赋予了促进城市开发和社会和谐进步的政策意蕴。随着城市快速发展,新加坡市中心土地资源日益稀缺,建屋发展局充分利用城市外围地价低、拆迁成本小的优势,大力发展新镇。新镇开发是以组屋建设为中心而展开的。与组屋建设相配套的是地铁、快轨、公交枢纽等公共交通设施,是分层配建的花园、医院、学校等公益设施以及超市、小贩中心、巴沙、大型购物中心等生活服务设施,是新镇周边供居民就近就业的污染较小的轻工业。换言之,组屋建到哪里,地铁、轻轨、公交枢纽建到哪,公益及工商业配套设施建到哪里,哪里便是成熟或即将成熟的城市新区。新加坡300多个公园,大部分都在组屋区内或附近,40多个工业园区附近都有配套的组屋区。这些因组屋而兴的新镇既与市中心保持相对独立性,又有地铁、快轨等将其与市中心紧密相连,使其"事实上更像高度密集发展并有机联系的大城市系统中的一个结点";③既给居民以生活和工作上的近便,又减少了城市交通"潮汐"现象,使新加坡虽地小人稠,却很少发生交通拥堵现象。同时,组屋一层架空并设休闲设施,为居民提供了日常交流的公共空间。组屋区内设有乐龄中心(老年活动中心)、居民活动点等,居委会时常在此开展社区活动,增进居民之间的情谊。此外,新加坡绝大多数选区都依托组屋区建有"民众俱乐部"大楼,楼内配有多种体育、文化及娱乐设施,为居民开展大型社区活动提供了条件。足见组屋既在城市开发中扮演了纽带角色,又为社区和谐进步提供了较好的平台。

---

① 莫震宇,孙杨,李翔. 新加坡规划之父刘太格:回看"居者有其屋"[J]. 东方企业家,2008(11):108-111.
② 文泉. 新加坡的公共住房成功经验及其面临的新挑战[EB/OL]. http://sg.xinhuanet.com/2013-02/25/c_124383904.htm,2013-02-25.
③ 邢佳林. 对新加坡组屋规划管理的分析[EB/OL]. http://www.doc88.com/p-5337308172961.html,2013-11-18.

第三，组屋被赋予了弥补社会保险缺失、促进经济发展的政策意蕴。新加坡没有社会保险，社会保障主要靠个人和雇主按月强制缴纳的中央公积金，该制度最大的缺陷是个人一旦发生较大不测，很易导致个人公积金的亏空和不足。组屋的升值和出租收益有效弥补了中央公积金制度的不足，使新加坡得以在不实行社会保险制度的情况下，居民仍有较好的生活保障，从而减轻了政府的财政负担，使政府不存在财政赤字问题，能够长期实行低税制，以吸引外来投资和人才，促进经济持续发展。

第四，组屋被赋予了促进儒家伦理亲情的政策意蕴。儒家崇尚孝道亲情，珍爱家庭伦理，提倡多子多福。这些思想观念在组屋发售政策中有鲜明体现。建屋发展局规定，公民或永久居民无论从建屋发展局还是从二手市场购买组屋都须结婚，组成核心家庭，独身者过去不允许购买组屋，现在虽允许但须35岁以上才能购买。是为对结婚成家的提倡。在中央公积金购房津贴上，申请人及联名申请人都是新加坡公民并选择靠近父母或已婚子女居住较近者可多获1万新元的基本家庭津贴。2002年推出的已婚子女优先抽签计划规定，已婚儿女选购靠近父母家的组屋或父母选购靠近已婚儿女住家者的组屋，可优先购房。该计划申请人比没有申请居于父母或已婚子女附近的申请人可获得多一倍的中签机会。是为对孝道亲情的鼓励。而育儿优先购房计划①、育有3名孩子家庭优先购房计划②则既是对多子多福的传统观念的继承，也是新加坡鼓励生育政策的反映。

### 三、组屋政策对中国保障房政策的启示

中新国情迥异，在历经一段时期的盲目崇拜之后，一般人都很怀疑新加坡经验对中国的借鉴意义。极小、极富、极简单的新加坡的组屋政策的确无法复制到极大、极复杂、尚未富裕的中国。不过，不能复制也决不意味其对中国就无借鉴意义。

新加坡将住房市场明确分为政府计划和市场调节两个部分：对占全国人口80%以上的中低收入者，政府向他们分类提供买得起或租得起的不同类别组屋；

---

① 育儿优先配屋计划旨在协助首次置业并育有子女或将有子女的已婚夫妇购买首套组屋。建屋发展局在所供应的新组屋单位中，预留30%的单位给该计划的申请人。

② 为了促进政府鼓励生育3名孩子政策的落实，自1987年起，建屋发展局推出了育有3名孩子家庭优先购房计划。在可供应的组屋单位中，建屋局最多预留5%的单位给予此计划的申请人。

对占全国人口近20%的高收入者,政府对他们的住房问题持"有益的疏忽"[①]态度,原因是这类人经济基础雄厚,有能力通过市场购买公寓、别墅,一般无需政府为他们的安居问题操心。政府通过计划的方式保障了占人口大多数的中低收入者的住房需求后,住房市场上的刚性需求就大幅减少,供需很易达成平衡,政府房价调控的压力自然就很小。也正因为这个原因,所以新加坡没有产生类似香港李嘉诚那样的超级地产商。如果硬要说有的话,那只能是新加坡政府了。新加坡政府的确是新加坡名副其实的最大房产商,只不过这个超级房产大亨与其他地产商委实不一样,他总在房产交易上主动做"赔本"买卖,却又在其他方面收获甚丰。新加坡组屋政策的成功以雄辩的事实告诉人们:计划经济不等于社会主义,资本主义也有计划。由于市场信奉的是"货币选票",所以将住房问题过度市场化、让大多数中低收入者通过市场解决住房问题,只会使商品房的刚性需求过大。该刚性需求与房地产业因投资规模大而天生具有的某种垄断性的结合,必然会导致房价居高不下,政府楼市调控异常艰难,令越来越多的人因买不起、租不起房而被迫蜗居桥洞、管道或热力井等。

实际上,尽管中国和新加坡国情迥异,但中国未尝不具备某些类似新加坡保障房建设的关键条件。首先,中国像新加坡一样有大规模建造保障房的土地条件。新加坡87%的土地属国家所有,填海所得的新增土地也归国有;中国城市的土地属国家所有,城市郊区的土地、农村的土地虽属集体所有,但政府出于公共建设的目的可进行征收。其次,中国像新加坡一样征地成本相对低廉。新加坡政府过去征地价格相当低廉,现在虽以市价征地,但仍扣除了政府基础设施建设所带来的土地升值部分,且政府早以低价将87%的土地收入囊中。中国土地征收、拆迁赔偿价格虽需经过政府与村集体、村民的反复博弈,但征地及拆迁赔付价格主要还是政府说了算,价格仍较低廉,有条件实现保障房建设的低成本。中国政府和新加坡政府一样是行动高效政府。新加坡政府素以廉能、高效著称,其强大的行动能力在组屋建设管理上有着极其充分的体现;中国政府也是行动高效政府,当其决意要做某些重大事情时,其强大的组织动员能力是相当罕见的。既然在不少观察家眼里中国政府都是"善办大事而不善管细节",那么如若中国政府把保障房建设由"细节"升为"大事",不也就同样"善办"了吗?

---

① 邓穗恩. 非正式信用市场与经济发展[A]. (美)迈克尔·麦金尼斯. 多中心治道与发展[C]. 王文章等译,上海:上海三联书店,2000:417-442.

当然,在保障房建设上中国政府面临的问题确实比新加坡政府复杂、严峻万倍。首先,新加坡是一个城市、一个政府,无政府间财权、事权划分问题,"一人吃饱,全家不饿";中国从中央到地方共有五级政权,省级、地级、县级、乡级行政单位分别有34个、333个、2862个、41636个之多,纵向上财权事权划分错综复杂,横向上统筹协调异常艰困。其次,新加坡仅331万人口,中国有13亿多人口。新加坡人均收入是中国人均收入的9倍有余,中国中低收入人口与新加坡同类人口的住房购买力有天壤之别。再次,新加坡政府财力雄厚,不存在财政赤字和土地财政问题;中国地方政府债务严重和土地财政问题凸显。2013年,中国地方政府卖地收入破3万亿,占地方财政收入比重约50%。[1] 1999年-2015年,17年间全国土地出让收入总额约27.29万亿元,年均高达1.6万亿余元。[2] 最后,新加坡就一个城市,不存在流动人口问题;中国幅员辽阔,不同地域间差别悬殊,13亿多人口中有2.44亿左右人口在流动,而人口一旦流动,其户籍地的住房即"远水解不了近渴"。中国很多蜗居桥洞、管道或热力井中的人实际上是有房者而非无房者,只不过他们的住房远在家乡,而不在其漂泊的城市罢了。

如上差别通常被视为新加坡经验不堪中国借鉴的理由。不过,笔者认为,中国和新加坡越有如上差别,中国反而越应借鉴新加坡组屋政策中统筹规划、量力而行、循序渐进、分类供给等经验。联合国人居署、国家住房和城乡建设部等2010年4月联合发布的《中国城市状况报告2010/2011》称,中国城镇居民的自有住房拥有率2008年已达87.8%。[3] 国家统计局住户调查办公室2011年3月公布的数据显示,截至2010年底中国城镇居民家庭自有住房率为89.3%。[4] 近年来,中国政府不断加大保障房建设的力度,仅2011年以来中央政府就责令各地建设了3600万套保障房,如果落实到位的话,仅此一项就可解决1亿多人的安居问题。住房自有率如此之高,保障房建设的力度也非想象的那么小,那么中国住房保障问题为何还如此严峻?首要原因在人口流动,人口一旦流动,其住房多半就会沦为"春节旅馆";其次是保障房建设缺乏新加坡那些全局性统筹规划和严格管理,建在不该建的地点,卖(租)给了不该买(租)的人。新加坡组屋的成功经验是量

---

[1] 刘展超,柳九邦."土地财政"将再破3万亿[N].第一财经日报,2013-12-30(1).
[2] 佚名.十七年来全国卖地收入超27万亿收入去向鲜有公开[N].第一财经日报,2016-02-16(2).
[3] 杨冬."新城镇居民"住房问题突出[N].新闻晚报,2010-10-04(A1-A2).
[4] 马文婷.中国城镇居民家庭自有住房率89.3%[N].京华时报,2011-03-08(42).

力而行,循序渐进:先解决房荒问题,后解决舒适问题;先提供中小户型,后提供大中户型;先以廉租为主,后以购买为主;以廉租为主时注意向有能力购买者开放购买,以购买为主时又不忘向无力购买者提供廉租。中国也应如此,既要为无力购房的低收入者(尤其是低收入流动人口)广泛提供小微型廉租房,也不忘向有购买力者提供中小型经济适用房,以便"漂"在城里的"他们"落地生根。中国人多地广,地域间差别虚悬,一方面一线城市、沿海发达地区"房荒"现象突出,另一方面中西部中小城市尤其是农村地区又"空村""鬼城"叠现,房子普遍租不出去,在这些地区实际上根本不需要建什么保障房,由于房租极低,政府只需为少数无房的超低收入者提供一定的租房补贴即可。中国城市公共资源配置不均,向流动人口提供与户籍人口一样的保障房,很可能会使发达城市不堪重负,以致城市政府既想为中低收入流动人口解决住房问题,又因担心"洼地效应"而不敢将其解决太好。一些城市甚至以"洼地效应"为借口,拒绝为流动人口提供居住服务。中国必须在精简政府层级、合理划分事权财权、化解地方债务和土地财政风险、减少户籍背后的利益不公、加强法治建设的基础上,根据科学观察和预测的结果,制定全国性保障房建设管理统筹规划,合理划分不同级别、不同地区保障房建设管理任务,既像新加坡政府那样对不同层次的群体提供不同类别的保障房,又应针对不同城市、不同地区制定不同的住房保障标准,使地方政府敢于放开手脚,既有压力也有动力去建设管理保障房。鉴于户籍人口住房拥有率高,中国政府应集中力量解决中低收入流动人口的"房荒"问题。与新加坡"小而富"相比,中国乃"大而穷",中国政府不可能像现在的新加坡政府那样"财大气粗"——为公民广泛提供宽敞而舒适的组屋,而只能像过去的新加坡政府那样为公民主要提供小微型廉租房,辅以适量的中小型经济适用房;更不能像现在的新加坡政府那样不依建房成本而依不同层次购买者家庭4-6年收入总和来定价,而只能依成本或适度高于成本来确定不同类别经济适用房的售价,依成本结合不同户型及不同类别承租者的收入来确定廉租价格,同时还应在不同地区间设立必要的购买或廉租条件差别(含租金或售价差异)。中低收入者的住房被保障了,政府楼市调控的压力就会变小,社会主义优越性就会凸显。新加坡政府的哲学是既然住房是最大的买卖,那么这个买卖就由政府来做。如果任由资本家来做,他们除了把房子卖掉,把钱挣到腰包后,就什么也不管。

为了建设管理保障房,国家袖珍富裕、政府廉能高效、法治完备、社会透明的新加坡尚设专门负责保障房建设管理的机构——建屋发展局,并在全国设立了36个办事处,雇员高达5000余人之众(高峰期曾有数万人之众)。可是,土地和人口分别是新加坡万倍和数万倍,而且国家富裕、政府廉能、法治健全、社会透明诸方面均远不及新加坡的中国,迄今为止尚无专门负责保障房建设管理的机构。以公租房申请为例,中国须经过"三审三公示":居委会30个工作日内入户调查,提出初审意见;街道住建部门15个工作日内进行复审,公示不少于10天;区住建、民政、公安、工商、税务、人力资源社会保障、公积金管理中心等部门10个工作日内对申请人的家庭住房、人口、收入、车辆、财产等情况出具审核意见证明;区住建部门在收齐上述信息之日起15个工作日内提出终审意见,公示不少于10天。需要身份证、居住证、结婚证、收入证明、劳动合同、财产证明等一堆证件,并等待至少90天。① 不仅程序繁琐,效率低下,而且很易出现问题,因为逐级审核中大多是上级看下级,底层的初审至为重要,而居委会大爷、大妈以老迈之躯,未必愿意或未必能够胜任该任务。在法律对申请公租房中造假行为惩处不严的背景下,开具证明环节也易生腐败造假。与申请时繁琐而未必严格的监管相比,入住以后的持续监管缺位就更加明显了。"工欲善其事,必先利其器。"若无专门的建设管理机构、充足的人力物力支持、完备的制度建设,要取得保障房政策的成功,怕是痴人说梦。

　　新加坡组屋政策的成功告诉我们,为中低收入者广泛提供保障房,既可减少社会底层的怨气、戾气,增加他们的主人公意识,有利社会稳定,也可为城市开发、经济发展、社会进步、文化建设提供纽带和平台。保障房政策在国家公共政策体系里应居至关重要的位阶,而非小修小补、无足轻重的位阶。保障房建设虽是政府对弱势者的无偿"奉献",但政府决不能因此而简慢粗心,对其采取"一建了之""一卖了之""一租了之"等粗糙做法,而应像新加坡政府一样时刻把百姓的福祉放在心尖上,敬畏民生,善待保障房的每一个细节。

---

① 刘宏宇. 公租房申请手续吓跑农民工:至少办7个证等90天[EB/OL]. http://finance.sina. com. cn/china/dfjj/20140101/173617816178. shtml,2014 − 01 − 01.

**5.4.2 在公平与效率之间寻找平衡——香港保障房政策及其对内地的启示**[①]

1953年以来,香港政府逐步建立了完备的住房保障制度。迄今为止,香港政府已为占人口总数近一半的中低收入者提供了保障房[②],成功地解决了不同阶层的居住问题。香港公屋政策被誉为香港经济发展的"基石"和社会稳定的"基础"[③],与新加坡组屋政策一样被誉为世界保障房政策的典范。香港房委会不无自信地宣称,香港之所以繁荣昌盛,活力无限,"公共房屋这块基石不可或缺。"[④] 关于香港公屋政策,学界已有较多研究。[⑤] 现有成果虽对香港保障房政策在公平和效率之间寻找平衡的运行机制及其启示有所涉及[⑥],但多语焉不详。鉴此,本节拟在前人研究的基础上,对该机制及其对内地保障房政策的启示,谨予分析。

一、效率与公平:住房的两个世界

在市场经济社会里,越有社会需求的东西,越具价值,越有商品化的潜能,市场的魅力就在其可将一切有需求、有价值的东西尽可能商品化。住房作为人类最昂贵、最耐用的生活必需品和可能的奢侈品之一,在其背后有着稀缺的土地资源、昂贵的建设成本、巨大的生存和享受需求。因此,住房商品化是市场经济的必然现象。通常情况下,只有市场机制,才能保证住房的充足供给。

市场经济信奉"效率优位"和"货币选票",住房作为大宗生活必需品,难免具有昂贵性特征,市场竞争的结果必然是富人拥有越来越多、越来越好的住房,穷人即使"上无片瓦",亟需住房,也很难凭借个人力量获得住房。

然而,住房在作为富人奢侈品的同时,又是穷人赖以生存的必需品,有学者研究发现住房涉及马斯洛所说的人类生理、安全、社交、尊重乃至自我价值实现各层

---

[①] 本部分内容曾以《在公平与效率之间寻找平衡——香港保障房政策的运行机制评析》(作者是谢宝富)为题,公开发表于《人民论坛·学术前沿》2017年10期,本章在阶段性成果的基础上有一定修改。
[②] 约1/3的人口租住在政府提供的廉价公屋,约15%的人口购买了相当于内地经济适用房的居室等。
[③] 叶国谦. 香港公屋建设可持续发展模式[J]. 住宅产业,2006(9):20-22.
[④] 吴开泽,谭建辉,邹伟良. 香港公屋政策的反思和启示[J]. 科技和产业,2013(11):19-24.
[⑤] 详见本书"2.2.3 有关我国住房保障问题的研究"的"境外保障房政策及其启示"部分。
[⑥] 如韩继东指出香港公屋政策有"市场"与"公益"相互矛盾、博弈的特征,李健正从"复杂社会政策品"的角度分析了香港住房保障与住房市场的关系,认为香港公屋政策是最重要的经济政策工具。

次需求。① 政府应该履行社会价值再分配的职能，积极为在市场上买不起、租不起住房的低收入者提供住房保障，实现社会公正。

由于住房在具有商品属性的同时，又具有社会保障品属性，所以住房应分为两个世界：一个是体现效率优位的住房市场，另一个是体现公平优位的住房保障。两个世界之间既相互竞争，又相互合作。首先，二者之间存在竞争关系。如果住房保障涵盖面过广，保障房品质过好，那么商品房需求会相应萎缩，效率机制在住房问题上很难发挥作用。例如，新加坡政府向80%以上的公民提供了价廉物美的政府组屋，保障房政策高度成功。与之相应，新加坡商品房市场一直相对萎缩，直到今天该国仍然没有大房地产商。反之，保障房覆盖面越小，越来越多的人的住房问题需通过市场解决，商品房需求旺盛，住房市场就会繁荣，公平机制在住房问题上就难发挥作用。其次，二者之间存在合作关系。一方面，如果住房保障涵盖面过广，保障房品质过好，商品房市场过于萎缩，那么政府就很难通过卖地和房地产方面的税收来获得较多财政收入，除非政府财政状况很好，无需依靠土地财政，否则政府将难有财力推动住房保障工作。同时，过度的住房保障还会纵容、培养懒汉，有碍经济发展、社会进步。另一方面，住房过度市场化，低收入者的住房权益没有基本保障，社会就很难稳定。社会不稳定，反过来又会影响营商环境，阻碍经济发展。此外，在购房需求过旺、房价高企的情况下，普通公民的收入不仅会被高房价和高租房吞噬，而且会产生多种不良后果：一是减少低收入者对低薪的忍受力，导致劳动力成本上升，有碍经济发展；二是减少低收入者的教育及其他方面的生活支出，对其身心健康以及素质、能力的提升构成不良影响；三是减少中低收入者进行小规模投资创业的几率。所有这些都会妨碍效率，有碍经济发展、社会进步，而经济发展受限最终也会传导到商品房市场，使商品房市场发展受阻。

值得指出的是，住房具有商品和社会保障品双重属性，虽是学界共识，但严格意义上说该提法并不十分准确，因为并非所有的住房都具有这样的双重属性，也并非每一套住房都具有相同程度的双重属性。由政府免费提供给无力在市场上购房或租房者的住房和高收入者纯粹通过市场购买或租赁的住房，均不具有双重属性，而只有社会保障品或商品的单一属性。介于二者之间的住房虽兼具商品和社会保障品的双重属性，但其双重属性一般也会随着住房品质（位置、面积、容积

---

① 卫欣．北京外来农民工居住特征研究［D］．北京大学博士学位论文，2008：120－122．

率、朝向、建筑及装修质量等)的高低而有所变化。由于政府常会"故意"让保障房在品质(如面积、容积率等)上比商品房稍逊一筹,以激励被保障者奋发有为,创造条件在商品房市场上购买品质更好的住房,以免纵容懒汉,所以总体而言,品质越高的住房,商品属性越强,保障品属性越淡;反之,则保障品属性越强,商品属性越淡。当然,这并不意味着品质是决定住房是否具有商品性或保障品性的必要条件。

由于除了政府免费向最低收入者提供的住房和高收入者完全通过市场购买或租赁的住房外,介于二者之间的住房均不同程度地具有商品和社会保障品的双重属性,所以政府首先必须划定两端的底线,亦即何种收入以下的公民应由政府免费提供保障房,何种收入以上的公民须凭借自身力量在市场上购房或租房。前者似乎很好界定,凡是没有经济来源、完全依靠社会救济金生活而又没有住房的公民,政府就应免费为他们提供房屋居住,香港的做法是由社会救济署为无力支付公屋租金的人支付公屋的房租。后者须综合考虑公民收入、房价、房租以及其他各项支出等多种因素,相对准确地判定家庭资产和年收入多少以上就足以凭借自身的力量到住房市场购房或租房,而后科学合理地制定一道公民资产和年收入标准线,规定凡是标准线以上者必须到住房市场买房或租房,凡是标准线以下者由政府提供不同性质的住房。这种住房虽被称为保障房,实际上却兼具社会保障品和商品的双重特征,政府虽不会根据市场价格来决定其售价和租金,但一般情况下也不会免费供给,通常是在综合考虑保障对象的资产、收入、支出以及市场上的房价和房租等多种因素后,以保障对象大体能买得起或租得起的价格出售或出租给保障对象,且其价格还会随着保障对象的经济情况而有适当调整。保障对象经济情况越好,其售价或租金就相应升高。

政府提供的保障房有出售和出租之别,前者是经济适用房(香港叫居室等),后者是公租房(香港叫公屋)。

经济适用房的主要优点是:第一,公民拥有产权,拥有主人公的感觉,会加倍爱惜房子,并可将其作为资产传给子孙后代。第二,政府建设、出售经济适用房后,即由购买者自己管理房屋,政府管理保障房的担子较轻。第三,政府出售经济适用房后可收回建房资金,可借适当赢利进行保障房滚动开发。相对公租房而言,该类保障房收回成本快,前期投入较少。

经济适用房的主要缺点是:第一,对保障对象的经济水平要求较高,住房是大宗商品,经济适用房建设成本不菲,政府多以成本价或保本微利的价格出售,尽管其售价比商品房低得多,但也不是所有中低收入者所能承受的,因此经济适用房无法满足最低收入群体的住房需要,即使像新加坡这样最广泛地向公民提供经济适用房(政府组屋)的国家,对于约占人口总数10%以上的最低收入者也只能提供租赁性政府组屋。第二,相对公租房而言,经济适用房的公平性有所不足。经济适用房只售不还,一个人购买经济适用房时经济情况较差,并不意味着他以后经济情况一直都较差,但即使他日后经济情况好了甚至大大地好了,政府也无权要求他退还经济适用房。而公租房则永远只提供中低收入者,一旦承租者的资产和收入超越了规定的标准,就必须退出公租房,因而显得十分公平。第三,经济适用房只售不还,政府手中的房源始终紧缺,几无陈量房可供周转,需不断地大规模建房,以满足低收入者不断增长的住房需要;而公租房却不一样,运转几个轮回后,政府手中的陈量房较多,可以不断地租给新的中低收入者,虽然公租房为了保证必要的居住稳定性,必须进口大,出口小,政府也需不断建房,但相对经济适用房而言建房规模还是要小得多。第四,若经济适用房售价不菲,且广泛实施,则会降低劳动者对低薪的忍受力,导致本地劳动力成本提升,保障对象勉力购买后很易导致家庭投资、教育及生活等其他方面开支的挤出效应,从而给城市经济和社会发展带来负面影响。第五,经济适用房产权个人所有或近于个人所有,相对中低收入者而言售价不菲,在与公租房同时面对保障对象时,居住品质通常会强于公租房,这一点已在香港和新加坡的公屋实践中得到了充分证明。同时,经济适用房过于扩张,容易侵犯商品房市场,会对政府土地财政产生不良影响,除非这个国家或地区土地并非国有、不存在政府卖地现象,或者虽有政府卖地现象,但政府财政甚好,几乎不依靠土地财政。香港是一个土地政府所有且土地资源高度稀缺的城市,政府需要借土地财政来实行低税制,以吸引投资和人才,这就决定了香港的经济适用房发展必然严重受限。

公租房的主要优点是:第一,只租不售,租赁者无需像经济适用房购买者那样必须具备一定的经济实力,保障范围相对较广。第二,保障对象没有购房压力,既可使他们能够忍受相对低薪,有利于降低劳动力成本,又可使他们拥有一定的经济能力,进行家庭教育投资,或者进行小规模的经营性投资,促进经济发展、社会稳定。第三,住房保障更加公平合理。一个人在中低收入时期可以租赁公租房,等到他们由中低收入者变成较高收入者,就必须退出公租房,因而更显公平合理。

第四,由于公租房一般不是根据租房市场而是根据中低收入者的经济承受能力来确定租金,加上政府财力和中低收入者经济承受能力均较有限以及过度保障会培养懒汉的原因,政府一般不会为低收入者提供较宽敞、舒适的公租房,而大多只提供能够"遮风挡雨"、满足基本生活需要的公租房,以激励被保障者奋发有为,赚钱购买宽敞、舒适的商品房,因而公租房既能全面地为中低收入者提供住房保障,也能较好地保护住房市场,促进房地产市场的繁荣发展,相对适宜于政府对土地财政依赖程度较深的国家和地区。

公租房的主要缺点是:第一,房屋承租、退租、维护等环节上管理任务十分琐碎、繁重,需要健全到位的管理制度相配套;否则,公租房必然会成为乱象纷呈的鸡肋,政府会对其失去建设兴趣。第二,建设资金筹措难,资金回笼慢,政府前期财政投入大。第三,居住空间较小,不易满足收入中等、中等偏下阶层的住房需要。因为中等、中等偏下阶层既因有一定的经济实力而对公租房的狭小局促不满,想购买商品房又无足够的财力,因此在以公租房为主体的国家和地区一般会以少量的经济适用房作为公租房的补充,以满足所谓"夹心层"的居住需要,香港地区便是如此。第四,公租房租赁者不是房屋的产权人,房屋不能继承,即使租赁者长期居住,也难产生"主人翁"之感,很难像产权人那样爱护房子。若政府廉能水平有限,则监管、维修公租房的担子将沉重无比,公租房制度也会变得腐败不堪。

香港土地属政府所有,自然资源贫乏,政府需要借助卖地收入来维系低税制,以吸引投资和人才。也就是说,香港政府既有条件又有必要搞土地财政,必须保障充足的商品房需求,维护繁荣的住房市场。同时,香港五六十年代因救火赈灾而建立了大批廉价公屋可资运转;经过数十年改革发展,香港法治健全,社会透明,政府廉能,能够胜任公租房高度复杂、琐碎、繁重的管理重任。正是因为这些原因,香港保障房体系才会以公租房——公屋为主,以经济适用房——居室为辅,且居室通常是以住房市场"调节器"的身份而存在。

如何保障公租房的平稳运行?香港政府的做法是:首先,准确界定何种经济水平以下者需要政府为他们提供公屋,科学设定承租公屋者的资产和月收入限额,以保证公屋资源不被滥用。香港房屋署根据居民家庭资产、收入、支出、房价、房租、人数等因素,决定家庭资产、月入息(即收入,下同)多少以下可以承租公屋,家庭人数及年龄不同,他们申请公屋的资产、入息标准即不同,承租的公屋面积也有相应区别。现行资产和入息的标准如下。

表50　公共租住房屋入息及总资产净值限额(2016年4月1日生效)①

| 家庭人口 | 每月最高入息限额② | 总资产净值限额③ |
| --- | --- | --- |
| 1人 | 10970元 | 242000元 |
| 2人 | 16870元 | 329000元 |
| 3人 | 22390元 | 428000元 |
| 4人 | 26690元 | 500000元 |
| 5人 | 30900元 | 556000元 |
| 6人 | 34690元 | 601000元 |
| 7人 | 39560元 | 643000元 |
| 8人 | 43980元 | 674000元 |
| 9人 | 48270元 | 744000元 |
| 10人以上 | 52440元 | 801000元 |

表51　非亲属关系之长者住户入息及总资产净值限额(2016年4月1日生效)④

| 申请人数 | 每月最高入息限额⑤ | 总资产净值限额 |
| --- | --- | --- |
| 2人 | 20240元 | 658000元 |
| 3人 | 26870元 | 856000元 |
| 4人 | 32030元 | 1000000元 |
| 5人 | 37080元 | 1112000元 |
| 6人 | 41630元 | 1202000元 |

① 香港房屋委员会. 申请租住公共房屋(该文件内含子文件《公共租住房屋入息及总资产净值限额》)[EB/OL]. http://www.housingauthority.gov.hk/tc/common/pdf/about-us/policy-focus/policies-on-public-housing/A01/A01.pdf,2016-04-01.
② 强制性公积金或公积金计划下的法定供款可于申报入息时获得扣除。
③ 若全部家庭成员均为年满60岁或以上的长者,其总资产净值限额为上表所示限额的两倍(即1人至10人及以上长者家庭的总资产净值限额分别为484000元、658000元、856000元、1000000元、1112000元、1202000元、1286000元、1348000元、1488000元和1602000元)。
④ 香港房屋委员会. 申请租住公共房屋(该文件内含子文件《非亲属关系之长者住户入息及总资产净值限额》)[EB/OL]. http://www.housingauthority.gov.hk/tc/common/pdf/about-us/policy-focus/policies-on-public-housing/A01/A01.pdf,2016-04-01.
⑤ 强制性公积金或公积金计划下的法定供款可于申报入息时获得扣除。

续表

| 申请人数 | 每月最高入息限额 | 总资产净值限额 |
| --- | --- | --- |
| 7人 | 47470元 | 1286000元 |
| 8人 | 52780元 | 1348000元 |
| 9人 | 57920元 | 1488000元 |
| 10人及以上 | 62930元 | 1602000元 |

其次,根据公屋租户的收入指数合理确定租金,以保证租户能负担起租金。2007年6月,香港立法会通过《2007年房屋(修订)条例草案》(2008年1月1日起实施),用新的公屋租金调整框架取代《房屋条例》(第283章)所订的根据法定租金与入息比例中位数的10%来确定租金的做法,将其改为根据公屋租户家庭收入的变动而上调或下调租金。在新租金调整机制下,公屋租金每两年检讨一次。公屋租金根据租户家庭收入指数的变动而上下调整。2014年公屋租金检讨时,虽然期间收入指数上升19.27%,但是公屋租金由2014年9月1日起的增幅为上限的10%。①

在承租公屋者的资产和入息限额及公屋租金设定后,无论限额之内还是限额之外都有值得区别对待的具体情况。在限额之外,亦即公屋保障范围之外,还有一批经济相对较好、具有一定住房购买能力、渴望置业而又无力依靠自身力量购买商品房的群体,需要不同程度的住房保障。还有一些家庭承租公屋后经济条件有所改善,希望能够购买租住的公屋。这些人的住房同样具有保障品和商品的双重属性,只不过相对限额内的保障对象的住房而言,其保障品的性质更淡一些而已。为此,香港房屋署制定了"居者有其屋计划"(居屋计划)、"租者置其屋计划"(租置计划)以及"置业资助贷款计划"(置贷计划)、安置心计划等,让这类居民有能力购买政府提供的居室(类似内地经济适用房)和公屋,或资助他们到市场上购买商品房(安置心计划旨在帮助居民购买商品房)。在这些计划里,以"居者有其屋计划"为主,居室是香港政府提供给居民购买的最主要的保障房。

需要指出的是,香港保障房以廉价租赁房——公屋为主,供居民购买的廉价产权房——居室等不仅在保障房体系中所占的份额较小,而且多以住房"调节器"

---

① 香港房屋署. 公屋租金政策[EB/OL]. http://www.housingauthority.gov.hk/tc/common/pdf/about-us/policy-focus/policies-on-public-housing/B01/B01.pdf,2016-05-04.

的形式出现。每当房价高涨、房租高企、越来越多的人无法在市场上买房置业时，香港房委会就会扩大公屋的申请范围，同时兴建居室，以少许赢利但又比商品房售价低得多的价格卖给符合条件的居民；当商品房售价低落时，政府则会停建居室，以免其对住房市场形成冲击。这也反映了保障房的保障范围并无一个绝对的界限，它是随着社会经济发展情况、居民收入尤其是商品房的售价和租金而变动不居的。1997年，香港回归前夕，香港房价飞涨，特区政府计划每年推出5万套居屋提供给申请者，同时鼓励租住公屋的居民购置居所，希望到2008年70%的香港人居住在自己购置的住宅中。1998年，亚洲金融危机来袭，香港楼市持续暴跌，香港私人楼宇价格指数从1997年的163.1下降到2003年的61.6，许多按揭贷款购房的居民成为负资产人士。为了稳定楼市，特区政府于2003年9月宣布了无限期停建及停售居屋和租者置其屋计划，终止私人机构参建居屋，停止推行混合发展计划等，"可售"类的公屋政策全面暂停。2004年以后，私人楼宇价格迅速上涨，2011年超过历史最高水平，很多居民被房地产市场抛弃，置业变得十分困难。2011年，特区行政长官在《施政报告》中宣布重建居屋，而后房屋署决定每年新建约8000个居屋单位，供符合条件的人购买，以回应中低收入家庭的置业诉求。

在资产和入息限额之内，公屋承租者的经济条件也是有所区别的，在租金上应予以区别对待，香港房委会的做法是对限额以内的超低收入者予以不同程度的减免①。这既反映了香港公屋政策的细腻与公平，也说明香港公屋政策制定者深谙住房保障之深意，即使是被冠以保障房之名的住房除了极少数以完全免费（救济部门付费）的形式提供给赤贫者的保障房外，其他保障房仍被视为保障品和商品性质兼具，而且其保障品属性还有强弱之别，需要区别对待。

除了公屋和居室的建设规模常被用作调节住房市场的"调节器"外，公屋的单套面积、人均居住面积、建筑高度和密度等也被视作住房市场的调节手段之一。为了不损害住房市场的健康运行，以便政府能够从土地市场获得较多卖地收入，

---

① 从2007年8月开始，公屋租户如符合下列资格，便可获减四分之一或一半租金：第一，非长者家庭总收入低于轮候册入息限额50%，或租金与入息比例超过25%，或家庭总收入介乎轮候册入息限额50%至70%之间，而租金与入息比例超过15%，均可获减50%的租金。第二，非长者家庭总收入低于轮候册入息限额70%，但不低于50%，或租金与入息比例超过18.5%，但不超过25%，均可获减四分之一的租金。第三，长者家庭（即全部家庭成员年满60岁或以上）总收入低于轮候册入息限额70%，或租金与入息比例超过18.5%，均可获减50%的租金。

同时也是为了让居民租得起或买得起公屋,香港政府坚守公屋的高层、高密度、小户型(单套面积和人均居住面积均较小)等原则,使居民保有努力工作、攒钱买大房的动力,借以保障住房市场需求,促进住房市场繁荣发展。20 世纪 50 年代,香港开始建设公屋时,成人人均居住面积仅 2.2 平米;20 世纪 60 年代,成人人均居住面积为 3.3 平米;1973 年至 1977 年,香港政府推行"十年建屋计划",规定个人居住面积不少于 3.25 平米;20 世纪 80 年代,人均居住面积提高到 5 平米;20 世纪 90 年代末,人均居住面积才提高到 7.5 平米;时至今日,新和谐式公屋的二至三人单位(室内面积约 22 平方米)可配予二或三人家庭、一睡房单位(室内面积约 30 平方米)可配予三或四人家庭等,人均居住面积也仅 10 平米左右。20 世纪 50 年代,公屋(即"救灾屋")每户面积 11.14 平米,设备简陋,没有厨房,洗手间、浴室和水喉楼层公用。20 世纪六七十年代,公屋单套面积多为 23 至 46 平方米,每户有单独的厨房、洗手间。1987 年,香港推出新款十字星型公屋——青衣华苑的两房套间仅 37 平米、三房套间面积仅 52 或 59 平米。1996 年以来,香港推出的康和式公寓的两房、三房单套面积一般也只 46 平米、61 平米,卧室甚至只有 4 - 5 平米,三居室一般不超过 85 平米,且即使是 85 平米的住房内住有 6 人之多,也被视为必须迁出的"优先处理宽敞户"。[①] 为了节省土地,香港公屋采取了高层、高密度的发展模式。与私人地产商开发的住宅区相比,公屋住区的开发密度要高出 44% - 72%。[②] 目前,新建的公屋都向高空发展,住宅大厦一般以 40 层高为标准。[③]

在坚守高层、高密度、小户型原则的同时,尽可能提高公屋住户的居住品质,以扩大公屋的住房保障意义。在此方面,香港公屋主要通过精巧的室内设计、丰富的室外景观设计、完备的配套设施、便捷的交通、严格的管理和细腻的服务来弥补公屋的"先天不足",力求在房屋夹缝中为居民创造出"别样的洞天"[④],让社区成为居民的户外"起居室",实现公屋虽小但整体居住环境却未恶化的良好效果。

在公平和效率之间寻找平衡的香港住房保障机制之所以能取得成功,不仅取

---

① 根据香港公屋政策甲部第六章"公屋调迁"政策规定,自 2013 年 10 月 1 日起,家庭人数为 1 人、2 人、3 人、4 人、5 人、6 人的家庭的室内楼面面积分别超过 30 平方米、42 平方米、53 平方米、67 平方米、74 平方米、85 平方米,而没有长者和残障人员的租户会被界定为"优先处理宽敞户"。
② 杨靖,郭菂,张嵩. 香港公屋规划设计的分析与启发[J]. 规划师,2008(4):31 - 35.
③ 叶国谦. 香港公屋建设可持续发展模式[J]. 住宅产业,2006(9):20 - 22.
④ 邹颖,卞洪滨. 近年来香港公屋的演变和发展[J]. 世界建筑,1999(4):26 - 29.

决于香港住房委员会明确地将住房分为住房保障和住房市场两个部分,根据经济情况、居民收入、房价等因素为居民提供不同层次的住房保障,而且取决于以下几个关键条件。

第一,土地政府所有。香港公屋政策赖以实行的关键条件之一是土地政府所有,政府能够免费向房委会提供用来建设公屋的土地,如果土地并非政府所有,在寸土寸金的香港,政府须花高价购买土地建设公屋,财政定难承受。这样的公屋即使建成,低收入居民也会承租不起。

第二,政府对土地财政高度依赖。香港政府需通过卖地收入来维持低税制,以吸引投资和人才,维持经济繁荣。如果不依赖土地财政,那么香港政府完全可以像新加坡政府那样更广泛、更高层次地实行住房保障政策,使住房保障范围空前扩大,住房市场高度紧缩。正因为香港既要实行具有基本品质的住房保障,又要保护住房市场的持续繁荣,所以香港政府才不得不根据经济、社会等多种因素而不断地在住房公平和效率之间艰难地求取平衡。

第三,法治完备,社会透明,政府廉能。实施住房保障的前提之一是如何有效保证把公房分给真正有需要的人,如何根据需要保障的人的经济状况提供不同层次的住房保障,这就需要该地区法治健全,社会征信系统完善,政府廉洁高效,使申请租赁或购买公屋者的资产和收入是真的而非假的,使每一位申请者都不敢造假,每一位与保障房建设、分配、管理相关的政府工作人员都既不敢腐败寻租,又有能力把公屋建设、分配及管理工作做好,否则公屋资源就会被无谓浪费,公屋品质就无法保证。

第四,成立专门机构,颁布相关法律,制定一系列严格到位的政策;为了加强公屋建设、管理工作,香港政府成立了房屋委员会及其执行机构——房屋署,专门负责公共住房发展规划、开发建设、分配和运营管理等具体事务;颁布了《房屋条例》《建筑条例》《业主与租客条例》等法规及其实施细则,明确规定住房保障的适用对象、标准、水平、资金来源、管理机构以及相关罚则[1],制定了一系列公营房屋政策,共分为甲、乙、丙三个部分:甲部是公屋申请、调迁及资助置业计划,规定了申请租住公屋的资格、拆迁户的安置、租住公共房屋编配标准等12个方面的具体政策;乙部、丙部包括房屋管理、租金政策及一般事项等。这些法律和政策使公屋

---

[1] 李小莹,刘伊生.香港公屋建设监管的研究与启示[J].建筑经济,2011(5):51-54.

管理有法可依,有章可循。

第五,没有流动人口及潜在的"洼地效应"。香港是一个独立的经济体,不像内地大城市存在严峻的流动人口居住问题,不会出现潜在的"洼地效应"——住房保障工作做得越好,流动人口就越会因良好的住房保障而涌入,从而使政府不堪重负。

二、香港保障房政策对内地的启示

第一,在保障房供给上,"不把鸡蛋放在一个篮子里"。除了由政府免费提供给最低收入者的公共住房和居民完全凭借私人力量在市场上购买的商品房外,其他住房都兼具商品和社会保障品双重特征。居民经济条件越差,就越需要政府提供住房保障,其保障房就越具有社会保障品性质。居民经济情况的差异决定了政府在提供住房保障时,"不把鸡蛋放在一个篮子里":既要为中低收入者提供廉价产权房或租赁房,也要为有一定经济实力、无资格享受住房保障、但购买商品房又有困难的中等收入者提供适当的帮扶,还要根据公租房承租者经济情况的差异,适度区别其公租房的租金。只有这样,才能保证住房保障的公平合理。一段时间以来,内地个别城市因经济适用房乱象纷呈而宣布停建经济适用房、多数城市公租房定价单一等做法是值得商榷的。

第二,住房保障与住房市场相互竞合,在做好住房保障的同时,应保护住房市场。从香港的经验来看,保护住房市场的主要办法是:1)根据经济发展、居民收入、房价、房租等因素,动态调整居民申请公租房的资产和月收入标准,当居民收入的提升幅度赶不上市场上房价、房租的提升幅度时,该标准就会下降,否则就会提升。2)将居室等廉价产权房作为住房市场的"调节器"。当房价高企、居民很难在市场上置业时,政府就会主动兴建居室,以平抑房价;反之,当住房市场疲软,政府就主动停建居室,以保护住房市场。内地在实施住房保障的过程中,应注意借鉴该做法,既要每隔一段时间就合理调整公租房申请者的资产和收入限额,也要学会将经济适用房作为"调节器",调控住房市场,确保住房市场持续繁荣和政府财政收入稳定。

第三,将住房保障视为促进经济发展和社会进步的重要工具。从香港的经验来看,在保护住房市场的前提下,做好住房保障有以下几点好处:1)可以减少政府房价调控压力,促进住房市场持续繁荣。2)可以减轻中低收入者的买房压力,减轻其居住之忧,使他们能够在一定程度上接受低薪工作,促进经济社会稳定发展。

3)有利于扩大内需,提升低收入者的生活质量和文化素质。在适当的住房保障下,中低收入者既不担心成为房奴,又可用节省下来的资金,用于非居住类生活支出及子女教育支出,甚至可以进行小规模商业投资,从而有利于改善低收入者的生活质量,提升其素质和能力,促进经济繁荣发展。有调查显示,公屋既使住户免受私人房东高租金的剥削,又间接增加了下一代受教育的机会,为其提供了向上流动的机会。[1] 香港何文田地区公屋租户李爱玲女士深有感慨地说:"没有公屋,我是不可能供养两个孩子读书的"。[2] 有人甚至打趣地说,在香港只有两种人最快乐:一种是像李嘉诚那样的富豪,另一种就是租住公屋的"穷人"[3]。由此足见香港公屋对改善低收入者生活质量、促进经济社会发展的重大意义。4)有利于社会稳定。香港公屋实践表明,妥善解决低收入者住房保障问题是实现社会稳定的捷径之一。香港20世纪50年代初的寮屋区、50年代中后期的安置区多是居住条件恶劣、治安情况很差的地区,械斗现象多有发生,徙置区一度被称为香港的"红番薯"[4]。1966年香港动乱中,东头村、黄大仙等人口密集的徙置区群众破坏活动频发,居住环境较佳的廉租屋邨却相当平静,二者对比十分强烈,政府由此体会到居住环境改善对促进社会稳定的重大意义。时任香港总督麦理浩感到,香港人过得并不愉快,首要原因是住得太差,于是启动了为期10年的房屋政策。[5] 5)有利于开发城市新镇。因为中低收入者住房问题由政府来统筹建设、安排,政府有权要求被保障者按时入住保障房,否则有权将其收回,所以以保障房建设为纽带开发建设城市新镇,可有效避免"空城""鬼城"现象,可在新镇周边配套建设商业、学校以及污染较轻的工业等,实现职住平衡、学住平衡,减少城市交通潮汐现象。待到以保障房为纽带建设的新市镇成熟到一定程度,就可以吸引开发商来进行商品房投资,实行新镇建设的良性循环。在香港住房发展史上,公屋经常扮演"拓荒牛"的角色,既为广大天下寒士提供了风雨不动安如山的"广厦",也使众多新镇由

---

[1] LEE J, NGAI – MING Y. Public housing and family life in East Asia:Housing history and social change in Hong Kong,1953 – 1990[J]. Journal of Family History,2006,31(1):66 – 82.

[2] 李婧,林琳. 香港公房启示录:多渠道审查分配公无偏差[EB/OL]. http://news.sohu.com/20070829/n251839651_2.shtml,2007 – 08 – 29.

[3] 王尧. 香港:关于安居的大实话[EB/OL]. http://toutiao.com/a6291308611725558018,2016 – 06 – 02

[4] 美仪. 家:香港公屋四十五年[M]. 香港:香港房屋委员会,1999:147.

[5] 刘祖云,吴开泽. 香港公屋管理出现的问题及对内地的启示[J]. 中南民族大学学报(人文社会科学版),2012(3):92 – 97.

生地变成熟地,为政府带来了丰沛的土地财政收入。① 从这个角度来看,香港住房保障与住房市场之间确实存在相互竞合的关系。6)可以保障房为纽带开展托老、托幼等一系列社区建设,使社区管理有序,服务到位。香港公屋社区多设有托幼、托老等多种社区服务机构和场所,以便居民相互帮助和休息娱乐。同时,香港政府还注意通过鼓励子女同父母同住或同在一个屋村的公屋分配计划(如"天伦乐"优先配屋计划等)以及对老者申请公屋的优待措施等,弘扬儒家的亲情伦理和对老者的尊重爱护。与香港政府相比,内地城市政府通常只把保障房建设视为政府的负担,而看不到其社会价值;只看到保障房建设对于中低收入者安居的直接意义,而忽视其对促进住房市场的持续繁荣、推动城市新区建设、促进经济发展和社会稳定的全局性意义。内地城市政府应从香港公屋经验中,体会到为中低收入者提供保障房不仅是政府义不容辞的责任,也是政府促进经济发展、社会进步的重要而可行的抓手。

第四,香港与内地大都市虽市情迥然不同,但香港保障房政策对内地大都市仍有突出的借鉴意义。香港与内地大都市存在实行住房保障政策的相似条件。首先,香港和内地大都市都是行政主导型体制,政府具备实施住房保障政策所必需的执行力。其次,香港和内地大都市的土地均属政府(或集体)所有,政府可以相对低廉的价格获得建设保障房所需的土地,有条件为保障房建设机构无偿或廉价提供土地,否则公共住房无论出售还是出租,其价格都会让中低收入者难以承受。再次,香港和内地大都市一样地价、房价高企,一方面在高房价的重压下大批中低收入者无力购房、租房,亟需政府提供住房保障;另一方面政府对土地财政高度依赖,都须保障住房市场持续繁荣,以期从土地市场上获取持续、稳定的财政收入。由此可见,香港住房保障与住房市场相互竞合机制、既努力做好低收入者住房保障又力求保护住房市场繁荣等经验,堪为内地大都市政府所借鉴。

值得指出的是,在保障房建设、管理细节上,香港保障房政策有很多值得内地大都市政府借鉴的地方。诸如,香港政府规定本届政府只能使用任期内一半的卖地收入,另一半卖地收入必须留给下一届政府,该做法既有利于抑制政府过于强烈的卖地冲动,又有利于减少政府财政收入波动。香港政府坚持住房保障属政府公共管理服务职能,应由政府或政府所有的独立机构来行使。为了推行公屋政

---

① 黄策勋,陈国豪. 香港公屋与新市镇建设联动效应研究与启示[J]. 理论界,2012(9):44-47.

策,香港政府专门成立了住房委员会及其执行机构房屋署,只有在房屋署能够确保私营机构可以高效、高质量地进行相关建设、管理、服务活动的情况下,才把部分公屋建设及物业管理工作,通过招投标方式,交给私营部门办理。而内地大多数城市政府直到今天仍然没有专门机构来统一管理保障房建设、管理事宜,在所谓"小政府、大社会"的政策迷信下,不少城市政府均把保障房建设、管理直接交给开发商,导致保障房建设、管理的混乱、腐败与不公。中低收入人口居住问题严峻的内地大都市应率先建立负责保障房建设、运营的专门机构——保障房建设管理局,统一管理本市户籍及流动人口的保障房建设及运营工作①。

第五,坚定不移地走渐进式住房保障发展道路。一些人认为内地城市难以借鉴香港保障房模式的重要理由之一是内地城市不及香港经济发达,难以实行健全的住房保障政策。实际上,20世纪50年代香港开始实施保障房政策时,香港经济发展水平尚不及今天内地中等发达城市。即使是20世纪六七十年代,香港经济发展水平也不及今天内地发达的一线城市。可见,经济发展水平并不一定是制约住房保障政策实施的"瓶颈"。真正的"瓶颈"怕是在于政府有无实行住房保障政策的勇气和决心,在于政府是否采用渐进式住房保障发展模式——随着经济发展水平,逐步提高住房保障的面积和品质。香港公屋始建之时,人均面积仅2.2平米,单套面积不到12平米,几乎没有商业及公益配套设施。随着经济发展和政府对弱势群体住房问题的日益重视,公屋人均及单套面积逐步提高,交通和配套设施逐步完善。但即使在今天,香港公屋人均居住面积也不过区区10平米左右。②同时,香港公屋管理政策也是在长期发展过程中逐步成熟的。内地大都市政府对于日趋严峻的中低收入人口居住问题尤其是中低收入流动人口居住问题,既要拿出非凡的勇气和决心直面问题,更要量力而行,坚定不移地走渐进式住房保障道路,分层分类地妥善解决中低收入人口的住房保障问题,不断完善保障房建设及管理制度,逐步提高保障房的面积和品质。

---

① 详见本书"5.5.5 完善流动人口公寓建设、运营、管理诸细节"部分。
② 香港房屋署. 租住公共房屋编配标准[EB/OL]. http://www.housingauthority.gov.hk/tc/common/pdf/about-us/policy-focus/policies-on-public-housing/A05/A05.pdf,2016-05-04。

## 5.5 解决中低收入流动人口居住问题的思路与建议

### 5.5.1 既不漠视也不理想化看待流动人口居住问题[①]

解决大都市中低收入流动人口居住问题既要解放思想,也要实事求是。说解放思想,是指城市政府打心里不把流动人口当"他们",把解决中低收入流动人口的安居问题视为自己的当然使命,充分认识到解决好该问题不仅可以让流动人口安居,而且可为本地提供稳定而廉价的劳动力,是发展本地经济、维护本地社会秩序、促进本地人民安居乐业之举。

长期以来,我国城市政府一直存在漠视流动人口居住需求的误区,城市严格意义的保障房很少向流动人口实质性开放,除了鼓励和支持用工企业、开发商、村集体、村民合作社等在工业园区周边配建集体宿舍、定向安置外来务工人员外,城市政府在中低收入流动人口居住问题上普遍作为不多,而把日益严峻的中低收入流动人口住房问题过分推向租房市场,使众多中低收入流动人口被迫栖身城中村违法建设、群租房、地下室,甚至集装箱、桥洞、热力井等,严重妨碍了他们的身心健康和生命、财产安全,导致了扰民、恶化租赁关系、破坏社会秩序、阻碍城市化进程等显著"负外部性"。

同时,随着城市化浪潮的狂飙突进,众多城中村、城边村纷纷被拆迁,越来越多的流动人口不得不到更加遥远的地方去寻觅、"复制"城中村,或者到城区"制造"更加拥挤的群租房。如果城市政府继续漠视中低收入流动人口的居住需求,在流动人口居住问题上无所作为,那么以"脏、乱、差"闻名的城中村、以扰民和安全隐患著称的群租房定会此伏彼起,防不胜防。因此,城市政府必须走出漠视中低收入流动人口居住需求的误区,在中低收入流动人口居住问题上有所担当和作为。

说实事求是,是正视现实,不把流动人口和户籍人口的住房保障问题混为一

---

[①] "既不漠视也不理想化看待流动人口居住问题"的观点,曾在本课题阶段性成果《中低收入流动人口居住问题的解决路径》(发表于《城市问题》2015年5期,作者是谢宝富)中公开发表,本节在阶段性成果的基础上做了很大的修改和充实。

谈,明确地将中低收入流动人口住房保障暂定为一种"弱"保障①,务实地寻找解决问题的思路与办法。值得指出的是,在实践界存在漠视中低收入流动人口居住需求的认识误区的同时,理论界一直不乏理想化解决中低收入流动人口居住问题的声音,不少学者建议城市政府消除户籍歧视,把中低收入流动人口像户籍人口一样纳入住房保障体系。笔者认为,就目前情况而言,将中低收入流动人口和户籍人口一视同仁、不加区别地解决他们的住房保障问题尚很不现实。

首先,我国目前有 2.44 亿流动人口(其中,绝大多数是中低收入流动人口),大都市中低收入流动人口规模巨大,存在着巨大的保障房需求"洪峰"和供给缺口。城市政府财力相对有限,历史欠账太多,一时尚不具备妥善解决中低收入流动人口住房保障问题的能力。

其次,在城乡二元户籍和经济社会问题行政切块负责的管理体制下,对中低收入流动人口的住房保障问题,城市政府即使具备解决问题的能力,也不一定有解决问题的动力。

再次,做好中低收入人口(尤其是中低收入流动人口)的住房保障工作,通常需要具备以下条件:一是成立专门的保障房建设管理机构,出台专门的住房保障法,配足相关人力、物力;二是建立完备的个人征信体系,科学划定保障房准入和退出线;三是建立全国性保障房统筹规划和协调联动机制。我国幅员辽阔,人口众多,地区差异很大,如果保障房建设管理上无全国性统筹规划,各地保障房准入上无合理门槛和协调联动机制,那么城市政府就不敢向流动人口轻易敞开保障房大门,否则就会产生所谓"洼地效应",导致更大的保障房需求"洪峰",使城市政府不堪重负。而可能的"洼地效应"反过来又给城市政府不向中低收入流动人口开放保障房以口实,以致各大城市保障房很少向流动人口实质性开放。以上前二者是做好户籍人口和流动人口住房保障工作都须具备的条件,后者是做好流动人口住房保障工作所必备的条件。这些条件我国目前尚不具备或基本不备,解决中低收入流动人口居住问题当然应尊重现实,不能过于理想化。

最后,在需求巨大、供给不足、管理制度不全、管理能力有限的背景下,理想而非现实地对待中低收入流动人口住房保障问题,将中低收入流动人口保障房的租金定得过低,则不仅会大大激发流动人口申请保障房的积极性,产生更大的需求

---

① 保障房兼具商品性和保障性,其租金或售价越低于市场价,则保障性越强;反之,则越弱。

"洪峰",让城市政府不堪重负,而且会诱发保障房申请、持有及管理上的造假与寻租"洪峰",导致公共资源滥用。

综上可见,从目前主客观形势来看,大都市中低收入流动人口住房保障目前都只能是一种"弱"保障,流动人口保障房的租金应与市场价格相去不远。在政府给予无偿划拨土地等优惠后,流动人口保障房运营资金应力求自我平衡;应提倡政府和社会以适当赢利的方式经营流动人口保障房,以促进流动人口保障房的滚动开发。

### 5.5.2 既要坚持"多渠道解决",也要强调政府的主导作用

我国现行流动人口住房政策是以用工企业解决为主、多渠道解决流动人口住房问题。在大都市,该政策有一定的局限性。众所周知,大都市服务业发达,服务业从业人口众多,自由职业者云集,该就业特征与用工企业解决为主的流动人口住房政策之间存在矛盾:一方面自由职业者没有企业帮助他们解决住房问题;另一方面服务型企业一般规模较小,往往既无力也无心为雇员解决居住问题。因此,在大都市城区,尽管流动人口居住问题通常是多渠道解决的,如流动人口租赁城中村违法建设、群租房、地下室、出租大院等,但通常不是以用工企业为主的方式解决的;只有在城市近郊、远郊产业园区就业的流动人口的居住问题才常是"以用工企业为主"的方式解决的。不过,不管是否"以用工企业解决为主",以上方式大体都可归为市场化或准市场化租赁方式。城区流动人口租赁城中村民房、群租房、地下室、出租大院等是典型的市场化租赁行为;开发商、用工企业等在产业园区配建集体宿舍,也常采用市场化或准市场化方式出租经营;虽然不乏用工企业为其外来员工提供廉价甚至免费的集体宿舍,但是该"福利"多折抵在员工工资里,其根本目的是为了获得更加"廉价"的单身外来工,是为了在满足外来员工居住成本最小化需求的同时实现企业利润的最大化。[1]

诚然,大都市中低收入流动人口众多,政府保障房的历史欠账太多,为了减轻政府的财政负担,在今后较长一段时间内,政府仍需坚持多渠道解决流动人口居

---

[1] 任焰,潘毅. 宿舍劳动体制:劳动控制与抗争的另类空间[J]. 开放时代,2006(3):124-134.
任焰,潘毅. 跨国劳动过程的空间政治:全球化时代的宿舍劳动体制[J]. 社会学研究,2006(4):21-32.

住问题的政策,各地在长期实践中摸索出的企业安置、村集体及村民股份合作社安置、政府安置、城中村安置等模式①仍有存在的价值和推广的必要。只是,在强调多渠道解决流动人口居住问题的过程中,政府不应过于迷信"小政府,大社会",过于图"省事",过于强调"以用工企业解决为主"。中低收入流动人口住房既有一定的保障性,就离不开政府的积极主导和热情参与。同时,就实际效果而言,给企业以较多土地及税收优惠、让其投资经营流动人口公寓的政策虽颇有成效,但也存在不少突出的弊端。诸如,企业为了在满足流动人口居住成本最小化需求的同时实现自身利润的最大化,一般采用集体宿舍等暂住形式来安置流动人口,该居住形式既难满足流动人口的居住私密性需求,更难满足夫妻一起流动、举家流动者的家居和市民化需要。尽管政府有权要求企业配建独立单间、套间之类的租赁房,以满足部分流动人口的居住私密性或家庭式居住的需求,但在资本逐利天性的诱导下,这样的租赁房即使建起来了,也很难防范企业不根据市场行情来定租金,使其沦为中低收入流动人口租不起的另类商品房。

实际上,房屋出租经营活动相对简单,至少在流动人口密集、合适中低收入流动人口租住需求的房源高度稀缺的大都市城区及城近郊区,在政府给予划拨土地、提升容积率、税费减免等特殊政策支持下,在流程固化、智能化匹配等保障房管理制度保障下,由政府所辖非营利机构——保障房建设管理局②投资经营集体宿舍、胶囊公寓、迷你单间等流动人口租赁公寓不仅不会有什么经营风险,而且还有以下几点好处:一是即使以准市场价面向流动人口出租公寓,也可以适当盈利,保障房建设管理局可将该经营收益用于流动人口保障房的滚动开发;二是可以缓和房屋租赁市场的供求矛盾,平抑市场上的房屋租赁价格;三是可以防范私人开发商和经营者不当得利,避免优惠给了他们而中低收入流动人口居住难题又未妥善解决的尴尬。因此,随着经济社会的发展进步、政府财力的提升,大都市政府有必要将流动人口住房政策由"以用工企业为主、多渠道解决流动人口住房问题"逐步调整为"以政府为主导、多渠道解决流动人口住房问题"。

### 5.5.3 细化需求,细分地域,总体性、渐进式解决问题

在住房保障问题上,一直存在"补砖头"与"补人头"之争。相对"补砖头",

---

① 详见本书"5.3.2 相关实践探索及其得失"的"流动人口安置公寓模式及其得失"部分。
② 详见本书"5.5.5 完善流动人口公寓建设、运营、管理诸细节"部分。

"补人头"有前期投入少、程序简便、住房选择灵活等优点,一些学者很推崇该模式①,发达国家住房保障也大多经历了由"补砖头"向"补人头"的转变。只是,该模式目前尚不适宜我国大都市。首先,大都市房价高,租金高,即使给中低收入者发放些许住房补贴,也是杯水车薪;其次,某种程度上说,大都市不是缺租赁房而是缺中低收入流动人口租得起的小微型租赁房,在小微型租赁房高度稀缺的背景下,很难保证中介和房东不会通过涨价而将政府对中低收入者的租房补贴抵消;再次,全国公民征信系统尚未建立,流动人口甚至本市户籍人口的家庭财产、收入不易查实,很难公平发放住房补贴;最后,地区差异殊悬,城市政府因担心"洼地效应"而不敢向流动人口轻易发放住房补贴。因此,政府应主要采用"补砖头"——直接提供保障房的形式,来解决中低收入流动人口居住问题。

如前所述,大都市流动人口保障房既有"弱"保障性特征,租金与市场租金应相去不远,同时又得让中低收入流动人口租得起。如此保障房,除了牺牲面积和舒适性以外,几乎别无选择!其户型只能以集体宿舍、胶囊公寓、迷你单间、迷你套间为主。

以流动方式为标准进行划分,中低收入流动人口大体可分为单身型②、夫妻型③、家庭型④三类,不同类别中低收入流动人口的居住需求不同,对户型的偏好自然会有所差异。在租金高企、收入微薄的背景下,单身型流动人口会倾向于租赁集体宿舍(讨厌空间狭小但不惧个人私密空间缺失者的选择)、胶囊公寓(讨厌缺乏个人私密空间但不惧空间狭小者的选择)和迷你单间型公寓,而以前二者为主;夫妻型流动人口会倾向于租赁迷你单间、迷你套间型公寓,而以前者为主;家庭型流动人口会倾向于租赁迷你单间、迷你套间型公寓,而以后者为主。

由于城区与郊区(尤其是远郊)地价、房租相差悬殊,且地价、房租多以城区为中心向周边呈阶梯状递减,所以不同区位流动人口的住房形式也应有所区别。大都市城区尤其是中心城区寸土寸金,地价、房租高企,在保障房租金应与市场租金相去不远的"时代"要求下,在该类地区即使建设面积微小的迷你单间、迷你套间,中低收入流动人口怕也承租不起,因此该类地区应以建设集体宿舍、胶囊公寓为

---

① 详见本书"2.1.3 关于公共住房理论和政策的研究"部分。
② 只身一人流动。
③ 夫妻双方一起流动。
④ 夫妻双方或一方携其他家庭成员一起流动。

主,主要面向城区中低收入服务业流动人口出租,在城区就业的夫妻型、家庭型中低收入流动人口可到城近郊区或远郊承租迷你单间、迷你套间。城近郊区地价、房租虽比城区通常要低一些,但也比较高,且该地区常有产业园区,因此在该地区既要建设集体宿舍、胶囊公寓,以满足园区单身外来务工人员的就近居住需求,也应建设适量的迷你单间、迷你套间,以解决部分能够支付相对较高租金的夫妻型、家庭型中低收入流动人口的居住需求。城市远郊地价较低,建设保障性租赁房的建设成本、租金较低,在建设适量的集体宿舍、胶囊公寓以满足中低收入单身外来产业工人的就近居住需求的同时,应以建设迷你套间、迷你单间为主,以满足家庭型、夫妻型中低收入流动人口的居住需求,同时注意以保障房为纽带建设都市卫星城,实现职住平衡,调控、分流大都市中心城区的流动人口①。

　　大都市城区与郊区流动人口租赁公寓不仅在种类上应有所不同,而且在建设主体及租金上也应有所区别。城区及城近郊区地价、房租高企,中低收入服务业流动人口众多,他们对安全整洁、管理严格、服务到位的集体宿舍、胶囊公寓的需求量很大且很稳定;在政府给予划拨土地等政策支持下,投资经营该类宿舍或公寓很易获利②,由保障房建设管理局投资经营该类宿舍、公寓,不仅可以有效防止资本无节制地推高租价,而且可以让保障房建设管理局适当获益,再用该收益补贴其他类型流动人口保障房建设。城市远郊地价较低,适于建设面积相对大一点的迷你套房、迷你单间等。由于迷你套房、迷你单间的建房成本(去除土地成本)比集体宿舍、胶囊公寓的建房成本要大得多,且单位面积租金相对较低,企业一般不愿意投资经营该类保障房,该类保障房也应以保障房建设管理局投资经营为主。城郊工业园区周边外来务工青年居多,单身型外来务工人员就近居住需求相对稳定,在政府给予土地、税收等方面的优惠政策支持下,用工企业、开发商、村集体等投资经营流动人口公寓,即使以外来务工人员能够接受的价格出租,也能获取一定的利润。广州市、深圳市、上海市、苏州市等地工业园区周边流动人口公寓的经营实践业已证明了这一点。为了减轻政府负担,应继续鼓励、支持用工企业、开发商、村集体等在产业园区周边配建流动人口公寓,向园区外来务工人员定向出租,但在住房形式上政府应要求投资方变"集体宿舍为主"为"集体宿舍与胶囊公寓并重",以满足部分租房者的居住私密性需求。

---

① 详见本书"5.5.4 抓住主要矛盾,集中力量解决突出问题"部分。
② 城中村村民建房出租、房东或二房东经营群租房致富的实践从侧面证明了这一点。

鉴于我国目前保障房管理机构不健全,管理力量不足,管理制度严重缺失,为了减轻保障房的监管压力,保障房建设管理局投资建设的城区及城近郊区的集体宿舍、胶囊公寓等可采取准市场价、准市场化方式出租,不设严苛复杂的保障房准入条件和程序,只要在本市合法就业并办理居住证者均可申请、轮候。由于该类保障房的租金与市场租金相差不大,无大利可图,在必要的制度建设保障下,采用简便的方式出租,应不会导致太多腐败、寻租现象。对于迷你套间、迷你单间类租赁房,采取准保障房式出租办法,规定其租金定价与市场价有一定差距;在公寓申请、持有、退出上采取类似城市保障房管理办法。总体而言,离城市中心越近的流动人口公寓越应采用集体宿舍、胶囊公寓或者单套面积越小的住房形式,保障性越弱,租金越高;离城市中心越远的流动人口公寓越应采用套间、独立单间等住房形式,单套面积越大,保障性越强,租金越低。这既是大都市不同区位地价、房价的分布特征所致,也是大都市疏解、调控的需要。

在建设任何一类中低收入流动人口居住区时,政府和社会都应有整体性居住区理念,不仅要注意为中低收入流动人口提供既能满足其基本居住需要、租金大体能为其接受的租赁公寓,还要注意该类公寓的商业、交通、教育、文化等相关配套设施建设,尤其应注意在迷你套间、单间为主的流动人口公寓区配建幼儿园、中小学,以便流动人口随迁子女能就近入托、入学,接受有一定质量保证的学前教育、义务教育。同时,还应注意随着经济社会的发展进步,不断健全保障房管理制度,逐步增强中低收入流动人口住房的保障性,为他们提供越来越好的住房保障服务。在开发时序上,先试点再推广,先在城区建设以准市场价出租、较易获取利润的集体宿舍、胶囊公寓,后在远近郊区建设以准保障房价格出租、较难获取利润的迷你套间、单间。

### 5.5.4 抓住主要矛盾,集中力量解决突出问题

大都市中低收入流动人口居住问题上存在的突出矛盾有三:一是发展中小城镇的城市化战略与流动人口的大城市流向之间存在着突出矛盾。发展中小城镇、让中低收入流动人口到中小城镇就业安居是我国城市化的重要推动战略,近年来,北京、上海、广州等一线大都市纷纷出台人口调控政策,力求"挤出"中低收入流动人口。但是,由于中小城镇经济落后,缺乏就业机会,对流动人口吸引力严重不足,流动人口不是越来越向中小城镇聚集,而是越来越向发达的大都市集中。

有调查结果显示,北京市超过70%的农民工表示不会或不希望到中小城市去买房落户,只要农民工还有劳动能力,他们就会尽量选择大城市;在他们不具备竞争力或丧失劳动力时,则会倾向于选择大城市的低端工作或者回农村老家,也"不会选择中小城镇。"①2012年10月－2013年8月,本课题组在京、沪、穗城乡结合部村庄所做的问卷调查结果也证实了这一点。该调查结果显示,打算回老家或在流入地(指北京市、上海市或广州市)定居者共占80.9%,拟到其他地方定居的仅占19.1%。② 也就是说,党和政府一再倡导的流动人口在大城市打工挣钱、到中小城市买房定居的政策与现实情况存在很大偏差,这种偏差使响应政府号召者在中小城镇购买的住房大多成了"远水解不了近渴"的摆设,至多不过是过年时全家一起开开心心住上几天的"春节旅馆",导致了无谓的资源闲置与浪费,影响了中低收入流动人口住房问题的妥善解决。二是城中村改造、群租房整治忽视中低收入流动人口居住需求,都市城区适合中低收入流动人口租住的住房越来越少。现行城中村改造是政府、开发商、村集体及村民之间的利益博弈,而将流动人口的居住利益直接排斥在外;群租房整治只堵不疏,一贯漠视流动人口的居住需求。二者均成政府变相驱赶流动人口的利器,以致大都市适合中低收入流动人口租住的住房越来越少,可是城市发展又离不开中低收入流动人口,尤其是中低收入服务业流动人口。既需要他们,就应正视他们的居住需求。三是用工企业、开发商、村集体、村民合作社等工业园区周边配建的员工宿舍一般只能解决单身职工的临时居住问题,难以解决夫妻型、家庭型外来务工人员的家居和市民化问题③。

针对如上矛盾和问题,笔者建议:第一,在城区以保障房建设管理局为主导,根据中低收入流动人口的数量及分布情况,建设适量的集体宿舍和胶囊公寓,以准市场价面向中低收入流动人口出租④,以缓解都市城区中低收入流动人口集体宿舍和小微型租赁房短缺问题。

第二,城中村、城边村改造时兼顾中低收入流动人口的居住需求。例如,城中

---

① 刘保奎,冯长春. 我国农民工住房问题的政策困境与改进思路[J]. 中国房地产(综合版),2012(2):21-24.
② 谢宝富,孙晶,吴琼,肖丽,李超,李阳等. 北京市、上海市、广州市城乡结合部流动人口居住问题问卷调查统计表[Z].北京航空航天大学公共管理学院"大都市城乡结合部流动人口居住服务管理问题研究"课题组,2013-08-08.
③ 详见本书"5.3.2 相关实践探索及其得失"的"流动人口安置公寓模式及其得失"部分。
④ 详见本书"5.5.3 细化需求,细分地域,总体性、渐进式解决问题"部分。

村改造时,将村民的安置房一分为二:一是供村民自住、户型较大的回迁房,二是供村民出租经营的胶囊公寓、集体宿舍、迷你单间等(因为市场往往不缺租赁房,而是缺中低收入流动人口租得起的集体宿舍和小微型租赁房);或者将拆迁所得建设用地一分为三:商品房建设用地、村民新宅建设用地和流动人口公寓(由村集体建设经营、村民按股分红的集体宿舍、胶囊公寓、迷你单间等)建设用地。再如,对于暂时不拆迁的城中村、城边村,在保障房建设管理局的监督下,制定临时性村庄建设规划和村民建房标准,约定权利与义务,开放村民建设面向中低收入流动人口自由租赁的迷你单间、迷你套间、胶囊公寓等[①]。这些办法既可将中低收入流动人口居住问题和失地村民生存发展问题统筹解决,也可减少城市拆迁阻力和政府保障房建设负担,可谓"一石多鸟"。

第三,群租房整治兼顾中低收入流动人口的居住需求。群租房整治时,保障房建设管理局与业主签订长期商品房租赁合同,约定双方权利与义务,然后将该商品房改造为安全整洁、设施齐备、每个单间均达到面积标准的合法群租房。由于商品房整租与群租在租金上差距较大,所以即使以市场价从居民那里整租、以准市场价向中低收入流动人口群租,保障房管理部门仍可适当盈利。

第四,以保障房(含流动人口保障房,下同)开发为纽带建设都市卫星城[②]。以保障房开发为纽带建设大都市周边的中小城镇,使其成为都市卫星城,可化解发展中小城镇、提倡流动人口到中小城镇置业与人口大都市流向之间的矛盾。同时,由于卫星城地价、房租相对较低,有条件建设面积稍大但租金仍可为中低收入流动人口接受的保障房,所以在卫星城开发保障房还可缓解流动人口只能暂住、不能定居问题。之所以强调卫星城建设应以保障房而非商品房为纽带,主要理由如下。

1)以保障房开发为纽带建设都市卫星城具有现实可行性。卫星城地价与主城区地价相比通常要低廉得多,在卫星城大批量建设保障房,以解决中低收入者的保障房供给问题,无论对政府还是对租赁或购买保障房的中低收入者而言,都是相对现实的选择。

---

[①] 详见本书"3.3 有序开放流动人口公寓建设"部分。
[②] "以保障房开发为纽带建设都市卫星城"方面的内容,曾在本课题阶段性成果《为什么要建设开发卫星城——统筹解决都市雾霾和居住难题的思考》(发表于《人民论坛·学术前沿》2014年18期,作者是谢宝富)中公开发表,本部分在阶段成果的基础上略有修改。

2）以保障房开发为纽带建设都市卫星城一般不会导致"空城""鬼城"现象。由于保障房在租赁、购买条件上有严格要求等原因，保障房租赁、购买者在本地依法不可能有第二套房，卫星城中保障房的入住率理应高于商品房的入住率。此外，政府还可依法采取强制手段，强迫保障房租赁、购买者入住，对规定时限内不按时入住者，政府可依法收回其租赁或购买的保障房。相反，对商品房购买者，政府无类似权力。因此，以保障房开发为纽带建设都市卫星城，只要政府监管得力，就可有效保证其入住率，一般不会导致"空城""鬼城"现象。

3）大都市可有效保证保障房必要的建设体量，有条件使保障房开发担当起卫星城建设纽带的重任。如果保障房体量不足，那么保障房开发就难能担当起卫星城建设纽带的重任；而我国大都市恰恰有条件、有能力保证保障房建设的必要体量。主要原因有三：一是大都市中低收入人口尤其是中低收入流动人口数量巨大，保障房建设缺口巨大，需求强劲；二是大都市政府经济实力相对较强，有能力在地价相对较低的卫星城大批量建设保障房；三是大都市中低收入人口的经济实力相对中小城市中低收入人口整体上要强一些，有能力在房价、租金相对较低的卫星城租赁或购买保障房。

4）以保障房开发为纽带建设都市卫星城，可及时在卫星城配套建设公益及工商业设施，吸引居民就近生活、学习和工作，从而有效缓解城市交通"潮汐"及雾霾问题。由于大都市能有效保证卫星城中保障房建设的必要体量，且保障房入住率相对有保障，所以开发商和政府可在保障房建设的同时，在卫星城同步建设与保障房建设规模相匹配的商场、菜市场、公园、学校、医院等商业和公益配套设施，以便入住者就近购物、上学、就医等；同时，还可在卫星城周边配套建设与卫星城人口相匹配的污染较少的工业设施，以便入住者就近工作，实现职住平衡，从而有效减少城市交通"潮汐"现象，改善城市生活环境。

5）以保障房开发为纽带建设都市卫星城，可推动卫星城持续繁荣、发展。待以保障房开发为纽带的卫星城建设初具规模、人口批量入住、其内工商业初步繁荣后，便可吸引开发商来卫星城进行商业地产投资，从而使卫星城开发建设臻于成熟，工商业发展进入良性循环。

只是，以保障房开发为纽带建设都市卫星城要想取得成功，还应具备以下前提条件。

1）卫星城与主城区必须有适当的间距。卫星城与主城区的间距既不能太远，也不宜太近。若相距太远,即便有快捷的公共交通,也难免诸多不便;若相距太近,只要控制稍稍不力,经过若干年发展,主城区和卫星城便会连成一片,卫星城就会沦为城市"大饼"的一部分,失去建设意义。20世纪末、21世纪初,北京市回龙观、天通苑等卫星城建设的失败,关键原因恐怕正在这里。

2)设定主城区和卫星城的边界,在主城区与卫星城之间留有足够的非城区域和绿化林带,以利城市空气更新、调节。如果主城区和卫星城无固定边界,且在主城区和卫星城之间的连接区域可任意开发建设,使其间必不可少的非城区域和绿化林带逐步消失,那么卫星城迟早会成为城市"大饼"的一部分,最终会失去建设意义。

3)主城区与卫星城之间须建有直达或近于直达的地铁、轻轨、公交枢纽等,且尽力减少卫星城与主城区之间非城区域和绿化林带的停靠站点设置,以便使卫星城与主城区之间距离真正"不成问题",同时不给非城区域和绿化林带上的违法开发、建设以机会。

4)城乡结合部村庄违法建设及城区群租房较少。由于中低收入人口数量巨大、城市政府财力有限等原因,今后很长一段时间里,我国大都市保障房都将以公租房为主。如果城乡结合部村庄违法建设林立、城区违法群租房密布,中低收入者以相对低廉的价格就可以在交通近便的城区租赁城中村违法建设或违法群租房,那么即便卫星城建有大量面向中低收入流动人口的廉价公租房,恐怕也很少有中低收入流动人口租住(近年来,某些城市政府好心为农民工建设租赁公寓却不受农民工青睐的关键原因就在这里),卫星城的生活、学习、工作等配套设施势必会空置,相关公益和工商业设施建设势必停滞,"空城""鬼城""摊大饼"、交通"潮汐"、环境污染等系列问题就很难避免。

5)成立保障房建设、管理专门机构,出台专门法律,配足人力、物力,统筹规划、量力而行、循序渐进、分批分类地解决中低收入人口尤其是中低收入流动人口的住房保障问题,确保各项保障房政策落实到位。保障房建设既被视为卫星城开发的纽带,其相关政策当然必须落实到位,至少应保证保障房建成后不会被空置。否则,一切都是空谈。

在此方面,同是华人社会的新加坡有十分成熟的建设经验。新加坡政府自从20世纪60年代初实行"居者有其屋"政策以来,政府专门成立了规模巨大、保障有力的保障房建设、分配、管理机构——建屋发展局,出台了专门的法律、政策,不仅为中低收入者广泛提供保障房——政府组屋,而且赋予了组屋政策以促进城市规划、建设的价值追求——以政府组屋建设为纽带开发城市"新镇"。在新加坡,政府组屋建到哪里,地铁、轻轨、公交枢纽就建到哪里,公益及工商业配套设施就建到哪里,污染相对较轻的工业设施就配套到哪里,以便人们就近生活、学习和工作,哪里便是成熟或即将成熟的城市"新镇",便是"城市中的花园"和"花园中的城市"。①

### 5.5.5 完善流动人口公寓建设、运营、管理诸细节

解决大都市中低收入流动人口居住问题,需要做好流动人口公寓建设、租赁、管理各环节的具体工作。

第一,建立统一管理全市户籍人口和流动人口保障房建设、运营工作的非营利机构——保障房建设管理局。我国保障房建设管理工作分散在众多部门,多头管理、无人管理现象较为突出。保障房用地、建设、房屋管理分别归国土资源、建设、房屋管理部门管理,中低收入者申请保障房的资格审查则需民政部门和社区联合税务、工商、房屋管理、车辆管理、银行、证券等众多部门和单位完成,尚无一个专门机构来统一管理住房保障事务的机构。多头管理不仅容易导致各管理主体之间相互扯皮,效率低下,而且难免监管乏力、管理失序和问责困难等问题。新加坡、香港等住房保障工作做得比较成功的国家和地区,一般都设有专门机构来统一管理保障房建设及运营工作。无论从现实需要还是国际通行惯例来看,政府都有必要建立一个专门管理住房保障工作的非营利机构——保障房建设管理局。鉴于户籍人口和流动人口保障房建设及运营工作不仅关联密切,而且有很大的相似性,为了节约资源,减免不必要的分割、扯皮现象,户籍和流动人口两类住房保障事务应由保障房建设管理局统一管理。

第二,多渠道筹措流动人口保障房建设资金,滚动开发,力求实现流动人口保障房建设、运营资金的自我平衡。像其他保障房建设一样,中低收入流动人口保

---

① 杨沐.新加坡的住房政策和对中国城镇化的借鉴意义[R].新加坡国立大学李光耀公共政策学院亚洲竞争力研究所,2013.

障房建设也离不开政府的财政支持①,但政府财力有限,难以提供充足的财政支持。与户籍人口的保障房相比,流动人口保障房有"弱"保障性,租金相对较高,在政府优惠政策支持下,根据流动人口居住需求投资、经营集体宿舍和胶囊公寓等,可以获得相对稳定的回报。同时,中低收入流动人口生活在城市底层,与户籍中低收入流动人口相比,居住问题更加严峻,更易激起社会各界的同情和支持。因此,在流动人口保障房资金筹措上,除了应像普通保障房一样注意利用保险资金、银行贷款、住房信托投资基金等方法融资,还应更加重视从以下几个渠道筹措建设资金:一是由财政部发行专项国库券筹集建设资金。一方面投资集体宿舍和胶囊公寓等流动人口租赁公寓收益稳定,回报可期;另一方面社会大众手上又有大量闲散资金无处投资。② 通过财政部发行专项国库券的方式筹集流动人口保障房建设资金乃可行之策。二是充分利用保障房租赁回笼资金和赚取的利润进行滚动开发,力求实现资金自我平衡。三是在科学规范、严格管理的情况下,鼓励和支持开发商、用工企业、村集体、村民合作社等企业和社会组织投资、建设流动人口保障房,允许投资者从中适当获利。四是特事特办,采用楼宇冠名、允许保障楼顶安置保障房投资企业、社会组织等的广告牌方式,积极吸引企业、社会组织、个人向保障房建设管理局捐资建设流动人口保障房。

第三,合理安排流动人口保障房的建设地点、建设体量、建设主体、建设方式及户型结构。在建设地点上,城区一般只利用边角地或城中村拆迁改造获得的建设用地建设面向中低流动人口出租的集体宿舍、胶囊公寓等。城区边缘一般在四面八方均选址建设集体宿舍、胶囊公寓等,以便在城区上班的中低收入流动人口能够就近租赁,减少通勤之苦;在具体建筑分布上,既要遵行"大分散,小集中"的原则,以减少流动人口的居住隔离,也要注意流动人口保障房小区适度的建筑体量,以降低管理成本。城郊工业园区以单身青年务工者为主,其周边应以建设集体宿舍、胶囊公寓为主,同时配建适量的迷你单间、迷你套间,以满足部分夫妻型、家庭型外来务工者的居住需求。远郊的都市卫星城前期以建设迷你套间、单间为

---

① 我国政府为保障房建设提供的财政支持主要有年度财政预算安排的专项建设资金、政府贴息贷款、提取贷款风险准备金和管理费用后的住房公积金增值收益余额、土地出让金净收益中按照不低于一定比例安排的资金、中央和省级财政预算安排的社会保障性住房专项建设补助资金等。
② 财政部发行利率仅比定期存款略高一点的国库券时,大爷、大妈们常会彻夜排队购买,可见社会大众投资渠道狭窄之一斑。

主,重点解决家庭型、夫妻型流动人口的居住需求,待卫星城的产业发展起来后再配建适量的集体宿舍、胶囊公寓,以满足外来单身青年务工者的居住需求。无论何种类型的保障房小区都应注意其公共交通的便利和可达性。在建筑体量上,无论哪种流动人口保障房都应在科学测量流动人口的居住需求后,根据需求量来决定建筑体量、建设进度,以免稀缺的保障房资源被无谓浪费。在建设主体上,城区及其边缘的集体宿舍、胶囊公寓,由于需求量大且稳定,房租高企,政府提供行政划拨用地后建设、出租该类租赁房很易营利,同时流动人口保障房建设资金又需自我平衡,不能出现太大亏空,因此该类保障房应以保障房建设管理局滚动开发为主,在启动资金紧缺时,鼓励和支持开发商、用工企业、村集体、村民等企业和社会力量参与投资建设该类保障房,但需科学规范,严格管理。在建设资金短缺的情况下,城郊工业园区周边的集体宿舍、胶囊公寓应继续采用现行开发商、园区企业投资建设模式,待保障房建设资金充裕后逐步变为保障房建设管理局建设为主。远郊都市卫星城的迷你套间、单间由于单位面积租金较低,营利较难,不易吸引企业的开发兴趣,应以保障房建设管理局开发建设为主,待卫星城发展成熟,租金提高后,逐步吸引开发商及其他企业参与。由保障房建设管理局负责开发的保障房一般都采用竞低价、保质量的方式交给建筑企业承建,在资金紧张的情况下,可由中标建筑企业垫资建设。在建筑方式上,由于流动人口各类保障房户型整齐划一,建筑部品、部件都适于预制,应通过大力发展住宅工厂、住宅产业的方式降低保障房建筑成本。同时,为了降低建筑成本,使保障房在以中低收入流动人口能够接受的价格出租时仍可盈利,还应允许流动人口保障房小区较大幅度地提高容积率和建筑覆盖率。在户型结构上,流动人口保障房户型设计除了像普通保障房设计一样要遵守紧凑、实用、精细、经济、灵活等理念[①]外,还应注意单套面积比普通保障房面积更小,换取单套租金的相对低廉,让中低收入流动人口租得起。同时,还应注意由于流动人口具有一定的不稳定性,其居住需求常随经济发展的起伏而有所变化,因此在设计流动人口保障房户型时,还应适当注意相邻户型之间的可合并性,以便流动人口数量锐减或其对迷你型户型需求不足时,相邻的迷你型户型可合并为一个相对较大的户型,面向市场出租或出售。

第四,合理确定流动人口保障房租金,建立住房保障对象的公共信息平台和

---

① 魏薇,刘阳. 廉租房户型设计研究[J]. 工程与建设,2009(6):789-790.

征信体系,完善保障房的准入、退出管理制度。中低收入流动人口保障房有商品性和社会保障性双重特征,租金越低于市场租金,社会保障性越强。然而,大都市中低收入流动人口众多,存在保障房需求"洪峰";在政府保障房监管制度不全、监管能力有限、区域发展失衡、各地在保障房准入上缺乏协调联动机制的背景下,若流动人口住房的保障性过强,租金过低,会导致保障房申请、持有、管理上的造假与寻租"洪峰",以及所谓"洼地效应"。同时,在城乡二元户籍和经济社会问题行政切块负责的体制下,对流动人口住房保障问题,城市政府缺的不仅是解决问题的能力,恐怕更是解决问题的动力。可见,无论从客观形势还是从主观动机来看,流动人口住房目前都只能是一种"弱"保障,其租金应与市场租金相去不远。当然,整体上的共性特征并不意味着不同类别的保障房在租金上没有区别。就地域而言,由于大都市城区流动人口规模巨大,需要进行必要的调控,城区地价、房租又远高于郊区,如果流动人口保障房租金过低,保障性过强,则必然助长城区流动人口保障房的需求、造假及寻租"洪峰",加剧城区人口调控的负担。因此,离市中心越近的流动人口保障房的保障性应该越低,租金应与市场租金更加相近。由于城区房租高企,保障房租金与市场租金相差不远,中低收入流动人口不易承受,所以城区一般只能通过集体宿舍和胶囊公寓的形式来解决在城区流动人口的居住问题。就单套面积而言,由于单套面积越大,租金越高,中低收入流动人口就越难承受,因此单套面积越大的保障房,保障性应越强,租金应越低于市场租金。在城区地价和房租高企、人口调控压力巨大的背景下,这样的保障房一般只应建在离城区较远的卫星城。

良好的保障房准入和退出制度一般都建立在完备的个人征信体系之上,只有建立了完备的个人征信体系,被保障对象的收入、财产准确而简明,保障房管理部门才能制定科学合理的保障房准入线、退出线。可是,我国目前公民收入、财产方面的资讯尚散落在税务、工商、民政、车管、银行、证券、房管等众多部门,各部门之间、各地区之间的相关信息尚未联网,无法实现共享,同时也没有建立公民主动申报收入、财产的制度,没有建立公民诚信档案,保障部门要想准确掌握保障对象的收入、财产情况,在此基础上科学划定保障房准入和退出线通常是十分困难的。应破除各地区各部门之间的信息壁垒,实现信息互通互享,建立住房保障对象的收入、财产主动申报制度和个人信息档案,以便保障房建设管理局能简便而准确地掌握流动人口的收入、财产状况,建立科学完备的保障房准入和退出制度。除了根据收入和资产标准划定保障房准入和退出线外,大都市流动人口保障房的准入和退出线还应增设是否在本市合法稳定就业、所从事行业是否符合城市发展方向(或者是否属于被调控行业)等特殊标准。鉴于全国个人征信体系一时尚难建立,保障房建设管理局查实流动人口的收入和财产情况困难重重,加上城区集体宿舍、胶囊公寓类保障房的租金与市场租金相去不远,在个人征信体系建立之前,为了简便管理,节省人力物力,对于城区集体宿舍、胶囊公寓不妨只设一个标准——在本地合法稳定就业,规定只要在本地合法稳定就业多少时间以上者均可登记、轮候。开发园区及其周边由开发商和其他企业配建的集体宿舍等,主要由投资者与用工企业商定租价,政府只根据自己提供的土地、税费等方面的优惠额度对其租金进行适度监管。对在都市卫星城建设的单套面积较大、保障性较强的迷你套间等,实行类似户籍人口的保障房准入与退出制度。无论采用何种方式分配的何种类别的保障房,均实行分配流程固化、信息化管理及智能化匹配等管理科学办法,以减少保障房运营各环节上的人为因素干扰,防止寻租、腐败现象的发生。

# 第六章　城乡结合部出租房和流动人口登记管理机制创新研究[①]

出租房和流动人口登记管理是流动人口居住管理的关键,是"以房管人"政策的前提,是社会治安管理的基石,是政府制定流动人口属地化管理服务政策的抓手,看似"小政策",实系"大问题"。大都市城乡结合部低端流动人口密集,矛盾集中,稳定脆弱,探索该地区出租房和流动人口登记管理机制尤为重要。

出租房和流动人口登记管理是基层治安管理的热点问题,20世纪90年代以来,各地探索出了证照管理、目标责任制管理、等级管理、旅业式管理、物业式管理、院区围合式管理等多种模式,取得了一定的效果。与实践界的积极探索不同的是学界对该问题关注较少。现有成果大体可分"综合性对策研究""管理模式、方法、法律、技术等专题研究""国外出租房管理政策及其借鉴研究"三个部分[②]。这些成果多非专门针对大都市城乡结合部村庄,且对现行制度下管理与被管理者之间的利益冲突关系未予充分重视,未从社会心理、社会规制及实践经验等角度展开综合分析,进而构建吸引、迫使、方便村民和流动人口主动登记的机制。

---

① 本部分内容曾以《吸引·迫使·方便——城乡结合部出租房和流动人口登记管理机制创新研究》(作者是谢宝富)为题,公开发表于《北京联合大学学报》(人文社会科学版)2014年4期,本章在阶段性成果的基础上略有修改。
② 详见本书"2.2.2 有关城乡结合部居住设施、环境及管理的研究"部分。

## 6.1 机制创新的必要性与合理性

道格拉斯·C. 诺斯认为,制度变迁存在报酬递增和自我强化机制,该机制使制度变迁一旦选择了某一路径就会沿着既定路线不断地获得自我强化,沿着原有路径不断下滑,乃至被"锁定"在无效率状态。制度变迁一旦进入了"锁定"状态,往往只有借助政权等外在力量,才能将其解救出来。[①] 我国法律、政策虽规定出租人应缴纳房屋租赁税、出租人和承租人应主动登记租赁信息,但这些规定从一开始就遭到了城乡结合部村民(含已转为居民的村民,下同)和流动人口的普遍抵制,他们中的大多数人从一开始就选择了与法律、政策相反的路径——不缴纳房屋出租税,不主动登记租赁信息,该选择在长期的管理实践中不断地被默许、强化,逐渐沉淀为近于"锁定"状态的社会积习(非正式制度):村民素有"自己的房子,想怎么租就怎么租,无需登记、纳税"共识;流动人口向有"租房是个人私事,与政府无关"心理。即使有觉悟者,挥之不去的从众心理也会使其获得"匿名感",使其在做违背法律、政策的事情时难再顾忌。路径依赖衍生了从众心理,从众心理反过来又加固了路径依赖。改变该不良循环,需要政府创新出租房和流动人口登记管理机制。

社会规制理论认为,经济和社会行为常有"负外部性"特征,需要政府规制;市场信奉"货币选票",公共物品需要政府提供。规范社会秩序、营造良好的社会环境是政府应为人民提供的公共物品之一。政府可通过禁止、奖惩、征税等手段进行社会规制,以"保障人们的生存、安全和健康,维护社会的公平和公正"。[②] 城乡结合部房屋租赁在给村民带来经济利益的同时,常有"负外部性"特征。建筑、消防安全隐患丛生的出租房可能会使流动人口生命、财产受损,群租会扰民,不登记租赁信息既会给不法分子以藏身机会,给周边百姓带来财产及人身安全威胁,也会使政府在流动人口属地化管理服务上失去抓手,给社会稳定发展带来不良影响。无论从克服"负外部性"还是从公共物品供给的角度,政府都应对失序的房屋

---

① (美)道格拉斯·C. 诺斯. 制度、制度变迁与经济绩效[M]. 刘守英译, 上海: 上海三联书店, 1994: 96.

② 张和群. 社会规制理论综述[J]. 中国行政管理, 2005(10): 61-63.

租赁行为予以规制。大都市城乡结合部中低收入流动人口密集,政府和社区管理服务人手相对不足,有限的人手从事日益繁重的管理服务工作,当然不应仅靠自身力量包打天下,而应与村民、流动人口等管理对象建立良性合作关系,吸引他们主动参与出租房和流动人口登记管理工作,以实现"善治"效果。[1]

社会交换理论认为,个人的某种行动越受到报酬和奖励,他就越会有类似行动。个体行动的频率常取决于得到报酬和奖励的频率及方式。个人行动发生与否取决于成功率和价值两个因素,若报酬价值大而成功率小,则行动发生的可能性小;反之,亦然。[2] 人是理性的动物,在人际交往中人一般都会遵循趋利避害原则。某种行动的结果对他越有利,他就越会采取同样行动;越有害,他就越会避免类似行动。[3] 人际互动本质上是彼此理性决策的互动,取决于彼此对各种结果的代价及利益所做的理性评估,有些互动者之间因利益冲突而敌对,如小偷和警察[4];有些互动者之间因利益一致而相得益彰,如护士与病人[5]。从行为交换理论的角度来看,村民和流动人口不愿主动登记租赁信息的原因应是他们即使主动登记也难获得实质性报酬和奖赏,甚至不仅得不到实质性报酬和奖赏,反而还有可能给自己添麻烦或使自己利益受损。现实情况大抵也是如此。在现行政策下,村民和流动人口主动登记租赁信息,所获报酬和奖赏一般不过是"文明出租屋"之类几无实质意义的荣誉称号而已。至于人人主动登记、社会治安会随之变好之类,他们似乎既不相信也不关注。在一些村民和流动人口心里,登记租赁信息不仅没有好处,反而还有潜在坏处:村民不登记租赁信息,租房不纳税、群租等违法行为就难被发现;相反,若登记租赁信息,该类行为一旦被追究,则白纸黑字,无处遁形。流动人口主动登记不仅平添麻烦,而且同样会增加其违法租赁行为被查处的几率,同时还会增加房东缴纳房屋出租税的几率,而税负最终还会通过房租提升转嫁到自己身上。可见,现行制度下政府和社区管理部门与村民和流动人口在租赁登记上有利益冲突,二者之间似"警察与小偷",而非"护士与病人"。既如此,

---

[1] 俞可平. 治理与善治[M]. 北京:社会科学文献出版社,2000:8-10.
[2] 佟丽君. 论霍曼斯的人际交往理论[J]. 求是学刊,1997(1):31-33.
[3] 高连克. 论霍曼斯的交换理论[J]. 齐齐哈尔大学学报(哲学社会科学版)2005(2):8-10.
[4] 小偷逃跑便有利,警察抓住他方能获益。
[5] 病人与护士合作,可获得更好的治疗,加快痊愈;护士得到病人的合作,工作会更出色,更易受表彰。

他们当然不会主动登记。要扭转该局面,需变利益冲突关系为利益合作关系,通过政策创新,构建一种只要村民和流动人口主动登记租赁信息就会获利、且获利几率较大的有效机制,以吸引其主动登记。鉴于人们不仅喜欢从各种利益中选择最大的利益,而且偏好以最小的代价来满足自身最大的需要,在构建吸引村民、流动人口主动登记机制的同时,还应构建方便其登记的有效机制。

不过,并非所有登记管理部门与村民、流动人口之间的利益矛盾都可化解。比如,登记管理部门与村民、流动人口在群租和将房屋违法租给身份不明人士等违法获利行为上的利益冲突,就很难通过化冲突为合作的方式化解;也不是任何时候、任何地方都可建成吸引村民和流动人口主动登记的有效机制,在政府失灵、社区失灵的背景下,该类吸引机制不仅不易建立,而且即使建立也很难到位。因此,完善城乡结合部出租房和流动人口登记管理政策,还需借助科技和政策手段,建立迫使村民和流动人口主动登记信息的有效机制。

## 6.2 机制创新的思路与建议

就业证取消以后,通过就业登记获取流动人口信息的途径被阻断,"以房管人"政策开始肩负获取流动人口信息、实施相关管理服务的重任。[①] 但是,该政策的实施效果尚取决两个条件:一是出租房底数清晰,底数不清,所住人数必然不清;二是建立一套吸引、迫使、方便出租和承租双方主动登记租赁信息的有效机制,若无该机制,登记管理必然繁文缛节而又效果欠佳。

### 6.2.1 做好出租房普查、登记工作

在城乡结合部村庄,突破现有法规、政策限制,明确规定在不承认产权的情况下,赋予基本不存在安全隐患的现有违法建设以法定出租权,将家庭房屋总数减除家庭成员必需居住的房屋数所剩余的房屋一律视为可能的出租屋,予以编号,列为备抽查对象。

---

① 宋健,何蕾. 中国城市流动人口管理的困境与探索[J]. 人口研究,2008(5):41-45.

### 6.2.2 建立吸引村民和流动人口主动登记的有效机制

第一,妥善化解利益冲突,以服务促管理,化被动为主动,吸引村民和流动人口主动登记。鉴于村民和流动人口不主动登记的原因之一是他们与管理者之间存在潜在的利益冲突,登记租赁信息不仅几无好处,而且还有被责令缴税等隐忧,而不登记租赁信息一般也不会受罚,建议在城乡结合部村庄采取税收变通措施,规定凡村民自建房不超过一定标准者,只要主动登记租赁信息,一律免征房屋出租税①,超过标准部分,只要主动登记,也可获得减税优待;若不主动登记,一经查出,就须全额缴税。如此,则既可打消村民心中查税隐忧,促使他们主动登记;也可将少数搞了大量违法建设、借房牟取巨利的村民与搞了一般规模的违法建设、以房谋生的村民合理区分开来,以免政策松时前者和后者一样享受不该享受的免税待遇,政策紧时本该被体恤的后者又被责令和前者一样纳税。对长期主动登记、无违法违纪记录的村民,给予减少抽查次数、颁发奖金和授予荣誉称号等奖励;对主动登记、无违法违纪记录的流动人口,授予荣誉称号,优先解决其子女教育、就业、医疗、社会保障等属地化服务问题。将不主动登记者列为重点抽查、监督对象,以期化冲突为合作,变被动为主动,促使其主动登记。

第二,找准村民和流动人口房屋租赁方面的利益需求,满足其利益需求,吸引他们主动登记。需求满足理论认为,每个人都有某种需求或动机,一个人之所以有某种行为,是因为这些行为能满足这些需求或动机。② 促使一个人产生某种行为动机,关键是要找出他的需要来予以满足,找准其利益相关项来进行激发。在房屋租赁方面,城乡结合部村民和流动人口有租赁信息供给、租房担保、社区服务等多方面需求,政府和社区如能及时予以满足,必将促进他们主动登记。首先,无论出租人还是求租人都会为缺少租赁信息而苦恼,政府和社区管理者若将出租房和流动人口管理办公室建成免费房屋中介中心,为村民和流动人口提供及时、有效、免费的租赁信息服务,定会吸引他们主动登记。其次,在房屋租赁过程中,无论出租人和承租人都会因拖欠房租、坏损赔偿、押金回收、安全卫生等纠纷而苦

---

① 鉴于城乡结合部失地村民失地补偿和就业情况多较差,出租房屋常是其最基本的生活来源,该免税标准应比较宽松。
② 蔡浩. 社会心理学[EB/OL]. http://www.doc88.com/p-783447746790.html,2012-10-02.

恼。一些房主因自觉房子不好打理而径直把房子交给二房东打理,结果却是房子交给二房东容易,收回却难上加难,有时甚至想进房子看一眼也不容易。可是,即便如此,房内若发生安全或违法犯罪事件,依照法律规定,房主仍是第一责任人,使某些村民虽通过房屋出租获利不菲,却也成天提心吊胆。而另一方面,流动人口租房时又难免遭某些胆大妄为、蛮横不法的房东、二房东的欺凌。由于城区房价高企,城乡结合部民房(多属违法建设,下同)租金低廉又地理位置优越,所以深圳、广州等市城乡结合部民房一般都很抢手,房东、二房东与房客租房时常不签书面合同而只有口头协议,容易导致租赁纠纷。政府和社区若将出租房和流动人口管理办公室建成免费房屋租赁服务中心,由社区民警担任房屋租赁见证人,负责协调解决租赁纠纷,由办公室负责保管租赁押金,势必有利于租赁双方主动登记。此外,城乡结合部流动人口常通过老乡、亲戚介绍的方式获得租房信息,以致同一村庄往往聚居着来自同一个或几个地方的流动人口,使本地人与流动人口之间或来自不同地域的流动人口之间发生纠纷,较易扩大为群体性事件,免费为出租、承租双方提供房屋中介服务及担保,有利于减少流动人口家族聚居、地域聚居现象,促进社会稳定。最后,通过多方面社区服务吸引村民和流动人口主动登记。城乡结合部流动人口多属低收入流动人口,困难多多,亟需政府和社区提供属地化服务;本地出租房较少的失地村民同样困难不少,亟需服务。政府和社区若将出租房和流动人口管理办公室进一步建设成为社区服务中心,为其免费提供职业培训、职业介绍、权利维护和社区文化等服务,以服务促管理,定会吸引他们主动登记。

### 6.2.3 建立迫使村民和流动人口主动登记的有效机制

第一,广泛推广"门禁卡、视频监视器与居住证相结合"、一人一卡办法,迫使村民和流动人口主动登记。2002年国务院废止收容遣送和租赁房屋治安许可制度后,没有出台相应的管理法规,公安机关在流动人口登记管理上缺乏抓手。管理人员上门登记普遍存在"进不了门,见不着人"问题。为了解决该问题,深圳、广州等地创造性地采取了"门禁卡、视频监视器与居住证相结合"、一人一卡的办法,迫使租房人只有登记办卡,才能正常出入。该办法在实践中取得了良好的效果。2008年底,深圳市罗湖区清水河派出所尝试给樟崶村出租房安装IC门禁卡和视频监控系统,对楼宇门口实行24小时监控。入室盗窃案由2008年的62起下降到

2009年的2起,村民及租户安全感倍增,房屋的出租率由原来的70%提高到98%以上。2009年,罗湖区30个城中村安装了4,750套视频门禁系统,全区城中村入室盗窃警情同比下降45.3%。推行刷卡管理后,深圳市规定租户须主动到出租房管理站登记,填写流动人口信息卡,才能拿到门禁卡。龙岗分局平湖派出所创造性地将门禁卡与深圳居住证融合,流动人口租房时有居住证的人凭证刷卡进入,无居住证的人申领临时门禁卡,有效期30天,一人一卡,使出租房暂住人口信息采集率大幅提升。出租房管理服务中心对门禁卡的发放采取"双核准制",每栋楼宇的IC卡数量以人均最低居住面积为标准,从而杜绝了群租房问题,挤压了黑中介的存在空间①。

值得指出的是,尽管"门禁卡、视频监视器与居住证相结合"、一人一卡办法在实践中取得了良好效果,但是除了深圳、广州等少数南方城市尝试推广该办法外,其他地方并未推行。之所以如此,原因之一是思想上对出租房和流动人口登记管理的重要性缺乏认识,没有意识到当前维稳问题的严峻性和艰巨性,没有认识到出租房和流动人口登记管理是维护社会稳定的基石——只要该工作做实,犯罪分子就难有藏身之地。原因之二是经济问题,我国城乡结合部民房规模及出租收益差距较大,深圳、广州等发达城市城乡结合部民房规模巨大,建筑质量较好,出租收益多,村集体经济实力强,村庄存续时间长,安装门禁及视频监视器对村集体、村民来说无经济困难。而在单体房屋面积小、出租收益低、集体经济实力弱、建筑质量差、村庄预期存续时间短的其他城市城乡结合部村庄,要求村民、村集体出资安装门禁和视频监控设备则有困难,况且单体面积较小的民房安装门禁和视频监控设备也不经济。因此,在该类城乡结合部地区,对那些一时不会拆除的村庄,政府应视村民和村集体经济情况、民房规模及出租收益大小,酌情给予资金补助,协助其安装门禁和视频监控设备。对单体建筑面积较小的民房,可采取几栋房屋围

---

① 陈奕璇. 深圳:"视频+门禁"破解出租房管理难题[N]. 人民公安报,2014-01-02(5).

院而非整村围院(即"封村")模式①,共建门禁和视频监控系统。

第二,加快出租房和流动人口登记管理法制建设,加大执法力度,迫使村民和流动人口主动登记。推广"门禁卡、视频监视器与居住证相结合"、一人一卡的办法,并不意味万事大吉。总有一些城乡结合部村庄或因规划拆迁、或因房屋老旧分散、或因村民经济能力等原因而无法采用该办法,总有一些人出于违法经营或出行方便等原因而蓄意破坏门禁系统。此外,该办法虽能解决居住登记问题,但不能彻底解决房屋承租人利用出租房从事违法活动以及出租房安全隐患问题。因此,在推广该办法的同时,还应加快出租房和流动人口登记管理立法工作。对出租、承租双方的义务和权利、租赁行为、检查行为等予以明确界定,规定房屋出租人在依法获取出租收益的同时,必须承担相应的责任和义务,诸如为出租房配备起码的消防器材;不将房屋出租给无身份证者;与承租人签订正规合同,约定彼此的权利与义务;保证出租房无安全隐患、人均居住面积达到政府规定的标准;根据政府规定及时如实登记承租人信息;积极配合管理人员对出租房进行检查;协助治安、计生卫生、工商行政等部门做好各项管理工作。承租人在依法享有所租房屋的居住权的同时,必须承担相应的责任和义务,诸如配合房东及时如实登记租赁信息,配合管理人员对所租房屋的抽查;保证不利用所租房屋从事违法犯罪、无照经营、计划外生育活动等。加大执法查处的力度,切实加大其违法成本,迫使其主动登记,接受政府和社区管理、监督。

第三,建立多层次、网格状巡查制度,加大巡查和查处力度,迫使村民和流动人口主动登记。将一个流动人口管理员所负责巡查的出租房和流动人口定为一"格",同一行政村或居委会的"格"合成一张"小网",同一乡镇或街道的"小网"合成一张"中网",同一区县的"中网"合成一张"大网"。流动人口管理员负责本

---

① 不宜"封村"的主要原因是:1)城乡结合部村庄房屋一般都很密集,由于村民不断侵占村内道路、空地以及周边荒地、林地甚至耕地建房,村域面积多较大,多数村庄除村街能大体通车外,其他道路多不能通车,且不乏半截路和死胡同,加上村子大、流动人口多,若"封村",整个村庄只设少数几个门出入,则会给村内居民出行带来很大麻烦,上下班高峰时村街必然会人满为患,车辆难行。一旦发生火灾、地震等突发事故,会增加踩踏和群死群伤的几率。2)在多层违法建设密集的村庄,"封村"会迫使村民长时间穿行楼房之间窄逼、黑暗的小巷,增加空中坠物(如墙面坠落物等)伤人的几率。3)部分村街本身还是乡村主要公路的一部分,加上村域较大,"封村"不仅很难封实,而且成本较高。4)"封村"给村民出行带来困扰,村民必然会破坏;"封村"会改变村民出行路线,相应地会改变村内开饭馆、超市者的"钱"途,利益受损的商家必会使出浑身解数,明里暗里搞破坏,会使其维护成本不菲。

"格"内出租房和流动人口管理、服务工作,职责包括检查出租房是否存在安全隐患、是否存在违法犯罪行为,受理或检查村民和流动人口居住登记申报工作,负责帮助入住流动人口办理居住证,代表政府、社区为入住的流动人口提供属地化服务等。行政村(或居委会)、乡镇(或街道)、区(或县)每隔一段时间分别随机抽取"小网""中网""大网"内一定比例的出租房及其流动人口进行检查①,根据抽查结果予以赏罚。加大赏罚力度,促使村民、流动人口及管理员做好相关登记、管理和服务工作。

第四,实行出租房评价制度,迫使村民做好出租房及其入住人口的登记、管理、服务工作。效法杭州市江干区九堡镇②、桂林市七星区③等地对出租房实行分级化管理,每年年终政府和社区根据房屋建筑及消防安全、室内设施、出租登记、是否出现扰民投诉且查证属实、是否出现违法犯罪和打架斗殴情况、是否存在二房东等客观标准给出租屋打分、分级,以供求租人参考,迫使房东做好出租房及其承租人的登记、管理和服务工作。

### 6.2.4 建立方便村民、流动人口及其管理员登记管理的有效机制

第一,与"门禁卡、视频监视与居住证相结合"、一人一卡办法相配套,建立"人口自助申报系统",以便房东、承租人通过互联网、微信、电话、短信等方式申报租赁信息。

第二,对出租房实行"条码式"智能化管理,简化手续,方便租赁信息登记、核对和管理。可资参考的办法有二:一是效法浙江省永嘉县实行"一卡一机一平台"式智能化管理。所谓"一卡",即在暂住证(或居住证)上增贴出租房信息卡,信息卡以条码形式标注出租房相关信息;所谓"一机",指有了信息卡后,管理人只需通过扫描机(即扫描枪)对条码信息进行扫描并无线传递到服务器进行比对,即可获知暂住人与出租房是否一致,即时变更相关信息;所谓"一平台",指引进短信应用平台,设立短信服务器,管理人在检查暂住人是否办理暂住证时,只需将其身份证号发送到服务器,服务器便自动进行查询、比对并返回信息,告知被查询人是否已

---

① 多层次的检查制度,旨在有效减少管理人员、房主、房客相互勾结,弄虚作假。
② 傅一览,余丽丽,舒也文. 九堡镇出租房实行等级化宾馆式管理[EB/OL]. http://hz.house.sina.com.cn/news/2011-07-21/072338866.shtml,2011-07-21.
③ 贾嘉,丁学峰,朱继红. 七星区出租房实行星级化管理 分三个档次实施[EB/OL]. http://news.guilinlife.com/n/2008-08/04/36245.shtml,2008-08-04.

登记暂住信息。同时,已登记暂住信息者若变更出租房信息,可按"暂住证号+出租房信息卡代码"格式发送短信,后台人员收到后即可进行变更。① 二是效法广州市白云区采用出租屋"二维码"管理办法,将每间出租屋的情况录入管理系统,生成一个"二维码",张贴在每家出租屋外,管理员将装了查询和登记程序的智能手机对准门外的电子标识牌,扫扫"二维码",便读取了该出租房相关信息,把新来的租住人员的身份证放在二代身份证读卡器上,其信息马上传输到智能手机上。这套移动巡查管理系统除了有人和房屋的信息录入与巡查功能外,还有出租屋安全隐患告知、居住证业务办理情况、工作提醒、工作考核、数据分析等功能。②

第三,对出租房及其流动人口实行分类管理,减少对正常租住者的打搅,简化管理。依据管理难易程度和可能对社会秩序带来的危害,对出租房及其流动人口实行分类管理。对有违法犯罪前科、收支反常、昼伏夜出、行踪诡秘、无正当职业、身份不明、人员来往复杂等高危人员以及来自犯罪高发地区的人员租住的房屋,予以重点检查、监管;对有正当职业、主动申报租赁信息的流动人口,减少抽查,方便管理。

---

① 永嘉县公安局课题组. 流动人口"条码式"智能化管理的永嘉桥头实践[J]. 公安学刊,2008(1):81-83.
② 孙璐. 广州市白云区出租屋创新管理方式 行政效率大幅提高[EB/OL]. http://gd.people.com.cn/n/2014/0110/c123932-20356372.html,2014-01-10.

# 第七章 居住因素对城乡结合部流动人口定居意愿的影响研究[①]

就地定居意愿是流动人口市民化的关键问题,学界颇多探讨。现有成果多对流动人口的人口特征、经济因素、流动方式、社会参与等与定居意愿的关联进行考察,得出了不少颇具启发性的结论。[②] 只是,现有研究均非专门针对一线大都市城乡结合部流动人口,亦未专门论及居住因素对城乡结合部流动人口定居意愿的影响。鉴此,本章拟以北京市、上海市、广州市城乡结合部流动人口为例,借助广义居住因素与流动人口定居意愿的关联性分析,廓清某些对大都市城乡结合部流动人口定居意愿的认识误区,揭示居住条件改善、居住心理调适等对促进流动人口就地定居、就地市民化的影响和意义。

## 7.1 基本概念和研究假设

广义居住空间既包含住房,也包含住房所在的社区。广义居住因素既包含居民与住房相关的行为和意愿,也包含其与所住社区相关的行为和意愿。本章所论的居住因素是广义居住因素,主要包含城乡结合部流动人口住房条件和住房选择意愿、居住管理和服务、社区参与和融入三方面,旨在从这些角度揭示居住因素对

---

① 本部分内容曾以《广义居住因素对流动人口定居意愿的影响研究——以京、沪、穗城乡结合部流动人口为例》(作者是谢宝富、李阳、肖丽)为题,公开发表于《中南大学学报》(社会科学版)2015年2期,本章在阶段性成果的基础上略有修改。
② 详见本书"2.2.1 有关流动人口迁移、融入和定居意愿的研究"部分。

流动人口定居意愿的影响。本章所论的定居意愿指流动人口在流入地永久性居住愿望，而无关有无本地户籍和在本地居住多久。主要研究假设如下。

第一，居住条件假设。假设居住条件越好，对居住环境越满意，流动人口定居意愿越强。定居意愿有社会嵌入特征，受制于特定的社会生活条件①。居住条件是社会生活条件的重要部分，与其相关的主客观因素应对流动人口定居意愿有重要影响。基于此，可进一步具体假设：① 租房面积越大、设施越好、房租越高的流动人口定居意愿越强；② 流入地居住管理服务越好，流动人口定居意愿越强；③ 流动人口对居住环境越满意，定居意愿越强；④ 愿意租房定居比不愿租房定居的流动人口更易对所租房屋满意，更愿就地定居；⑤ 本地买房比本地租房的流动人口更易对住房感到满意，更愿就地定居。

第二，居住方式假设。假设家庭式流动者比独自流动者在流入地定居的意愿更强，与家人合租比独立租住或其他方式合租者定居意愿更强。与家人一起流动，共同租住，意味着其与流出地联系的减少和家庭生活中心的转移，有利于就地定居。

第三，社区参与和融入假设。假设流动人口在流入地居住时间越长、社会参与和融入越深，定居意愿越强。人是社会动物，其有目的的行为实际上是嵌在正在运作的社会网络之中。考察流动人口定居意愿需从社会网络的角度分析②。流动人口在流入地居住越久，与本地人互动越多，社会网络越广，意味着其越深入地融入本地生活中，越有可能定居。③ 一线城市城乡结合部流动人口作为流动人口的一类，社区参与、融入对其定居意愿应有类似影响。

第四，一线大都市城乡结合部流动人口特殊性假设。城乡结合部流动人口基本上都是中低收入流动人口，相对普通流动人口有特殊性；一线大都市相对其他城市房价更高，中低收入流动人口购房概率更低，租房压力更大，生活成本更高，且本地政府还常出于人口调控的考虑而"疏忽"属地化服务工作，使其融入不易，安居更难。这些特征在流动人口定居意愿上应有所体现。

---

① 肖昕如，丁金宏. 基于 logit 模型的上海市流动人口居返乡意愿研究[J]. 南京人口管理干部学院学报，2009(3)：19-22.
② 王毅杰. 流动农民留城定居意愿影响因素分析[J]. 江苏社会科学，2005(5)：26-32.
③ REYES B I. Immigrant trip duration: The case of immigrants from western Mexico[J]. International Migration Review，2001，35(4)：1185-1204.
任远. 城市流动人口的居留模式与社会融合[M]. 上海：上海三联出版社，2012：3.

## 7.2 样本来源及特征

2012年10月至2013年8月，本课题组到北京市、上海市、广州市城乡结合部就流动人口居住特征和定居意愿问题进行问卷调查。抽样方法是先在北京市、上海市、广州市城乡结合部分别选取11个、6个、6个有代表性的村庄，然后在各村随机选取流动人口作为调查对象。调查共获有效问卷3070份，其中北京市1017份、上海市999份、广州市1054份，三地样本数大体均衡。样本特征详见本书"5.1 样本的来源及特征"部分。

## 7.3 内部差异分析所见的影响

问卷中问题和答案设计旨在考察流动人口住房条件和住房选择意愿、居住管理和服务、社区参与和融入三类居住因素对定居意愿的影响。

### 7.3.1 住房条件、住房选择意愿对定居意愿的影响

问卷中流动人口住房条件主要以人均租房面积、出租房有无厨卫设施、租金多少、租住方式等来衡量。调查所见其与定居意愿的关联如下。

人均租房面积3平米以下、4-7平米、8-11平米、12-15平米、16-20平米、21-30平米、31平米以上者选择在本地定居的比例分别是24%、24.9%、22.2%、23.7%、29.8%、27.2%、38.8%，选择回老家定居的比例分别是56.4%、57%、59.2%、57.9%、48.5%、52.6%、41.9%，选择到其他地方定居的比例分别是19.6%、18.1%、18.6%、18.4%、21.7%、19.4%、26.4%。

所租房屋有、无厨房者选择在本地定居的比例分别是29.4%、21.8%，选择回老家定居的比例分别是52%、58.7%，选择到其他地方定居的比例分别是18.7%、19.5%。

所租房屋有、无卫生间者选择在本地定居的比例分别是29.1%、21%，选择回老家定居的比例分别是51.7%、60.4%，选择到其他地方定居的比例分别是

19.2%、18.6%。

每月房租200元以下、201－400元、401－700元、701－1000元、1001－1500元、1501－2000元、2001－2500元、2501元以上、单位交房租（个人不交）者选择在本地定居的比例分别是23%、21.8%、23.9%、31.3%、30.1%、39.3%、29.8%、36.5%、25.4%，选择回老家定居的比例分别是57.2%、62.9%、56.3%、49.3%、46.6%、44.9%、49.1%、38.5%、53.7%，选择到其他地方定居的比例分别是19.7%、15.3%、19.8%、19.4%、23.3%、15.9%、21.1%、25%、20.9%。

独立租住、与家人合租、与对象合租、与同事合租、与非同事的朋友合租、单位统一租住及其他租住方式者选择在本地定居的比例分别是27%、26.9%、28.5%、21.8%、28%、21.4%、25.3%，选择回老家定居的比例分别是55.4%、57.7%、54%、55.1%、44.4%、54.7%、48.3%，选择到其他地方定居的比例分别是17.6%、15.4%、17.4%、23.1%、27.5%、24%、26.4%。

由上可见，第一，选择回老家定居的比例一般在50%－59%之间，选择在本地定居的比例一般在20%－30%之间，选择到其他地方定居的比例多在20%左右。第二，租房面积、房租与定居意愿之间的关联性相似。人均租住面积、房租只有达到较高标准（如31平米以上、2500元以上），才与本地定居、其他地方定居两类选择之间呈现较强的正相关而与回老家定居之间呈现明显的负相关；否则，正负相关性均不明显，甚至呈现混乱特征。第三，厨、卫设施与定居意愿之间的关联性相似。有厨房和有卫生间均与本地定居意愿正相关而与回老家定居意愿负相关，但二者在到其他地方定居意愿上未呈现相似的关联。第四，与家人合租常意味着流动人口以家庭方式流动，独立租住或与非亲属合租多意味着独立流动。现有成果倾向于认为家庭方式流动者比独自流动者定居意愿更高。但是，本调查结果显示与家人合租者的定居意愿与独立租住或与朋友合租者的定居意愿相仿，甚至未呈现稳定的正相关，说明在一线城市房价奇高、安居维艰的背景下，城乡结合部流动人口无论举家还是独自流动，就地定居意愿都较弱，以致家庭因素对其本地定居意愿的影响"被淹没"。

问卷中流动人口住房选择意愿主要以租房满意度、租房倾向、买房意愿、是否愿意租房定居等来衡量。调查所见其与定居意愿的关联如下。

在出租房满意度上，对所租房屋满意、一般、不满意及说不清者选择在本地定居的比例分别是33.8%、24.1%、25.3%、26.5%，选择回老家定居的比例分别是

52.3%、54.7%、57.6%、52.3%,选择到其他地方定居的比例分别是14%、21.2%、17.1%、21.2%。

在租房倾向上,选择"月租300元、7平米的独立单间""月租500元、15平米内设厨卫的套房""月租1200元、25平米内设厨卫的套房""月租1700元、50平米内设厨卫的套房"者愿就地定居的比例分别是20.6%、25.5%、31.4%、36.5%,愿回老家定居的比例分别是65.9%、53.6%、46.5%、42.2%,愿到其他地方定居分别是13.6%、20.9%、22.2%、21.3%。

在买房意愿上,在本地没考虑买、考虑买但没条件、一定买以及有其他想法者选择在本地定居的比例分别是10.5%、31.6%、53.8%、19.8%,选择回老家定居的比例分别是69.6%、53.5%、24.4%、42.9%,选择到其他地方定居的比例分别是19.9%、14.9%、21.9%、37.3%。

在租房定居意愿上,愿不愿意租房定居者选择在本地定居的比例分别是45.8%、9.9%,选择回老家定居的比例分别是39.1%、70.2%,选择到其他地方定居的比例分别是15.1%、19.9%。

由上可见,第一,排除一定买房、愿意租房定居和愿意选择租金较贵的套房等特殊者的定居意愿外,回乡定居仍是流动人口最主要的定居意愿。其所占比例一般在40%-70%之间,与前类50%-60%相比振幅有所增大。第二,流动人口租房满意度高会提升其本地定居愿望,相应缩减到其他地方定居的愿望,但不对其回老家定居愿望构成明显影响。租房满意度一般、说不清和不满意者与各类定居意愿之间无规整的对应关系,且对定居意愿的影响差别不大,表明在汉语独特的语境里,说"一般"或"说不清"与说否定性答案常无本质区别。第三,越想租较贵较好的房子、越能接受租房定居、越准备在本地买房者,本地定居意愿越强,回乡定居愿望越弱。其中,是否买房、愿否租房定居对定居意愿的影响尤显突出。

### 7.3.2 居住管理、服务对定居意愿的影响

问卷中居住管理、服务主要以租房管理和社区服务类指标来衡量。调查所见该类因素与定居意愿的关联如下。

在租房合同签订上,常签、偶尔签、不签租房合同者选择在本地定居的比例分别是29.6%、26.9%、22.1%,选择回老家定居的比例分别是50.9%、52.8%、61.3%,选择到其他地方定居的比例分别是19.5%、20.2%、16.6%。

在租房凭证获取上,收条为证、发票为证、无凭证或其他情况者选择在本地定居的比例分别是 27.4%、29.3%、23.1%、20.2%,选择回老家定居的比例分别是54.3%、47.2%、60.4%、49.2%,选择到其他地方定居的比例分别是 18.3%、23.5%、16.4%、30.6%。

在居住证或暂住证办理上,办过、没办过、正在办者选择在本地定居的比例分别是 28.7%、25.9%、22.1%,选择回老家定居的比例分别是 47.1%、58.1%、49%,选择到其他地方定居的比例分别是 24.1%、16%、28.9%。

在是否配合管理员登记流动人口信息上,配合登记、不配合登记、看情况决定是否配合登记者选择在本地定居的比例分别是 27.2%、26.1%、26%,选择回老家定居的比例分别是 50.2%、55.8%、49.8%,选择到其他地方定居的比例分别是22.6%、18.1%、24.1%。

在居住服务上,满意、一般、不满意、说不清者选择在本地定居的比例分别是32.6%、24.7%、26.9%、23.1%,选择回老家定居的比例分别是 54.8%、55.7%、50.5%、57.3%,选择到其他地方定居的比例分别是 12.6%、19.6%、22.6%、19.5%。

在医疗服务上,满意、一般、不满意、说不清者选择在本地定居的比例分别是35.8%、26.2%、25%、21.1%,选择回老家定居的比例分别是 53.1%、53.4%、54.4%、60.8%,选择到其他地方定居的比例分别是 11.1%、20.4%、20.6%、18.1%。

在子女教育服务上,满意、一般、不满意、说不清者选择在本地定居的比例分别是 37%、26.4%、24.6%、21.6%,选择回老家定居的比例分别是 52.7%、54.2%、54.5%、57%,选择到其他地方定居的比例分别是 10.3%、19.4%、20.8%、21.4%。

在公共安全服务上,满意、一般、不满意、说不清者选择在本地定居的比例分别是 34.2%、26.4%、23.4%、21.1%,选择回老家定居的比例分别是 54.9%、54.1%、54.2%、58.6%,选择到其他地方定居的比例分别是 10.8%、19.5%、22.4%、20.3%。

由上可见,第一,选择回老家定居的比例一般都在 50%-59% 之间,选择在本地定居的比例一般在 20%-30% 之间,选择到其他地方定居的比例一般在 10%-30% 之间。第二,尽管居住制度遵守类因素对定居意愿的影响不甚显著,但大体也存在遵守居住制度者就地定居意愿较强、回老家定居意愿较弱而不遵守者则相反的规律。租房时常签合同者、租房时有发票为证者、办理过居住证或暂住证者、配合人口信息登记者均就地定居意愿最强、回乡定居意愿最弱或近于最弱可为证,但在到其他地方定居意愿上并不存在类似规律。第三,尽管流动人口对居住、医疗、子女教育、治安等服务的满意度与对流动人口回老家定居的意愿影响不大(不论满意度如何,回老家定居意愿几乎都在50%以上可为证),但大体也存在满意度越高者就地定居意愿越强而到其他地方定居愿望越弱的规律。对本地居住、医疗、子女教育、治安等服务满意度最高者均就地定居意愿最强而到其他地方定居愿望最弱可为证。

### 7.3.3 社区参与、融入对定居意愿的影响

问卷中社区参与和融入主要以在本地居住时间、参与社会管理服务的行为和愿望、与本地人联系和交友情况、在本地是否有"家"的感觉等指标来衡量。调查所见该类因素与定居意愿的关联如下。

在居住时间上,在本地居住不到1年、1—2年、3—5年、6—10年、11年以上者选择在本地定居的比例分别是18.9%、25.4%、24.4%、32.1%、39.3%,选择回老家定居的比例分别是54.9%、53.6%、59.7%、52.8%、46.1%,选择到其他地方定居的比例分别是26.1%、21%、16%、15.1%、14.6%。

在社区活动参与上,经常、偶尔、没有参与本地社会管理或服务工作者选择在本地定居的比例分别是41.8%、28.5%、23.2%,选择回老家定居的比例分别是46%、52.2%、56.9%,选择到其他地方定居的比例分别是12.2%、19.3%、19.9%。

在社区参与愿望上,想、不想、说不清想还是不想参与本地社会管理或服务工作者选择在本地定居的比例分别是31.3%、21.7%、25.9%,选择回老家定居的比例分别是54.1%、58.3%、51.8%,选择到其他地方定居的比例分别是14.5%、20%、22.3%。

在社会交往上,与本地人经常、偶尔、没有打交道者选择在本地定居的比例分别是35.8%、23.5%、18.9%,选择回老家定居的比例分别是47.8%、56.8%、60.2%,选择到其他地方定居的比例分别是16.4%、19.7%、20.9%。

在交友上,本地朋友多、较多、一般、较少、少、没有者选择在本地定居的比例

分别是 49.1%、34%、24.2%、20.1%、20%、13.2%，选择回老家定居的比例分别是 35.8%、49.3%、57%、55.4%、62.7%、66.7%，选择到其他地方定居的比例分别是 15.1%、16.7%、18.8%、24.5%、17.3%、20.1%。

在归属感上，在本地经常、偶尔、没有"家"的感觉者选择在本地定居的比例分别是 44.9%、29%、17%，选择回老家定居的比例分别是 42.9%、51.7%、61.7%，选择到其他地方定居的比例分别是 12.2%、19.3%、21.3%。

由上可见，第一，除本地朋友多者和在本地常有"家"的感觉者回老家定居的意愿分别为 35.8%、42.9% 外，回老家定居仍是流动人口最主要的定居意愿。所占比例一般在 45%－60% 之间，有的甚至接近 70%。第二，本地长住与就地定居意愿正相关，与回老家定居或到其他地方定居负相关，本地居住 11 年以上者就地定居意愿显著。这既表明居住时间长短对流动人口就地定居意愿有突出影响，也说明在房价高企的一线城市中低收入流动人口即使在此小住三年五载也难生定居奢望。第三，流动人口越参与、越想参与社区活动，与本地人交往越频繁、朋友越多、在本地越有"家"的感觉，就地定居意愿越强，回乡定居或到其他地方定居越弱。其中经常参加社区活动、常与本地人打交道、本地朋友多、在本地有"家"的感觉对定居意愿的影响尤为显著。

## 7.4 回归分析所见的影响

将 23 个广义居住因素作为自变量，将"将来是否打算在本地定居"设置为因变量，1 = 是，0 = 否。3070 份样本中回答该问题的共 2927 份，缺失 143 份。有效回答中，26.2% 的人选择本地定居，73.8% 的人选择回老家定居或到其他地方定居。将 23 个居住因素分别纳入 Logistic 模型，再分别引入性别、年龄、婚姻、学历、收入等因素作为控制变量，所见其与定居意愿相关性见表 52－54。

表 52　住房条件、住房选择意愿与定居意愿的相关性

| | 不控制因素 | | 控制性别 | | 控制年龄 | | 控制婚姻 | | 控制学历 | | 控制收入 | |
|---|---|---|---|---|---|---|---|---|---|---|---|---|
| | B | Exp(B) | B | Exp(B) | B | Exp(B) | B | Exp(B) | B | Exp(B) | B | Exp(B) |
| 租房面积(ref=3平米以下) | | | | | | | | | | | | |
| 4-7平米 | 0.05 | 1.051 | 0.049 | 1.05 | 0.078 | 1.081 | 0.091 | 1.095 | 0.104 | 1.11 | 0.035 | 1.035 |
| 8-11平米 | -0.101 | 0.904 | -0.114 | 0.893 | -0.05 | 0.952 | -0.059 | 0.943 | -0.019 | 0.981 | -0.154 | 0.857 |
| 12-15平米 | -0.017 | 0.983 | 0.005 | 1.005 | 0.028 | 1.029 | 0.039 | 1.04 | 0.051 | 1.052 | -0.088 | 0.916 |
| 16-20平米 | 0.279 | 1.322 | 0.308 | 1.361 | 0.329 | 1.39 | 0.33 | 1.391 | 0.337 | 1.401 | 0.219 | 1.245 |
| 21-30平米 | 0.166 | 1.18 | 0.153 | 1.165 | 0.197 | 1.218 | 0.225 | 1.252 | 0.245 | 1.277 | 0.141 | 1.152 |
| 31平米以上 | 0.694 | 2.002 ** | 0.664 | 1.942 ** | 0.714 | 2.042 ** | 0.736 | 2.087 ** | 0.745 | 2.106 ** | 0.608 | 1.837 ** |
| 有无厕所(ref=无) | 0.433 | 1.542 *** | 0.414 | 1.513 *** | 0.444 | 1.558 *** | 0.44 | 1.553 *** | 0.405 | 1.499 *** | 0.402 | 1.495 *** |
| 有无厨房(ref=无) | 0.395 | 1.485 *** | 0.393 | 1.482 *** | 0.388 | 1.474 *** | 0.403 | 1.496 *** | 0.391 | 1.478 *** | 0.359 | 1.432 *** |
| 月房租(ref=200元以下) | | | | | | | | | | | | |
| 201-400元 | -0.072 | 0.931 | -0.084 | 0.92 | -0.092 | 0.912 | -0.108 | 0.898 | -0.131 | 0.877 | -0.107 | 0.898 |
| 401-700元 | 0.05 | 1.052 | 0.075 | 1.078 | 0.041 | 1.042 | 0.037 | 1.037 | 0.005 | 1.005 | -0.012 | 0.988 |
| 701-1000元 | 0.421 | 1.524 | 0.396 | 1.486 * | 0.383 | 1.467 * | 0.365 | 1.44 | 0.34 | 1.404 | 0.314 | 1.369 |
| 1001-1500元 | 0.349 | 1.418 | 0.35 | 1.42 | 0.322 | 1.38 | 0.355 | 1.427 | 0.257 | 1.293 | 0.269 | 1.309 |
| 1501-2000元 | 0.77 | 2.160 ** | 0.832 | 2.299 ** | 0.752 | 2.122 ** | 0.758 | 2.134 ** | 0.663 | 1.940 ** | 0.588 | 1.800 ** |
| 2001-2500元 | 0.291 | 1.337 | 0.222 | 1.249 | 0.213 | 1.237 | 0.067 | 1.069 | 0.237 | 1.267 | 0.012 | 1.012 |
| 2501元以上 | 0.651 | 1.918 ** | 0.613 | 1.847 ** | 0.655 | 1.925 ** | 0.697 | 2.008 ** | 0.617 | 1.854 ** | 0.506 | 1.659 * |
| 单位交、个人不交 | 0.128 | 1.137 | 0.134 | 1.143 | 0.119 | 1.126 | 0.076 | 1.079 | 0.063 | 1.065 | 0.065 | 1.067 |

续表

| | B | Exp(B) | B | Exp(B) | B | Exp(B) | B | Exp(B) | B | Exp(B) | B | Exp(B) |
|---|---|---|---|---|---|---|---|---|---|---|---|---|
| | 不控制因素 | | 控制性别 | | 控制年龄 | | 控制婚姻 | | 控制学历 | | 控制收入 | |
| 租房满意度(ref=不满意) | | | | | | | | | | | | |
| 说不清 | 0.035 | 1.035 | 0.022 | 1.022 | 0.051 | 1.052 | −0.015 | 0.985 | 0.074 | 1.077 | 0.023 | 1.024 |
| 一般 | −0.07 | 0.933 | −0.059 | 0.943 | −0.076 | 0.927 | −0.084 | 0.92 | −0.062 | 0.94 | −0.066 | 0.936 |
| 满意 | 0.407 | 1.503** | 0.44 | 1.553** | 0.416 | 1.516** | 0.442 | 1.556** | 0.434 | 1.543** | 0.407 | 1.502** |
| 租房倾向(ref=A) | | | | | | | | | | | | |
| B | 0.279 | 1.321** | 0.249 | 1.282** | 0.245 | 1.278** | 0.245 | 1.277** | 0.2 | 1.221** | 0.236 | 1.266** |
| C | 0.568 | 1.764*** | 0.547 | 1.729*** | 0.531 | 1.700*** | 0.559 | 1.750*** | 0.439 | 1.551*** | 0.459 | 1.583*** |
| D | 0.799 | 2.223*** | 0.774 | 2.169*** | 0.782 | 2.185*** | 0.79 | 2.203*** | 0.649 | 1.914*** | 0.659 | 1.932*** |
| 买房意愿(ref=没考虑买) | | | | | | | | | | | | |
| 考虑买但没条件 | 1.376 | 3.961*** | 1.408 | 4.089*** | 1.428 | 4.172*** | 1.433 | 4.190*** | 1.387 | 4.001*** | 1.35 | 3.858*** |
| 其他 | 0.755 | 2.127*** | 0.796 | 2.216*** | 0.824 | 2.279*** | 0.817 | 2.263*** | 0.791 | 2.205*** | 0.769 | 2.157*** |
| 一定买 | 2.302 | 9.992*** | 2.461 | 11.714*** | 2.367 | 10.665*** | 2.355 | 10.534*** | 2.33 | 10.278*** | 2.203 | 9.056*** |
| 租房定居意愿(ref=不会) | | | | | | | | | | | | |
| 看情况 | 0.869 | 2.384*** | 0.898 | 2.456*** | 0.882 | 2.415*** | 0.851 | 2.341*** | 0.934 | 2.544*** | 0.89 | 2.435*** |
| 会 | 2.044 | 7.724*** | 2.104 | 8.196*** | 2.063 | 7.872*** | 2.041 | 7.701*** | 2.06 | 7.848*** | 2.064 | 7.878*** |

注：租住方式因素未通过显著性检验，不对定居意愿产生显著影响，从略。表中A、B、C、D分别代指"选择月租300元、7平米的独立单间者""选择月租500元、15平米、内设厨卫的套房者""选择月租1200元、25平米、内设厨卫的套房者""选择月租1700元、50平米、内设厨卫的套房者"。

<<< 第七章 居住因素对城乡结合部流动人口定居意愿的影响研究

表 53 居住管理、服务与定居意愿的相关性

| | 不控制因素 B | 不控制因素 Exp(B) | 控制性别 B | 控制性别 Exp(B) | 控制年龄 B | 控制年龄 Exp(B) | 控制婚姻 B | 控制婚姻 Exp(B) | 控制学历 B | 控制学历 Exp(B) | 控制收入 B | 控制收入 Exp(B) |
|---|---|---|---|---|---|---|---|---|---|---|---|---|
| 租房签合同频率(ref=不签) | | | | | | | | | | | | |
| 偶尔签 | 0.262 | 1.299** | 0.302 | 1.353** | 0.242 | 1.274** | 0.293 | 1.341** | 0.229 | 1.258* | 0.256 | 1.292** |
| 常签 | 0.386 | 1.470*** | 0.383 | 1.467*** | 0.371 | 1.450*** | 0.400 | 1.491*** | 0.311 | 1.365*** | 0.333 | 1.396** |
| 房租凭证(ref=无凭证) | | | | | | | | | | | | |
| 其他 | -0.175 | 0.839 | -0.237 | 0.789 | -0.155 | 0.856 | -0.164 | 0.848 | -0.169 | 0.845 | -0.183 | 0.832 |
| 有收条为证 | 0.224 | 1.251** | 0.194 | 1.214** | 0.230 | 1.258** | 0.231 | 1.260** | 0.151 | 1.163 | 0.184 | 1.202 |
| 有发票为证 | 0.317 | 1.374** | 0.312 | 1.367** | 0.305 | 1.357** | 0.303 | 1.354** | 0.261 | 1.298** | 0.298 | 1.347** |
| 居住服务满意度(ref=不满意) | | | | | | | | | | | | |
| 说不清 | -0.204 | 0.815 | -0.208 | 0.812 | -0.173 | 0.841 | -0.206 | 0.814 | -0.179 | 0.836 | -0.224 | 0.799 |
| 一般 | -0.105 | 0.900 | -0.113 | 0.893 | -0.124 | 0.884 | -0.087 | 0.917 | -0.081 | 0.923 | -0.073 | 0.930 |
| 满意 | 0.285 | 1.330** | 0.233 | 1.262* | 0.252 | 1.287** | 0.263 | 1.301** | 0.347 | 1.415** | 0.304 | 1.355** |
| 医疗服务满意度(ref=不满意) | | | | | | | | | | | | |
| 说不清 | -0.229 | 0.796 | -0.230 | 0.795 | -0.190 | 0.827 | -0.259 | 0.772** | -0.178 | 0.837 | -0.176 | 0.838 |
| 一般 | 0.067 | 1.069 | 0.068 | 1.071 | 0.057 | 1.058 | 0.062 | 1.064 | 0.089 | 1.093 | 0.116 | 1.123 |
| 满意 | 0.518 | 1.679*** | 0.462 | 1.588** | 0.481 | 1.618** | 0.472 | 1.603** | 0.556 | 1.743*** | 0.534 | 1.707*** |
| 子女教育满意度(ref=不满意) | | | | | | | | | | | | |
| 说不清 | -0.176 | 0.839 | -0.200 | 0.819 | -0.157 | 0.855 | -0.204 | 0.815 | -0.126 | 0.882 | -0.108 | 0.898 |
| 一般 | 0.097 | 1.102 | 0.068 | 1.070 | 0.077 | 1.080 | 0.068 | 1.071 | 0.134 | 1.143 | 0.166 | 1.180 |
| 满意 | 0.590 | 1.804*** | 0.516 | 1.676*** | 0.564 | 1.758*** | 0.540 | 1.716*** | 0.664 | 1.943*** | 0.630 | 1.877*** |
| 治安服务满意度(ref=不满意) | | | | | | | | | | | | |
| 说不清 | -0.149 | 0.862 | -0.110 | 0.896 | -0.108 | 0.897 | -0.126 | 0.882 | -0.121 | 0.886 | -0.109 | 0.897 |
| 一般 | 0.165 | 1.180 | 0.172 | 1.187 | 0.150 | 1.162 | 0.147 | 1.159 | 0.196 | 1.217** | 0.209 | 1.232 |
| 满意 | 0.537 | 1.711*** | 0.499 | 1.647** | 0.535 | 1.707*** | 0.508 | 1.662*** | 0.607 | 1.835*** | 0.556 | 1.743*** |

注：是否办居住证或居住证、是否配合管理员登记人口信息两个因素未通过显著性检验，不对定居意愿产生显著影响，从略。

表 54　社区参与、融入与定居居意愿的相关性

| | 不控制因素 B | Exp(B) | 控制性别 B | Exp(B) | 控制年龄 B | Exp(B) | 控制婚姻 B | Exp(B) | 控制学历 B | Exp(B) | 控制收入 B | Exp(B) |
|---|---|---|---|---|---|---|---|---|---|---|---|---|
| 本地居住时间(ref=不到1年) | | | | | | | | | | | | |
| 1-2年 | 0.374 | 1.453** | 0.416 | 1.516** | 0.417 | 1.517** | 0.392 | 1.480** | 0.465 | 1.592** | 0.372 | 1.450** |
| 3-5年 | 0.322 | 1.380** | 0.383 | 1.467** | 0.398 | 1.489** | 0.432 | 1.541** | 0.427 | 1.533** | 0.279 | 1.321** |
| 6-10年 | 0.699 | 2.012*** | 0.707 | 2.027*** | 0.852 | 2.345*** | 0.847 | 2.332*** | 0.870 | 2.386*** | 0.617 | 1.854*** |
| 11年以上 | 1.019 | 2.771*** | 1.041 | 2.833*** | 1.232 | 3.430*** | 1.138 | 3.121*** | 1.233 | 3.431*** | 0.943 | 2.567*** |
| 参与社区活动频率(ref=不参加) | | | | | | | | | | | | |
| 偶尔参加 | 0.278 | 1.321** | 0.270 | 1.310** | 0.260 | 1.297** | 0.245 | 1.277** | 0.234 | 1.264** | 0.269 | 1.309** |
| 经常参加 | 0.869 | 2.384*** | 0.798 | 2.221*** | 0.876 | 2.400*** | 0.778 | 2.177*** | 0.876 | 2.401*** | 0.857 | 2.356*** |
| 参与社区活动意愿(ref=不想) | | | | | | | | | | | | |
| 说不清 | 0.235 | 1.264** | 0.219 | 1.245** | 0.265 | 1.304** | 0.212 | 1.236** | 0.253 | 1.288** | 0.262 | 1.300** |
| 想 | 0.499 | 1.646*** | 0.443 | 1.557*** | 0.526 | 1.692*** | 0.460 | 1.584*** | 0.521 | 1.684*** | 0.532 | 1.703*** |
| 与本地人交往频率(ref=不往) | | | | | | | | | | | | |
| 偶尔交往 | 0.286 | 1.331** | 0.294 | 1.342** | 0.302 | 1.352** | 0.255 | 1.290** | 0.281 | 1.324** | 0.266 | 1.305** |
| 经常交往 | 0.878 | 2.406*** | 0.874 | 2.397*** | 0.901 | 2.462*** | 0.835 | 2.304*** | 0.876 | 2.400*** | 0.868 | 2.383*** |
| 与本地人交友情况(ref=无朋友) | | | | | | | | | | | | |
| 朋友少 | 0.526 | 1.692** | 0.518 | 1.678** | 0.521 | 1.684** | 0.533 | 1.704** | 0.496 | 1.642** | 0.456 | 1.577** |
| 朋友较少 | 0.517 | 1.676** | 0.534 | 1.706** | 0.482 | 1.619** | 0.503 | 1.654** | 0.486 | 1.626** | 0.436 | 1.546** |
| 朋友数量一般 | 0.770 | 2.160*** | 0.774 | 2.168*** | 0.729 | 2.074*** | 0.746 | 2.108*** | 0.716 | 2.045*** | 0.703 | 2.019*** |
| 朋友较多 | 1.240 | 3.457*** | 1.259 | 3.522*** | 1.197 | 3.311*** | 1.193 | 3.296*** | 1.161 | 3.192*** | 1.163 | 3.199*** |
| 朋友多 | 1.877 | 6.531*** | 1.850 | 6.361*** | 1.825 | 6.205*** | 1.822 | 6.184*** | 1.788 | 5.978*** | 1.782 | 5.941*** |
| 是否有家的感觉(ref=没有) | | | | | | | | | | | | |
| 偶尔有 | 0.698 | 2.010*** | 0.721 | 2.056*** | 0.681 | 1.977*** | 0.719 | 2.052*** | 0.707 | 2.029*** | 0.727 | 2.068*** |
| 经常有 | 1.392 | 4.023*** | 1.366 | 3.919*** | 1.390 | 4.014*** | 1.374 | 3.951*** | 1.468 | 4.339*** | 1.414 | 4.112*** |

注：表 2-4 中，* $p<0.1$，** $p<0.05$，*** $p<0.001$。

表 52 – 54 中,在不控制性别、年龄、婚姻、学历、收入等因素的情况下,租房 31 平米以上者、所租房屋有厨卫者、月房租 1501 – 2000 元和 2001 – 2500 元者、选择"月租 500 元、15 平米、内设厨卫"或"月租 1200 元、25 平米、内设厨卫"或"月租 1700 元、50 平米、内设厨卫"的套房者、对所租房屋满意者的定居意愿均通过了显著性检验,表明租住条件较好者相对较差者定居意愿更强。而租房面积 30 平米以下者、月房租 1500 元以下者的定居意愿均未通过显著性检验,则与高房价背景下只有少数能负担较高房租或房价的高收入流动人口才敢在一线城市定居的现实是一致的。在本地一定买房、考虑买房但没条件者的定居意愿相对不买房者均显著正相关,愿意租房定居和看情况租房定居者的定居意愿相对不愿租房定居者均显著正相关,表明是否买房和是否接受租房定居理念是影响流动人口定居意愿的要素之一。

租住方式因素未通过显著性检验,不对定居意愿产生显著影响。由于独立租住多意味独自流动,与家人合租常意味以家庭方式流动,所以家庭方式合租与定居意愿之间关联不大意味着家庭方式流动与定居意愿之间关联不大。原因可能是一线城市中低收入流动人口在高房价的重压下,无论举家还是独自流动,定居意愿都较弱,遂使家庭方式流动对定居意愿的影响减弱。

居住管理因素与定居意愿的相关性混乱。常签、偶尔签租房合同者的定居意愿相对不签租房合同者均显著正相关,租房时有发票或收条为证者的定居意愿相对无发票或收条为证者亦显著正相关。但是否办过暂住证或居住证、是否配合管理员登记人口信息两个因素未通过显著性检验,不对定居意愿有显著影响。可能的原因是,是否签租房合同、交租金时是否留凭证与流动人口切身利益相关,文化素质、法治意识较高者相对较低者租房时多会注意签合同并留交款凭证,而文化素质、法治观念较高者相对较低者大多城市生存能力更大,因而定居意愿更强。表 54 中,控制学历因素后"租房时有收条为证"与定居意愿之间不再显著性相关,应是该情况的反映。由于暂住证或居住证、人口信息登记的意义尚未被城乡结合部流动人口普遍重视,其办暂住证或居住证、登记人口信息普遍是被动的,因而难能藉此将不同素质的人口显著区分开来,以至办暂住证或居住证、配合人口信息登记与否对定居意愿的影响不大。

在社区服务因素与定居意愿的关系上,对社区住居、医疗、子女教育、公共安全服务满意者的定居意愿相对不满意者均显著正相关,但对社区住居、医疗、子女教育、公共安全服务感到"一般"或"说不清"者的定居意愿相对不满意者未显著相关,表明在汉语独特的语境中"一般""说不清"与"否定"的含义常难分伯仲。

在社区参与、融入与定居意愿的相关性上,本地居住时间长短、社区参与多少、社区参与愿望强弱、与本地人交往或交友多寡、本地"家"的归属感强弱都与定居意愿之间一律呈现有规律性的显著正相关,表明加强社区参与、融入对促进流动人口定居有重要意义。

影响流动人口定居意愿的因素虽多,但控制了性别、年龄、婚姻、学历、收入等因素后,除了极个别居住因素与定居意愿之间的显著性相关消失外,其他居住因素与定居意愿之间的显著性相关依然存在,这既反映了居住因素对定居意愿影响之显著,也从一个侧面说明了调查结果的真实。

## 7.5 讨论和建议

一线大都市城乡结合部流动人口就地定居和到其他地方定居意愿均较低,回老家定居仍是其主要选择。该选择与老一代流动人口定居选择并无太大区别,表明在高房价和属地化服务缺位的背景下,一线大都市城乡结合部流动人口定居意愿并未发生较大的代际更替,流动方式仍以"乡－城－乡"循环为主。该方式虽被新劳动力迁移经济学理论视为流动人口充分利用家庭资源、减少生活成本的生存策略①,但也伴随着流动人口的骨肉分离和较低生活质量,以及其子女无论留守还是流动都难免相对恶劣的成长环境。因此,尽管一线大都市有人口调控之需,但该需要决不能被其政府视作变相驱赶中低端流动人口的利器,让其因此而有拒绝为中低端流动人口提供属地化服务的理由。当然,一线大都市不可能让中低端流动人口全部留下,甚至不可能将其多数留下。调查所见京、沪、穗城乡结合部流动人口偏低的就地定居意愿应是该情况的反映。因此,城市政府既要为少数就地定居、就地市民化的流动人口提供服务,更要为多数暂住的循环流动人口提供服务,既要努力让他们在本地生活得更好,也要为其未来返乡创业提供力所能及的帮扶。

---

① ANDERSON N. Urbanism and urbanization [J]. The American Journal of Sociology, 1959, 65 (1):68-73.

## 第七章 居住因素对城乡结合部流动人口定居意愿的影响研究

在高房价的重压下,住房已是阻碍中低收入流动人口就地定居的最大障碍之一。城乡结合部居住条件虽差,但流动人口住房满意率并不低,说明城乡结合部虽不乏"脏、乱、差",但仍不失为中低收入流动人口难舍的"他乡故园"。而满意率不低的原因可在托达罗的预期收入理论中得到解释。流动人口迁移城市的动机是为了获得预期收入,一线大都市高房价是最大的迁移阻碍。为了获得预期收入并尽可能多结余,居住成本最小化是必要选择。买不起房就租房,房租高低又与地段、条件等相关。于是,位置较远、条件较差、租金低廉的城乡结合部便成了其理想的选择。接受条件较差的住房既是流动人口为了获得预期收入而主动做出的心理让步与行为调适,其对住房的不满意感当然会有所抵消。因此,在中低收入流动人口住房保障严重缺位的背景下,适当保留并升级改造城乡结合部村庄仍是解决中低收入流动人口居住问题的现实选择。

鉴于流动人口在流入地买房和租房定居意愿、出租房的大小和设施、对出租房及社区服务满意度一定程度上均与定居意愿显著正相关,建议"不把鸡蛋放在同一个篮子里":既要统筹规划、循序渐进、量力而行地为少数经济条件相对较好的流动人口提供产权房,使他们在本地产生主人公的感觉,就地定居及市民化;更要尊重现实,向大多数中低收入流动人口广泛宣传租房定居理念,为他们准备与其居住需求和经济承受能力相匹配的租赁公寓,助其就地定居及市民化。

鉴于是否参加或愿意参加本地管理服务活动、与本地人交往和交友多少、在本地有无"家"的感觉均与就地定居意愿显著正相关,建议面向中低收入流动人口的租赁公寓在选址上应"大杂居、小聚居",以便使文化素养、生活习惯迥异的中低收入流动人口与本地居民之间既不因住得太近而易生嫌隙,又不因彼此住得太远而少有往来机会,有碍融合。

在房价奇高、属地化服务严重缺位的背景下,一线大都市城乡结合部流动人口定居意愿确有特殊性。反映该特殊性的调查结果是流动人口就地定居意愿薄弱而回乡定居意向凸显,因流动人口多无就地定居意愿而致家庭式流动与定居意愿关联不大,因流动人口居住条件普遍较差且彼此相差不大而致租房条件好坏多与定居意愿相关而不显著等。

# 参考文献

[1]冯晓英,魏书华,陈孟平.由城乡分治走向统筹共治——中国城乡结合部管理制度创新研究:以北京市为例[M].北京:中国农业出版社,2007.

[2]姜爱华,马静.城乡结合部公共服务供给的财政政策研究[M].北京:经济科学出版社,2012.

[3]余钟夫.北京市城乡结合部问题研究[M].北京:北京出版社,2010.

[4]姚永玲.北京市城乡结合部管理研究[M].北京:中国人民大学出版社,2010.

[5]吕萍等.农民工住房理论、实践与政策[M].北京:中国建筑工业出版社,2012.

[6]唐豪,马光红,庞俊秀.大都市流动人口居住问题研究[M].上海:上海大学出版社,2012.

[7]董昕.中国农民工的住房问题研究[M].北京:经济管理出版社,2013.

[8]刘洪辞.蚁族群体住房供给模式研究[M].北京:科学出版社,2014.

[9]卢华翔,焦怡雪等.进城务工人员住房问题调查研究[M].北京:商务印书馆,2011.

[10]蓝宇蕴.都市里的村庄:一个"新村社共同体"的实地研究[M].北京:三联书店,2005.

[11]任远.城市流动人口的居留模式与社会融合[M].上海:上海三联出版社,2012.

[12]李强.农民工与中国社会分层[M].北京:社会科学文献出版社,2004

[13]姚玲珍.中国公共住房政策模式研究[M].上海:上海财经大学出版

[14] 李英,孙燕玲,张红日. 城镇住房保障模式研究——以政府资助下的租赁为主体[M]. 北京:清华大学出版社,2012.

[15] 谭禹. 保障性住房供给缺失研究[M]. 北京:经济科学出版社,2015.

[16] 马智利等. 我国保障性住房运作机制及其政策研究[M]. 重庆:重庆大学出版社,2010.

[17] 张勇. 中国保障房融资模式研究[M]. 北京:经济科学出版社,2014.

[18] 邓宏乾等. 廉租住房租赁补贴政策实施效果研究[M]. 北京:中国社会科学出版社,2015

[19] 骆永民. 城乡基础设施均等化供给研究[M]. 北京:经济科学出版社,2009.

[20] 柴盈. 中国农村基础设施治理与供给制度创新研究[M]. 北京:经济科学出版社,2009.

[21] 俞可平. 治理与善治[M]. 北京:社会科学文献出版社,2000.

[22] 蒋建国. 城市环境卫生基础设施建设与管理[C]. 北京:化学工业出版社,2005.

[23] 满燕云,隆国强,景娟. 中国低收入住房:现状及政策设计[C]. 北京:商务印书馆,2011.

[24] 上海社会科学院房地产业研究中心,上海市房产经济学会. 发展中国公共租赁住房机制和对策研究[C]. 上海:上海社会科学院出版社,2010.

[25] 卫欣. 北京外来农民工居住特征研究[D]. 北京大学博士学位论文,2008.

[26] 王旺平. 中国城镇住房政策体系研究[D]. 南开大学博士学位论文,2013.

[27] 吴永宏. 中国城市住房保障制度设计与实践运行研究[D]. 苏州大学博士学位论文,2013.

[28] 夏鹏. 权力分配:自建型居住空间演变的一种社会学阐释——对武汉宝庆街区的实证研究[D]. 华中科技大学博士学位论文,2011.

[29] 崔竹. 城镇住房分类供应与保障制度研究[D]. 中共中央党校博士学位

论文,2008.

[30]廖艳.重庆市区农民工住房问题现状及对策研究[D].重庆大学硕士学位论文,2006.

[31]林家琦.农民工城市生活现状与留城意愿研究[D].浙江大学硕士学位论文,2007

[32]龚敏健.苏州市外来人口居住特征和满意度及影响因素研究[D].华东师范大学硕士学位论文,2010.

[33]王春光.农村流动人口的"半城市化"问题研究[J].社会学研究,2006(5):107-122.

[34]宋健,何蕾.中国城市流动人口管理的困境与探索[J].人口研究,2008(5):41-45.

[35]蓝宇蕴.城市化中一座"土"的"桥"——关于城中村的一种阐释[J].开放时代,2006(3):145-151.

[36]冯晓英.对北京市流动人口聚居区治理的再思考[J].北京社会科学,2006(6):91-97.

[37]陈孟平."城中村"公共物品供求研究——以北京市城乡接合部为例[J].城市问题,2003(6):61-64.

[38]魏娜.城乡结合部管理体制改革:思路与政策建议——公共物品提供的主体、责任与机制[J].北京行政学院学报,2004(3):64-67.

[39]陈双,赵万民,胡思润.人居环境理论视角下的城中村改造规划研究——以武汉市为例[J].城市规划,2009(8):37-42.

[40]罗仁朝,王德.上海市流动人口不同聚居形态及其社会融合差异研究[J].城市规划学刊,2008(6):92-99.

[41]吴维平,王汉生.寄居大都市:京沪两地流动人口住房现状分析[J].社会学研究,2002(3):92-110.

[42]林李月,朱宇.两栖状态下流动人口的居住状态及其制约因素[J].人口研究,2008(3):48-55.

[43]段成荣,朱富言."以房管人":流动人口管理的基础[J].城市问题,2009(4):76-78.

[44]刘保奎,冯长春.我国农民工住房问题的政策困境与改进思路[J].中国房地产(综合版),2012(2):21-24.

[45]许庆明.城乡统筹发展条件下的城市农民工居住问题研究[J].城市,2007(6):13-16.

[46]周锐波,周素红.城乡结合地区违法建设产生的原因与对策研究[J].城市规划,2007(5):67-71.

[47]吕萍,甄辉,丁富军.差异化农民工住房政策的构建设想[J].经济地理,2012(10):108-113.

[48]丁富军,吕萍.转型时期的农民工住房问题[J].公共管理学报,2010(1):58-66.

[49]马光红.大都市流动人口居住问题研究[J].江西社会科学,2008(11):184-188.

[50]郑思齐,廖俊平,任荣荣,曹洋.农民工住房政策与经济增长[J].经济研究,2011(2):73-86.

[51]张永梅,李秉勤.农民工居住问题:解读漂泊状态下的特殊性[J].南京人口管理干部学院学报,2013(3):3-7.

[52]任焰,梁宏.资本主导与社会主导[J].人口研究,2009(2):92-101.

[53]任焰,潘毅.宿舍劳动体制:劳动控制与抗争的另类空间[J].开放时代,2006(3):124-134.

[54]任焰,潘毅.跨国劳动过程的空间政治:全球化时代的宿舍劳动体制[J].社会学研究,2006(4):21-32.

[55]成德宁.中国进城农民工的居住问题及其解决思路[J].中国人口·资源与环境,2008(2):78-84.

[56]孔冬.沿海发达地区流动人口居住现状及需求发展趋势[J].中国人口科学,2009(1):104-110.

[57]陈丰.集宿化管理:农民工居住管理的模式选择[J].农村经济,2007(3):120-122.

[58]商鹏冀.农民工市民化进程中住房保障问题探析[J].江西农业大学学报(社会科学版),2010(2):22-25.

[59]贾康,刘军民.优化与强化政府职能建立和完善分层次住房保障体系[J].财贸经济,2008(1):27-36.

[60]宋博通.政府兴建住房与货币补贴成本比较研究[J].深圳大学学报(理工版),2001(1):71-77.

[61]陈太清.存续抑或废止:经济适用住房制度的法理思考[J].经济体制改革,2010(6):148-152.

[62]刘润秋,曾祥凤,于蕴芳.经济适用房制度的存废之争及其路径选择——基于和谐社会和包容性增长的视角[J].西南民族大学学报(人文社会科学版),2011(5):143-147.

[63]茅于轼.为什么廉租房应该低标准[J].中国改革,2009(5):44.

[64]陈杰.发展公共租赁住房的难点与对策[J].中国市场,2010(20):53-55.

[65]郑思齐,符育明,任荣荣.住房保障的财政成本承担:中央政府还是地方政府[J].公共行政评论,2009(6):109-125.

[66]黄安永,朱新贵.我国保障性住房管理机制的研究与分析——对加快落实保障性住房政策的思考[J].现代城市研究,2010(10):16-20.

[67]马光红,田一淋.城市住区"群租"问题应对机制研究[J].上海房地,2007(8):14-17.

[68]邓迪敏.对违法建设的法律思考[J].城市规划,2000(10):14-16.

[69]谢川豫,李勇.出租屋管理模式分析[J].中国人民公安大学学报(社会科学版),2009(1):68-72.

[70]张延群.租房何以成为首选——德国租房政策及其启示[J].中国党政干部论坛,2011(11):91-92.

[71]林林."麻雀虽小,五脏俱全"廉租房项目户型设计浅析——以福州远东丽景社会保障房(廉租房)项目为例[J].福建建筑,2014(5):21-24.

[72](美)安东尼·奥罗姆,陈向明.城市的世界——对地点的比较分析和历史分析[M].曾茂娟等译,上海:上海人民出版社,2005.

[73](美)阿瑟·奥沙利文.城市经济学(第四版)[M].苏小燕等译,北京:中信出版社,2003.

[74](美)曼瑟尔·奥尔森.集体行动的逻辑[M].陈郁等译,上海:上海三联书店,1995.

[75](美)道格拉斯·C.诺斯.制度、制度变迁与经济绩效[M].刘守英译,上海:上海三联书店,1994.

[76](法)让·欧仁·阿韦尔.我知道什么?——居住与住房[M].齐淑琴译,北京:商务印书馆,1996.

[77](印度)帕萨·查特杰.被治理者的政治[M].田立年译,桂林:广西师范大学出版社,2007.

[78](香港)李健正.社会政策视角下的香港住房政策:积极不干预主义的悖论[J].公共行政评论,2009(6).

[79](新加坡)杨沐.新加坡的住房政策和对中国城镇化的借鉴意义[R].新加坡国立大学李光耀公共政策学院亚洲竞争力研究所,2013.

[80]BURGESS E W. The growth of the city: An introduction to a research project[M]. Chicago: University of Chicago Press,1925.

[81]CHESHIRE P C. Inflation, Development and Integration: Essays in Honour of A. J. Brown[M]. Leeks: Leeds University Press,1979.

[82]DAVIN D. Internal migration in contemporary China[M]. New York: St. Martin's Press,1999.

[83]DONNISON D V. The government of housing[M]. Harmondsworth: Penguin Books,1967.

[84]DONNISON D V, UNGERSON C. Housing Policy[M]. Middlesex: Penguin Books,1982.

[85]GRIGSBY W G. Housing markets and public policy[M]. Philadelphia: University of Pennsylvania Press,1963.

[86]HOYT H. The structure and growth of residential neighborhoods in American cities[M]. Washington: Federal Housing Administration,1939.

[87]BALL M, HARLOE M. Rhetorical barriers to understanding housing provision: What the 'provision thesis' is and is not[J]. Housing Studies,1992,7(1):3-15.

[88] BURGERS J. Formal determinants of informal arrangements: housing and undocumented immigrants in Rotterdam[J]. Journal of Ethnic and Migration Studies, 1998,24(2):295-312.

[89] DANIEL O J, ADEJUMO O A, ADEJUMO E N, et al. Prevalence of hypertension among urban slum dwellers in Lagos, Nigeria[J]. Journal of Urban Health, 2013, 90(6):1016-1025.

[90] GALSTER G. Comparing demand-side and supply-side housing policies: Sub-market and spatial perspectives[J]. Housing studies, 1997, 12(4):561-577.

[91] GYOURKO J, LINNEMAN P. Rent controls and rental housing quality: A note on the effects of New York City's old controls[J]. Journal of Urban Economics, 1990,27(3):398-409.

[92] HOUSTON D S. Methods to test the spatial mismatch hypothesis[J]. Economic Geography, 2005, 81(4):407-434.

[93] KAIN J F. Housing segregation, Negro unemployment and metropolitan segregation[J]. The Quarterly Journal of Economics, 1968, 82(2):175-192.

[94] KANANI S, POPAT K. Growing normally in an urban environment: positive deviance among slum children of Vadodara, India[J]. The Indian Journal of Pediatrics, 2012,79(5):606-611.

[95] LEE J, NGAI-MING Y. Public housing and family life in East Asia: Housing history and social change in Hong Kong, 1953-1990[J]. Journal of Family History, 2006,31(1):66-82.

[96] MACHARIA K. Slum clearance and the informal economy in Nairobi[J]. The Journal of Modern African Studies, 1992, 30(2):221-236

[97] OFFNER P, SAKS D H. A note on John Kain's Housing segregation, Negro employment and metropolitan decentralization[J]. The Quarterly Journal of Economics, 1971,85(1):147-160.

[98] OHIS J C. Public policy toward low income housing and filtering in housing markets[J]. Journal of Urban Economics, 1975, 2(2):144-171.

[99] RAMSEY R. Does investment risk affect the housing decisions of families?

[J]. Economic Inquiry,2007,41(4):675-691.

[100]STARK O,BLOOM D E. The new economics of labor migration[J]. The American Economic Review,1985,75(2):173-178.

[101]SUI D Z,ZENG H. Modeling the dynamics of landscape structure in Asia's emerging desakota regions:a case study in Shenzhen[J]. Landscape and Urban Planning,2001,53(1-4):37-52.

[102]WACQUANT L J D. Three pernicious premises in the study of the American ghetto[J]. International Journal of Urban and Regional Research,1997,21(2):341-353.

# 附录1：大都市城乡结合部流动人口居住问题调查问卷

本问卷无敏感问题，且匿名填答，结果只用于本研究，不对外公开，谢谢！

1. 您常通过以下哪一种途径租房(本问卷都是单选题，请在所选答案上打"√")

①自己上门找　②熟人　③房屋中介　④网络　⑤单位统一租　⑥其他

2. 您现在人均租房面积大约多少平米

①3以下　②4~7　③8~11　④12~15　⑤16~20　⑥21~30　⑦31以上

3. 您现在租住的房屋内有无厕所

①有　②无

4. 您现在租住的房屋内有无厨房

①有　②无

5. 您现在租住方式是

①独立租住　②与家人合租　③与对象合租　④与同事合租

⑤与非同事的朋友合租　⑥单位统一租　⑦其他

6. 您现在每月支付的房租是多少元

①200以下　②201~400　③401~700　④701~1000　⑤1001~1500

⑥1501~2000　⑦2001~2500　⑧2501以上　⑨单位交房租，个人不用交

7. 您租住本地的最主要原因是以下哪一个

①房租低　②交通近便　③便于子女教育　④在本地做生意

⑤亲友或老乡多　⑥单位统一租　⑦其他

8. 您对现在租住的房屋总体上满意吗

①满意　②一般　③不满意　④说不清

9. 您现在租住的房屋内最让您不满的一项是

①不安全　②太吵　③太脏　④太挤　⑤人际关系难处　⑥其他

10. 您现在上班最主要的交通工具或方式是以下哪一种

①自行车　②步行　③地铁　④公共汽车　⑤单位班车　⑥其他

11. 在以下房屋中您最倾向租住哪一种

①月租300元、7平米的独立单间

②月租700元、15平米、内设厨卫的套房

③月租1200元、25平米、内设厨卫的套房

④月租1700元、50平米、内设厨卫的套房

12. 在以下房屋中您最倾向租住哪一种

①城中村村民建的8平米、月租400元的独立单间

②政府建的12平米、4人1间、人均月租200元的集体宿舍

③政府建的15平米、6人1间、人均月租150元的集体宿舍

13. 您租房时常签租房合同吗

①常签　②偶尔签　③不签

14. 您觉得流动人口不签租房合同的最主要原因是以下哪一个

①感到没必要　②维权意识弱　③嫌麻烦　④房东不签　⑤其他

15. 您交房租时常有凭证吗

①有收条为证　②有发票为证　③无凭证　④其他

16. 房东常侵犯您的权益吗

①经常　②偶尔　③没有

17. 您常遭遇租房纠纷吗

①经常　②偶尔　③没有

18. 据您所知,流动人口遭遇租房纠纷时最经常的表现是以下哪一种

①忍气吞声　②找亲友帮忙　③找政府或其他组织调解

④通过法律解决　⑤其他

19. 您办理过暂住证或居住证吗

①办过　②没办过　③正在办

20. 您觉得流动人口不办暂住证或居住证的最主要原因是以下哪一个

①不知道要办　②感到没必要　③嫌麻烦　④其他

21. 您将租住的房屋转租他人时会告知房东吗

①会　②不会　③看情况

22. 管理人员上门登记流动人口信息时,您会配合吗

①会　②不会　③看情况

23. 您对本地流动人口居住服务工作满意吗

①满意　②一般　③不满意　④说不清

24. 您对本地流动人口医疗服务工作满意吗

①满意　②一般　③不满意　④说不清

25. 您对本地流动人口子女教育工作满意吗

①满意　②一般　③不满意　④说不清

26. 您对本地流动人口治安管理工作满意吗

①满意　②一般　③不满意　④说不清

27. 您常参加本地社会管理或服务工作吗

①经常　②偶尔　③没有

28. 您想参加本地社会管理或服务工作吗

①想　②不想　③说不清

29. 您最需本地政府提供哪一类服务

①住房　②子女教育　③就业　④医疗　⑤其他

30. 您常与本地人打交道吗

①经常　②偶尔　③没有

31. 您结交的本地人朋友多吗

①多　②较多　③一般　④较少　⑤少　⑥没有

32. 您在本地是否常有"家"的感觉

①经常　②偶尔　③没有

33. 您将来的定居意愿是

①在本地定居　②回老家定居　③到其他地方定居

34. 您在本地定居的最大困难是以下哪一个

①买房子　②本地户口　③稳定的工作　④子女上学

⑤社会保障　⑥其他

35. 您在本地的买房意愿是

①没考虑买　②考虑买但没条件　③一定买　④其他

36. 如果在本地一直能租到合适的房子,您会在本地定居吗

①会　②不会　③看情况

37. 您的性别

①男　②女

38. 您的年龄

①19岁以下　②20~29岁　③30~39岁　④40~49岁　⑤50岁以上

39. 您的婚姻状况

①未婚且无对象　②未婚但有对象　③已婚　④离婚　⑤丧偶

40. 您的学历

①小学以下　②初中　③高中或中专　④大专　⑤本科　⑥研究生

41. 您的职业

①工人　②公司、超市销售人员　③摆摊者、拾荒者或司机

④饭店、宾馆、美发店服务员　⑤企事业单位管理或技术人员

⑥个体或私营老板　⑦其他

42. 您现在月收入多少元

①1500以下　②1501~2000　③2001~3000　④3001~4000

⑤4001~5000　⑥5001~6000　⑦6001~7500　⑧7501以上

43. 您在本地已住多久

①不到1年　②1~2年　③3~5年　④6~10年　⑤11年以上

44. 您的户口

①农业户口　②城镇非农业户口

# 后　记

　　本书是笔者主持的国家社会科学基金项目"大都市城乡结合部流动人口居住服务管理问题研究"的结项成果，因项目名称过长，故将其中"服务管理"四字去掉而成目前的书名。

　　本书虽为笔者独立研究并撰写而成，但在研究的过程中，项目组成员胡象明教授做了规划指导工作，李佰茹副教授以及硕士生李阳、肖丽等做了不少资料收集、问卷调查和统计分析等辅助性工作。此外，硕士生孙晶、吴琼、李超等参与了多地调研工作，刘梦欣、严凰等通读、校对了书稿，中联华文（北京）社科图书咨询中心为本书编辑出版付出了许多辛劳。谨此说明，并深致谢忱。

谢宝富<br>
2018 年 3 月 23 日于北京